「合う」のメカニズムを科学する

影響し合う「あなた」と「わたし」の心理学

阪口幸駿／富田健太
編著

ミネルヴァ書房

はじめに
──「合う」のメカニズムを解剖する──

阪口幸駿

1　人と人とが会わないし，合わない時代

　2020年に発生した新型コロナウイルス感染症は，わたしたち人類のコミュニケーションのあり方を，一変させました。人々は感染の蔓延を防ぐため物理的に会うことを回避し，デジタルツールを駆使したオンラインコミュニケーションへの大規模な移行が行われました。現在では，概ね対面のコミュニケーションへの復帰が完了して元の平穏を取り戻しているところではありますが，しかしながらこのような非対面の経験は 翻 って，物理的に「会う」ことの功罪を痛切に体感させられた，貴重な機会であったとも言えるかもしれません。それはつまり，実際に人と人とが直接会うことによってこれまで達成されてきた，身体的・心理的な同期／同調や，感情・知識・文化の共有，また，これらの結果としての社会的結束や個人的／集団的な葛藤などが浮き彫りとなり，あなたとわたしで「合う（直接会ったうえで身体や心が合う）」ことの良い面と悪い面の両面を，あらためて気づかせてくれた稀有な経験となったことでしょう。

　一方で，「合う／合わない」と言えば，多様性の潮流も語らずにはいられません。現代は多様性の時代に突入し，多様な他者との合う／合わないに端を発した社会課題が数多く表面化してきています。そしてこれに起因して，なぜあの人とは合わないのか，合わせるためにはどうすれば良いのか，といった疑問や，無理に合わせることへの苦しみ，相手に合わせてほしいのに嫌がられてしまう葛藤，などといった悩みが生じやすい環境へ変容してきていると言えそうです。したがって現行の，個性が埋没する全員一律の社会制度や画一的な価値判断の強制，意見を合わせさせる同調圧力などが徐々に緩められて刷新され，「合わない」ことが当たり前となる社会がすぐ目の前に迫ってきています。

i

2 「合う」「合わせる」「合わさる」ことの本質に迫ろう

そこで本書では，このような現代社会が直面するダイナミックな社会変容の最中に今一度，人間本来の「合う」「合わせる」「合わさる」といった諸現象に注目し，リアルの時空間をともにするわたしたちのコミュニケーションの裏側に隠された心理メカニズムを，多くのトピックとともに科学的に解説していきます。想定している読者層としては，広くたくさんの方にお手にとってもらいたいという願いから，高校生や一般の方にも読んでいただけるよう平易な解説を心がけました。ただし学術的な説明が含まれる関係上，途中，難しいと感じる部分もあるかもしれません。そのため，文章中にはイラストを豊富にご用意いたしましたので，理解の助けとなりましたら幸いです。

そして具体的な章のトピックとしては，第Ⅰ部ではまずあなたとわたしの相性について，息が合う／合わないの観点（第1章）と，脳が合う／合わないの観点（第2章）から，話題提起を行います。ここではキャッチーなトピックをテーマにして，特に，「合う」ことへの科学的姿勢や科学的な問題意識について共有できればと思います。次に第Ⅱ部では，わたしたち人間が効果的に「合わせて」築き上げる社会的関係について取り上げ，まね（第3章），表情（第4章），教え合い（第5章），想いの共有（第6章），文化の伝承（第7章）の観点からそれぞれ，意識的に合わせ合う人間の営みをご紹介します。続けて第Ⅲ部では，自然に「合わさって」発生される人間関係について取り上げ，感情の伝染（第8章），笑いの伝染（第9章），感覚の伝染（第10章），踊りの伝染（第11章），規則の伝染（第12章）の観点からそれぞれ，人と人とが無意識的に合わさる現象の裏側を紐解きます。さらに第Ⅳ部では，日常に潜む「合う」行為がわたしたちの心理や関係性にどのような効果をもたらすのか，合うことの影響に焦点を当てて解説します。トピックとしては，他者といると引っ張られてしまう（第13章），目が合うとちゃんとしてしまう（第14章），合わせたいけれどちょっとだけ特別でもいたい（第15章），協調すると絆を感じる（第16章），あなたとともに愛を誓う（第17章）など，ユニークな観点からそれぞれ考察します。最後に全体の内容をふまえたまとめとして，多様な「合う」の形の提案と，次の時

代を生きるヒントをご提供したく，執筆陣で実施した座談会の様子を共有させていただきます。

3　みんなでともに，新しい「合う」の創造へ

　最後に，今回の企画の背景をご紹介します。本書は編者である阪口と富田，および他数名が運営する学術団体である，共調的社会脳研究会（Coregulating Social Brain Group）（https://sites.google.com/view/csbg/）と「人間とは何か？」研究会（https://sites.google.com/view/ningen-toha-nanika/）（下図）が主催し，初の書籍企画として上梓するものです。特に中心となって企画した前者の研究会について簡単にご説明しますと，当研究会は科学研究費助成事業の新学術領域「共創的コミュニケーションのための言語進化学」（http://evolinguistics.net/）の若手の会の有志が主体となり，人間・動物・機械のコミュニケーションや同期・同調・意図共有などの「共調」に関心のある学部生・院生・若手研究者らがともに研究を促進・融合していく場として，2020年に設立されました。

共調的社会脳研究会

「人間とは何か？」研究会

　そしてまさに，この「共調」が当研究会の方針を象徴する重要なキーワードであり，同じ読みでよく用いられる「協調」という言葉のニュアンスに加えて，「共に活動し，共に考え，共に経験し，共に共有する」ことを目指したいという願いから，このようなネーミングとしました。研究会の中では，もちろん互いに協力し合いながら意見の融合と調整を行うことを目指していますが，扱う分野が心理学や言語学，文化人類学，動物行動学，神経科学，知能情報学などと多岐にわたることから，話し合いは困難をきわめます。同様に，普段の日常

群盲像をなでる

生活の中でも，異なる価値観や異なる視点を持つ他者とのコミュニケーションに際して，時として対立し，協力的なアプローチが難しい場合もあるかもしれません。

　しかしながら，そんな時にでもわたしたち人間は，単に協力を要請したり意見に従わせたりして強制的に「合わせる」アプローチだけを志向するのではなく，「共にある」ことを素朴に尊重し，自然に「合わさる」ことも可能である，と考えています。協力して「合わせる」ことと，自然に「合わさる」ことの両方がうまく調和してコミュニケーションが図られる時に初めて，「群盲像をなでる」（上図）の寓話に評される狭い視野の集まりから脱却して，みんなでともに共有して理解し合える，人間の本質に迫る試みになるものと期待しています。

　当研究会では，本書のような若手執筆陣によるオムニバス形式の書籍企画をはじめとして，セミナーや読書会，さらに年1回の研究大会を実施しています。大学生・大学院生を含む若手研究者の生活の糧となるよう，資金援助を募って，研究大会では毎回奨励賞や副賞，旅費支援なども準備して活動しています。当研究会の主旨にご賛同いただけましたら，ご支援賜れますと大変ありがたく思います。以下に連絡先を記載いたしますので，ご意見・ご感想についてもお気軽にお寄せください。

2023年11月

共調的社会脳研究会事務局　csbg.officer@gmail.com

目　次

第Ⅲ部　自然に合わさるあなたとわたし

 第8章　あなたが悲しいと，わたしも悲しい　　　　齋藤菜月

 第9章　あなたが笑えば，わたしも笑う　　　　谷本　彩

 第10章　あなたの感覚を，わたしも感じる　　　　緒方万里子

第Ⅰ部　相性の合う／合わないあなたとわたし

第1章

あの人とは息が合うのに，
あの人とは合わないのはなんで？

富田健太

1 はじめに

"なんだか"息が合う／合わない

わたしたちは普段，職場，学校，家庭などの様々な場面において，誰かとコミュニケーションをとったり，一緒に協力したりして作業をしながら過ごしています。そのような中で，「この人とは"なんだか"息があって，仕事がスムーズだな」と感じた経験があると思います。一方で，「この人とは"なんだか"息が合わないな」と感じたこともあるのではないでしょうか。この章では，この"なんだか"の正体を，「リズム」に注目して，心理学・脳科学の最新の知見から考えていきたいと思います。

2 コミュニケーションにはリズムがある

まず，わたしたちのコミュニケーションにおいて「リズム」が重要なポイントであるということについて考えてみましょう。ピンとこない人もいるかもしれませんが，たとえば，重たいものを2人で持ち上げる時には，かけ声を出しながら持ち上げます（図1-1）。これは，かけ声を出すことで持ち上げるタイミングを調整しているのです。2人の持ち上げるリズムがバラバラでは，バランスを崩して怪我をしてしまうかもしれません。また，ボートを漕ぐ時なども，みんなでかけ声を出して，運動のタイミングを合わせたりするでしょう。

図1-1　かけ声を出してタイミングを
　　　　合わせる

もっと身近な会話の例を取り上げてみても，やはり「リズム」が重要な役割をしています。「会話のキャッチボール」とはよく言ったもので，会話は交互にかつリズミカルに発話することが重要です（図1-2）。AさんとBさんが話しているとしましょう。AさんとBさんがまったく同じタイミングで話し始めてしまえば，お互いの声が重なってしまい，何を話しているのかがわからなくなってしまいます。また，リズミカルという点も非常に重要です。Aさんが話し終わったら，Bさんはすぐに話し始める必要があります。もちろん，会話の「間」が効果的に作用する場面もありますが，普通の会話で10秒も間が空いてしまっては，少しギクシャクとした会話になってしまい，あまり好ましくないでしょう。そのため，わたしたちは日常の会話では，なるべくリズミカルに話者の切り替えを行うことが多いのです。

　このことは当然と言えば当然なので，わたしたちは日常的にはあまり意識しないでしょう。しかし，ここではコミュニケーションにおいてリズムがいかに重要であるかを理解するために，この現象をもう少し深掘りしていきたいと思います。では，実際にわたしたちは，会話をする時にどの程度の速さで話者の切り替えをしているでしょうか。もう少し具体的に言いますと，Aさんが話し終わってからBさんが話し始めるまでの間は何秒ほどでしょうか（図1-3）。

　もちろん会話の内容次第でこの秒数に変化は生じるでしょうが，一般的には0.2秒ほどだと考えられています（たとえば Pouw & Holler, 2022）。0.2秒と聞いて，「そうなんだ」ぐらいに思われた方もいるかもしれませんが，0.2秒で話者を切り替えるというのは，研究者からすると非常に興味深い現象なのです。実は，0.2秒での話者の切り替えというのは，みなさんが想像するよりもはるかに高度な心理・神経メカニズムによって実現されているのです。

　「Aさんが話し終えてからBさんが0.2秒後に話し始める」という行動のメカ

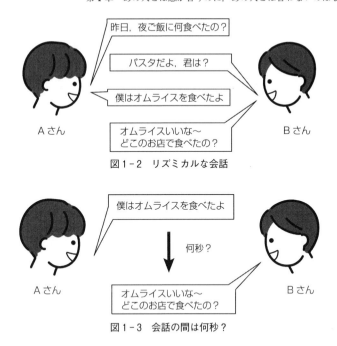

図1-2　リズミカルな会話

図1-3　会話の間は何秒？

　ニズムを考えた時，最もシンプルな物としては，BさんはAさんが話すのをやめたタイミングで，「よし，自分が話し始めよう」とする方法が考えられます。つまり，Aさんの話し終わりに「反応的」に行動しているというものです。ただし，これは非現実的であると考えられます。なぜなら，人が何かを知覚してから運動・反応をするまでには，遅延が生じるからです。

　みなさんの中には，「1人がペンや定規を落としたら，もう1人が素早くキャッチする」という遊びをしたことがある人もいるでしょう。経験のある人なら，ペンをすぐにキャッチすることが意外と難しいことがわかると思います。ペンが落下し始めたと知覚してから，実際につかもうと運動を開始するまでには，若干の遅延があるのです。また，他の例を挙げると，「赤色のランプが点灯したらすぐにボタンを押してください」と指示されたとします。わたしたちは，このように指示されても赤色のランプが点滅した瞬間に0.001秒も遅れずにボタンを押せるわけでありません。実際の先行研究では，ランプが点滅して

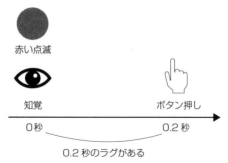

図1-4　ランプが点滅してからボタンを押すまで

から0.2〜0.3秒ほど遅れて，ボタンを押してしまうことが報告されています（たとえば 天野・西田，2020）（図1-4）。重要な点として，このような単なるボタン押し課題（単純反応課題）ですら，0.2秒ほどの反応時間がかかります。一方で，会話では「単に言葉を発声すればよい」のではなく，実際にはもっと複雑で，たとえば「現在までの会話の流れを考慮し，自身の伝えたい言葉を構築する」必要もあります。

　では，どのようにして「反応的」ではない戦略で，リズミカルに会話をしているのでしょうか。この研究領域では，人は「予測的」に会話をしているということが考えられています。つまり，相手が話をしている最中に，「自分が話したい内容を並行して考え」，さらに「相手の会話がいつ終わるのか」も無意識的に計算しているということです。少し長くなりましたが，このように詳細に見ていくと，人のコミュニケーションには「リズム」が根底にあることを感じていただけるかと思います。

3　コミュニケーションにはリーダー・フォロワー役割がある

"なんだか"の正体

　前節では，いくつかの例を挙げながら，わたしたちのコミュニケーションには「リズム」が重要な要素の1つであることを話してきました。では，このリズムがいかにして「この人とは"なんだか"息が合う／息が合わない」に関連

してくるのかを本節で紹介していきます。

　まず前提として，人は他者とリズムを合わせて何かをすることを好む傾向があります。この点に関しては多くの先行研究があり，たとえば，集団での歌唱は信頼感や協調性を高め，集団内での協力行動を高めることが知られています（たとえば Anshel & Kipper, 1988）。また，歌唱やダンスなどの場面において，リズムが合いやすい2人は合いにくい2人に比べ

リーダー　　　　　　　フォロワー

図1-5　リーダー・フォロワー役割

て，より親和的・好意的であると判断する傾向があります（Hove & Risen, 2009）。つまり，そもそもわたしたち人は他者とリズムを合わせたいという心理的傾向があり，さらにリズムが合いやすい2人は合わない2人よりも，相手に対し好意的な感情を持ちやすいと言えるのです。

　では，このリズムが合うというのは，どのような心理学的要因によって決まってくるのでしょうか。音楽やダンスに限らず，前述のような会話などにおいても，AさんとBさんがコミュニケーションをとる時には，必ずと言っていいほど，そこには何かしらの「リズム」が生じます。そして，このリズムには当然，遅い／速いなどの「リズム」があります。ここが重要な点なのですが，2者間でコミュニケーションをとる場合，そのどちらか一方がリーダーとなりそのリズムを積極的に作っていき，もう一方がフォロワーとなりそのリズムに追従していくことが言われています（たとえば Takamizawa & Kawasaki, 2019; Tomyta et al., under revision）（図1-5）。リーダー・フォロワーというのは学術用語であり，この役割分担こそが"なんだか"の重要な要因の1つである可能性があると考えられます。

協調タッピング課題と交互タッピング課題

　このリーダー・フォロワーの研究を行ううえで，頻繁に用いられる実験課題

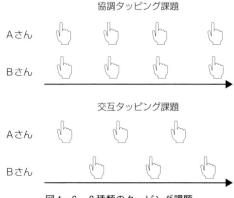

図1-6　2種類のタッピング課題

には，協調タッピング課題と交互タッピング課題というものがあります（図1-6）。これは，2者間で行う非常に単純な実験課題で，協調タッピング課題であれば「一緒に同じタイミングで手指でタッピングをする」というものです。日常的な例で言えば，「一緒に同じタイミングで拍手をする」や「音楽を演奏する」などがイメージしやすいかもしれません。また本章ですでに出てきた例に当てはめるならば，「2人で一緒に重たいものを持ち上げる」も，この協調タッピング課題が想定する場面に該当します。逆に，交互タッピング課題では，同じタイミングではなく，交互にタッピングをしていきます。日常的な例で言うと，前節で出てきた会話などがこれに当てはまります。行為を行う人がリズミカルに変わるものが，交互タッピング課題が想定する場面になります。

　協調タッピング課題や交互タッピング課題において，被験者らがするべきことは，「2人で一定のリズムをキープすること」です。つまり，協調タッピング課題で言えば，2人が同時にタッピングできていればいるほど，より良く課題を行っていると評価されます。交互タッピング課題では，できるだけ一定の間隔で交互にタッピングをすることが求められます。このような目的において，この課題の最適なペアの構成は当然リーダー・フォロワーです。お互いがリーダー同士の場合は互いに自身のリズムをキープしてしまい，うまく協力してリズムを合わせることができません。一方で，フォロワーとフォロワーでは，極端に言えば，相互に相手に合わせて続けてしまい，いつまで経っても安定的な

リズムを作り出すことができません。

　では，リーダー・フォロワーはどのように役割分担されるのでしょうか。この課題の面白い点は，被験者同士は口頭で「わたしはリーダーになるね」「わたしはフォロワーになるね」という会話や事前の打ち合わせをすることなく開始される点です。そうであるにもかかわらず，課題が始まると勝手にリーダー・フォロワーが分類されていきます（事前に，実験者が各被験者に個別に「あなたはリーダーとしてふるまってください」「あなたはフォロワーとしてふるまってください」と教示する場合などはあります）。このように聞くと，勘の良い読者の方は，「勝手にリーダー・フォロワーに分類されるのならば，リーダー・リーダーやフォロワー・フォロワーという組み合わせは生じないのでは？」と考えたかもしれません。しかし，それは程度の問題で，実際には個々人でどの程度「リーダー的なふるまい」をするのか，または「フォロワー的なふるまい」をするのかが変わってきます。実際に分析をしてみると，どの程度リーダー的にふるまっていたかなどを，数値で表現することができます（たとえばTakamizawa & Kawasaki, 2019）。強固にリーダーのようなふるまいをする人もいる一方で，大別するとリーダーなのだが，その程度は比較的低いという人もいたりします。

リーダー・フォロワーは直感に反する

　ここまでの話を端的にまとめると「リーダーとフォロワーの関係性だと，息が合うよ」というものです。なんだか当たり前のことを言っているように感じた読者の方もいるかもしれません。しかし，冷静に考えてみると，わたしたちは日常的にこのようなイメージを持たずに生活しています。

　たとえば，2人3脚を考えてみましょう（図1-7）。当然，小学校などでは「2人で息を合わせて走るんだよ」と教えられ，この言葉から連想するのはおそらく「2人とも相手のペースを考えて，協力して走るんだよ」ということです。つまり，「リーダー・フォロワー」の関係性ではなく「フォロワー・フォロワー」の関係性が暗にほのめかされているのです。しかし，よくよく考えると，足の長さも走るスピードも違う2人が同時に相手のペースに合わせてフォ

9

図1-7　2人3脚

ロワーになろうとしたら，おそらくすぐに転んでしまうでしょう。たとえば，足が速い人は遅い人にペースに合わせて，走るペースを緩める必要があるかもしれません。また，「良い関係性」「息の合う関係性」というような言葉からは，相互に相手に寄り添おうとする関係性をイメージすることが多いのではないでしょうか。つまり，AさんもBさんも相互に寄り添い合うような関係性です。しかし，リーダー・フォロワー役割の知見が示唆することは，必ずしも双方向的な関係性だけでなく，AさんがBさんに寄り添うという一方向的な関係性はむしろ，より良い関係性を作れる可能性があるということです。協調タッピング課題や交互タッピング課題といった非常にシンプルな実験課題でも，このように，日常の人間の行動や心理の原理の重要な側面を示唆することに役立ったりもするのです。

コミュニケーション研究にタッピング課題を用いる理由

　ここまでは，協調タッピング課題や交互タッピング課題というシンプルな実験課題と，その実験から明らかになってきたリーダー・フォロワー役割というものを紹介してきました。しかし，中には「なぜコミュニケーションの研究にタッピング課題を用いるの？　実際の会話場面やコミュニケーション場面などを分析すれば良いのでは？」と疑問を持った方もいるかもしれません。実際に，先行研究の中には，タッピング課題などを用いる場合と，会話や発話などを用いる場合の両タイプがあります（たとえば Bowling et al., 2013; Pouw & Holler, 2022; Tomyta et al., under revision）。どちらの実験課題にも，メリット・デメリットが存在し，このメリット・デメリットは両立できない関係にあると言えます。そこで，ここでは，コミュニケーションの研究を行ううえでの限界点や制約などをお話ししたいと思います。

　まず，タッピング課題のメリットは時間精度が高く，実験が容易に行えると

いう点が挙げられます。ここまで，リーダー・フォロワー役割という現象をお話ししてきましたが，この現象は現実には数十ミリ秒という世界で生じています。タッピング課題における2者間の運動リズムのズレというのは，数十ミリ秒程度のものです（たとえば Repp, 2006）。たとえば，音楽を演奏する時に，演奏者間でリズムが数百ミリ秒や1秒などもズレていては聴くに耐えないものになってしまいます。また，たとえば楽器演奏などの特別な経験がなくとも，学校などで，みんなで合唱をしたことはあるのではないでしょうか。その時，個々人の歌唱タイミングが，1秒もズレていたとしたら大問題です。つまり，わたしたちがリズミカルに運動しようとした時に起きるズレというのは，数十ミリ秒単位のズレであることが多いということです。その数十ミリ秒のズレを正確に記録・解析するには，タッピング課題は非常に有用な実験課題なのです（たとえば Tomyta & Seki, 2020）。

　なぜ，タッピング課題は数十ミリ秒単位のズレを記録することに有用なのでしょうか。これを考えるうえで，まず反対の例として，実際の会話を用いた実験場面を考えてみたいと思います。たとえば，実際の会話場面を記録・解析しようとすると，発話する語によっては，音の開始時刻をうまく推定できないことがあります。「バ・ビ」などの破裂音であれば，音の立ち上がりは推定しやすいのですが，破裂音以外の音から会話が始まると，何時何分の何ミリ秒から発話をしたのかの推定が難しくなります（たとえば Bowling et al., 2013）。数十ミリ秒単位の時刻が不明瞭になってしまうと，当然，会話がどのようなリズムで行われていたのかや，リーダー・フォロワーの推定が困難となってしまいます。一方で，タッピング課題を用いることで，この時間の推定問題を容易に解決できます。被験者のタッピングタイミングを振動センサーで受け取り，それをPCなどで記録します。振動センサーからの信号は非常に明瞭であり，被験者のタッピングしたタイミングを正確に検出することができます。

　以上で，タッピング課題のメリットをお話ししてきましたが，もちろんこのタッピング課題にはデメリットも存在します。おそらく読者のみなさんの中にも思った方がいるかもしれませんが，タッピング課題は実際のコミュニケーション様式とは乖離しているのは事実です。日常生活の中で，タッピングだけ

で相手に何かを伝えたりすることは非常に稀でしょう。日常生活にあるような会話や共同作業を用いて実験をした方が，確かに現実に即した場面であることは否定できません。しかし，実は必ずしも現実場面に即した会話などが，リーダー・フォロワーのメカニズムを研究するうえで最も良いとも言えない点があります。たとえば，日常の会話というと，テーマを何にするのかという問題が出てきます。「今日のご飯は何だった？」とか，「意中の人との恋愛話」や「今後の人生の重要な相談」など会話の内容は様々です。そして，当然，話すテーマによって話すテンポは変わります。また，リーダー・フォロワー役割に関して言えば，そのテーマについて精通している人がリーダーとなる確率が高くなり，その人自身が本来リーダー的傾向であるのかフォロワー的傾向があるのか判断しづらくなってしまうかもしれません。

　このようにコミュニケーションの研究をするうえで，現実場面に即しすぎた実験をしてしまうと，コミュニケーションに影響を与える要因が多くなりすぎてしまう問題があります。その点において，タッピング課題というのは，コミュニケーションに影響する要因をできるだけ取り除いて，コミュニケーションのリズムやタイミングだけに着目することができます。どちらの課題の方が絶対的に優れているということはなく，実験目的に沿って適宜選択をしていくことが重要となります。

4　対人以外とのコミュニケーション場面では　　みんながリーダーになりたがる

　本節では対ロボットとのコミュニケーションについて紹介します。ここまでの節では，人対人のコミュニケーションにおけるリーダー・フォロワー関係についてお話ししてきました。人対人のコミュニケーションでは，リーダーになりやすい人もいれば，フォロワーになりやすい人もいます（たとえば Takamizawa & Kawasaki, 2019; Tomyta et al., under revision）。つまり，リーダーとなることを好む人もいれば，フォロワーとなることを好む人もいるということです。一方で，サブら（Sabu et al., 2019）は，対人以外でのコミュニケーションでは，多く

の人がリーダー的にふるまうことを好むと報告しています。この先行研究では，被験者は画面に提示されるペンギンなどと一緒に交互タッピング課題を行いました。そして，課題中の脳活動を計測した結果，被験者が主観的に「わたしはリーダーとしてリズムをキープしていた」と判断した場合，脳の報酬系の領域である尾状核が強く活動しました。報酬系が賦活しているということは，被験者は自分自身がリーダー的にふるまっていると思った時には，何かしらの快感情や快適感を感じているということを示唆しています。

　前節でも述べましたが，対人でのコミュニケーション場面においては，人は他者との同期そのものを心地良く感じる傾向があり，実際にその行動そのものが報酬系である尾状核を強く賦活させます（Kokal et al., 2011）。そのため，これらの知見を統合して考えると，対人とのコミュニケーションと対人以外，たとえば動物やロボットとのコミュニケーションでは，人が快適と感じる過程が異なることが示唆されます。

　近年では，飲食店などでロボットが接客をする場面が増えてきました。これから，わたしたちの日常にロボットが存在することがより多くなることでしょう。そのような時に，これらの先行研究の知見は，人からより好感を持たれるロボットの設計などにも有用になるかもしれません。

　最後に，本節のまとめをすると，「この人とは“なんだか”息が合う／合わない」の“なんだか”の正体の１つはリーダー・フォロワー役割であることを示唆する研究知見を紹介してきました。しかし，最後にみなさんに注意していただきたいのは，わたしは本節で一貫して「“なんだか”の正体の１つは」という言葉を使ってきました。読者のみなさんも直感的にお気づきかと思いますが，当然，「この人とは“なんだか”息が合う／合わない」の理由が必ずしもリーダー・フォロワーだけのはずがありません。たとえば，育った環境などによる価値観なども大きく影響するでしょう。また，友人関係においては，共通の趣味を持っていることはリーダー・フォロワー以上に重要になってくるかもしれません。あるいは，「ケンカするほど仲が良い」という言葉があるように，傍から見れば相性が悪い２人でも，なぜかお互いに好意があるような状況もあるかもしれません。

　実はこのようなコミュニケーション場面に関する研究は，みなさんが想像するほどには進んでいないのが現状です。というのも，2者間でのコミュニケーション場面時における脳活動の計測が行われるようになったのは，十数年前ほどからであり，近年になり急速に注目を浴び，現在，多くの研究が行われている最中です。そのため，本章を読んでこの研究領域に関心を持った高校生の方などがいれば，是非，大学・大学院へと進学し，自身で研究をしてみてはいかがでしょうか。

　次の第2章では，この2者間でのコミュニケーション時における脳活動を計測した最新の研究から，「合う／合わない」の脳内メカニズムを紹介していきます。

あの人とは脳が合うのに，
あの人とは合わないのはなんで？

栗原勇人

1 はじめに

　わたしたちは日常生活において，誰かとコミュニケーションをとることは必要不可欠です。コミュニケーションをしていく中で，「この人とは息が合うから，一緒にいて楽しい」や「この人とは息が合わないから，一緒にいてもあんまり楽しくない」と感じたことが一度はあると思います。第1章ではそのような「"なんだか"息が合う／合わない」の"なんだか"の正体を，「リズム」や「リーダー・フォロワー関係」に着目して解説しました。

　コミュニケーションをしていく中で感じる「"なんだか"息が合う／合わない」の正体を探るうえで，わたしたちの身体の一部である脳について知ることは重要なことです。脳は人の心を生み出している重要な器官です。息が合う／合わないという気持ちの正体を探るためには，脳に何かヒントがあるに違いありません。

　では，わたしたちがコミュニケーションする相手に対して「"なんだか"息が合う／合わない」を感じている時，脳はどのような活動をしているのでしょうか。近年，脳イメージング技術の発展に伴い，複数人の脳を同時に計測できるようになりました。これをハイパースキャニング（Hyperscanning）と言います（Montague et al., 2002）。そして，ハイパースキャニングを用いた研究から，あるコミュニケーションの条件下でお互いの脳が合う（シンクロする）ことが知られています。本章では，「"なんだか"息が合う／合わない」の"なんだ

か"の正体を，脳が合う（あるいは，合わない）という観点から探っていきます。なお，「脳が合う」というのは，お互いの脳活動（波形）がシンクロしている状態を指します。また，コミュニケーションには言語的（明示的）なものと非言語的（暗黙的）なものがあります。これらのコミュニケーションを総じて「インタラクション（interaction；相互作用，交流）」と呼ぶことにします。

2　あなたとわたしの脳が合わさる時

同じ体験をすると脳が合わさる

　まずはじめに，複数の人が同じ体験をしている時に，お互いの脳活動が類似するかどうかを検討した研究について紹介します。友達と一緒に同じ音楽を聴く，恋人と一緒に映画を観る時など，お互い同じ体験をしている時，お互いの脳はどのような活動をするでしょうか。

　ハッソンら（Hasson et al., 2004）は参加者に MRI（Magnetic Resonance Imaging）装置の中に1人ずつ入ってもらい，MRI の中で映画「続・夕陽のガンマン」（1966年公開）を視聴してもらいました。過去の fMRI（functional MRI）を用いた研究から，人は顔に対して特異的に反応する脳領域（紡錘状回顔領域と呼ばれています）や建物に対して特異的に反応する脳領域（側腹溝と呼ばれています）を持つことが見つかっています（Aguirre et al., 1998; Epstein & Kanwisher, 1998; Haxby et al., 2000; Kanwisher et al., 1997）。したがって，参加者たちは同じ映画を観ていますので，似たような脳活動が見られると予想できます。研究結果は予想通り，映画のある特定のシーン，たとえば顔が出てきたシーンでは，実験参加者間において顔認識をする脳領域で高い類似性が確認されました。このように，まったく同じ体験（共通入力）によって脳が合わさることが言えると考えられます。ここで注意してほしいことは，実験参加者たちは同じ体験をしているだけであって，お互いインタラクションは何もしていない，ということです（ハッソンらの fMRI 実験では，複数人の同時計測を行っていません）。お互いインタラクションをせずとも，似た刺激（音や光などの基本的な刺激も含む）が入力されるだけで，あたかもお互いの脳が合わさっているかのように見せるこ

とが，理論上可能ということです
（図2-1）。

　では，インタラクションの有無は
何も関係なく，同じ入力があれば両
者の脳が合わさるのでしょうか。あ
るいは，インタラクションをしてい
るからこそ脳が合わさるのでしょう
か。次項では，お互いがインタラク
ションしている時の，お互いの脳活
動を探索した研究について解説して
いきます。

図2-1　共通入力によってお互いの
　　　　脳が合わさる

インタラクションする2人の脳

　では，お互いがインタラクションするケースを考えてみましょう。日常的に
行うインタラクションの手段の1つとして，会話が挙げられます。お互い会話
をしている時，脳と脳が合わさるのでしょうか。ペレスら（Pérez et al., 2017）
はお互いの姿が見えない状態にし，マイクを通じて会話をしてもらい，その時
の2人の脳波（electroencephalography：EEG）を同時計測しました（ハイパース
キャニング）。脳波とは，脳の中にある数千億個の神経細胞（ニューロン）の電
気的活動（活動電位と言います）の生成・伝達に伴い発生する波のことです。頭
皮上に電極を配置することで，脳波を計測することができます。脳波はよく特
定の周波数帯域に分けて分析されることが多く，有名な周波数としてシータ波
（4-7Hz），アルファ波（8-13Hz），ベータ波（13-30Hz）などがあります。会話は
話し手と聞き手の役割を分けて，話し手にはスポーツや映画などの一般的な話
題について話してもらいました。お互いの脳が合わさっていたかどうかを評価
するために，お互いの脳波のシンクロ度合いを計算しました。さらに，実際の
会話ペアをシャッフルすることで作られた擬似ペア間の脳波シンクロと，本来
のペア間の脳波シンクロと比較し，擬似ペア間の脳波シンクロより値が有意に
大きい本来のペア間の脳波シンクロを，真に脳波がシンクロする電極ペアとし

て抽出しました。その結果，話し手の脳波（特に，脳の前頭部や中央部）と聞き手の脳波（特に，脳の前頭部や側頭部）がシンクロすることが明らかになりました。このように，最近の研究から，わたしたちは会話をしている中でお互いの脳が合わさる可能性が示唆されました。

　他にも，インタラクションには会話のような言語的なやりとりだけではなく，ジェスチャーや音声リズム，視線のやりとり（アイコンタクト）など，非言語的なやりとりも含まれます。デュマスら（Dumas et al., 2010）はお互いの手の動きが一致する時の2人の脳波を計測しました。ペア間の言葉のやりとりはなく，相手の姿が見えない状況でした。結果，手の動きが一致する時，2人の脳波がシンクロすることが明らかになりました。川崎ら（Kawasaki et al., 2013）は，2人交互にアルファベットの「A」から「G」を発声してもらう課題中の脳波を2人同時に計測したところ，側頭部周辺同士で脳波がシンクロすることを確認しました。小池ら（Koike et al., 2016）は，2人がアイコンタクトする（相互に注視する）時の脳活動を，fMRIを用いて2人同時に計測しました。共同注意（第三者や物体を注視する）課題後に行ったアイコンタクトにおいて，お互いの右下前頭回（inferior frontal gyru；IFG）の活動がシンクロし，お互いの瞬きのシンクロ率と相関しました。右IFGの活動は瞬きに関連して活性化はしていなかったため，お互いの瞬きによる共通した運動によって脳がシンクロしたわけでなく，相手とのアイコンタクトを通じて脳がシンクロしたことが示されました。

　以上のように，自分と他者の脳が合わさるのは，自分と他者で同じような入力（共通入力）をしているからというだけでなく，自分と他者がインタラクションしているからこそ起こる可能性があることが言えるでしょう。

お互い協力すると，脳が合わさる

　ここまで，わたしとあなたがインタラクションするからこそ脳が合わさる可能性について述べてきました。では，お互いの脳が合う時と合わない時では，インタラクションにどのような違いがあるのでしょうか。本項では，2人がお互いに協力し合う場面と競争し合う場面を取り上げ，協力している時と競争し

ている時の 2 人の脳活動を同時に計測する実験を紹介します。同じインタラクションでも，異なる場面での脳の違いについて検討していきます。

　協力と競争は日常のインタラクションで頻繁に行われますが，両者は相反するものです。どちらも生存における基本的なインタラクションであり，思考や信念，欲求などを他者と共有するために行われます（Balconi & Vanutelli, 2017）。では，協力と競争，どちらの場面でより脳が合わさるのでしょうか。

　ツェイら（Cui et al., 2012）は，協力時と競争時における課題を実験参加者にやってもらい，その時の前頭前野の脳活動を機能的近赤外分光分析法（functional Near-Infrared Spectroscopy；fNIRS）で計測し，お互いの脳がシンクロするかどうか検討しました。fNIRS は，脳血流中の酸素化ヘモグロビンと脱酸素化ヘモグロビンの変化量を近赤外線を用いて測定します。脳活動に伴い，酸素化ヘモグロビンと脱酸素化ヘモグロビンの量が変化しますので，両者を計測することで脳活動を計測することができます。ツェイらの課題は，2 人がボタンを押すだけの非常にシンプルな実験です。「協力する課題」では，画面上の円の中身が緑色になったらボタンを押します。緑色が出てからボタンを押すまでの時間が 2 人で類似していたら 2 人ともに 1 点の得点が加算され，異なっていたら 2 人とも 1 点減点されました（図 2-2 上部）。一方，「競争する課題」では，「協力する課題」と同様，画面上の円の中身が緑色になったらボタンを押します。しかし，今度はボタンを押したタイミングが早かった方に 1 点の得点が入り，遅かった方が 1 点減点されました（図 2-2 下部）。2 つの課題は同じ動作で構成されていますが，ルールがまったく異なります。もし，動作の共通入力によって脳が合わさるなら，両課題の脳間シンクロは同程度のはずです。しかし，実際は，協力する課題の方が競争する課題より，お互いの脳シンクロ度合いが高い結果を示しました。

　なぜ課題の動作自体は同じにもかかわらず，お互いの脳シンクロの度合いに違いが見られたのでしょうか。これは，協力と競争というインタラクションの質の違いから説明することができます。

　ハミルトン（Hamilton, 2021）は，お互いの脳がなぜシンクロするのかを，上述のツェイら（Cui et al., 2012）の研究から考察しています。ツェイらの実験に

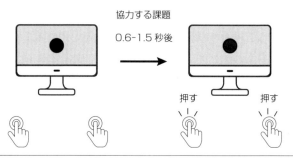

協力する課題

0.6-1.5秒後

押す　　　押す

2人のボタン反応時間が，類似していたら2人とも＋1点，異なっていたら2人とも－1点

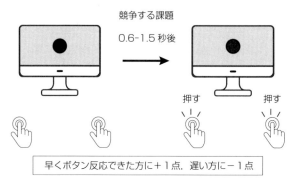

競争する課題

0.6-1.5秒後

押す　　　押す

早くボタン反応できた方に＋1点，遅い方に－1点

図2-2　Cui et al.（2012）が行った協力・競争実験の概要図

おける「協力する課題」はお互いの動きを予測したうえで行動するため，高度な相互予測が必要です。一方，「競争する課題」では，お互いできる限り早くボタンを押すだけなので，お互いの動きを予測する必要がありません（むしろ，その予測は競争をするうえで邪魔になるかもしれません）。このように「相互予測」することは，一般的なインタラクションでも必要なことです。この考え方のことをハミルトンは「相互予測理論（Mutual Prediction Theory）」と呼びました（もともとキングスベリーら〔Kingsbury et al., 2019〕によって動物〔マウス〕同士の神経同期の結果から導かれた理論です）。

　インタラクションをする各個人は，自分の行動を制御する脳活動と同時に，相手の行動を予測する脳活動を持っています。相互予測理論の概念は，1人の人間が脳内で働く自己・他者に関する予測システムが，2人で相互に予測し合

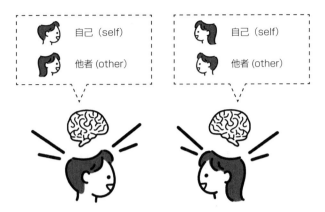

$$\sum A_{\text{Self}} + \sum A_{\text{other}} \approx \sum B_{\text{Self}} + \sum B_{\text{other}}$$

図 2-3　「相互予測理論」による脳が合わさるメカニズム

うことでお互いに類似してくる，ということです（図2-3）。つまり，自己における自分の行動に関する脳活動と，他者の行動に関する脳活動の合算が，他者におけるものと類似した時，脳がシンクロした（合わさった）状態になる，ということです。脳が合わさる，ということは，自分の行動と他者の行動に関する予測システムから確認されるもの，ということです。

うまく協力できていない時でも脳が合わさる可能性がある

　人は相手とうまく協力できている時とそうでない時とでは，どちらがより脳が合わさっているでしょうか。直感的には，相手とうまくインタラクションできている時の方が，脳が合わさると考えるかもしれません。実際，いくつかの先行研究では，お互いのリズム同調課題（たとえば，タッピング課題）がうまくいっていると，お互いの脳が合わさることが報告されています。しかし，逆にインタラクションがうまくいっていない時でも脳が合わさる可能性があります。

　栗原ら（Kurihara et al., 2022）は，交互にボタンを押す課題（交互タッピング課題）中の2人の脳波を同時計測し，タッピングの安定性（一定のリズムでタッピングできているかを測る指標）と脳波のシンクロ度合いとの相関関係を調べました。実験参加者は，はじめにお手本のリズムを聞き，そのリズムの速さの通り

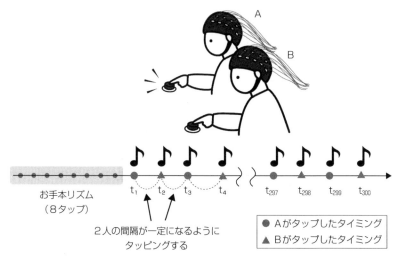

図2-4　Kurihara et al.（2022）の実験の概要図

になるように2人で協力してタッピングしました（1人150回のタップ，合計300回のタップ）（図2-4）。実験では，そのお手本リズムが遅いテンポである条件，速いテンポである条件，お手本なしの条件，音に合わせるだけの擬似的な条件の4条件を実施しました。速いテンポになるほど，お互いの動作が不安定になることがわかっていますので（Schmidt et al., 1990），お互いのタッピングリズムが不安定になる時の脳波の状態を調べるために，遅いテンポと速いテンポの条件を設けました。結果は興味深いことに，タッピングが不安定であるほど脳がシンクロすることが示されました。つまり，タッピングがあまり上手にできていないペアほどお互いの脳がシンクロする，ということです。なぜ，うまくインタラクションができていない時に脳が合わさったのでしょうか。

　その理由は，上述の「相互予測理論」から説明できます。タッピング課題は，他者の行動を予測したうえで自身も行動をする必要があります。上手にタッピングできていない時の方が，上手にできている時よりも，自己と他者の行動をより予測しようとしていたのかもしれません。実際，遅いテンポの条件では安定してタッピングすることはできますが，単調な動きなので，あまりお互いの動きを予測する必要がありません。むしろ，速いテンポの時はタッピングリズ

ムが不安定になりやすいので，お互いの動きを予測し合う必要があります。他者の動きを予測し合ったりするといった，他者を推し量る行為がお互いの脳が合わさるうえで重要な要因かもしれません。

3　誰と脳が合わさるのか

　第2節では，他者を推し量る行為を含んだインタラクションをすることで，お互いの脳が合わさる可能性について述べました。しかし，誰とインタラクションをするのかも，脳が合わさるうえで重要な要素です。わたしたちはインタラクションを通じて，他者との関係性を構築します。では，その関係性はお互いの脳のシンクロと関連があるのでしょうか。本節では，どのような関係性の時に，お互いの脳が合わさるのか検討します。

男女の恋人同士の場合

　人はインタラクションを通じて，他の人と絆を形成しようとします。ごく当たり前なことですが，わたしたちは他者と何かしらの関係性を持っています。たとえば，親，子，孫，ひ孫，友達，友達の友達，学校の先生，恋人，配偶者，近所の人，見知らぬ人，など挙げればキリがありません。これらの関係性には親密度や愛着度に違いがあるでしょう。さらに言うと，同じ関係性でも人によって感じる親密度や愛着度は異なるはずです。関係性の違いや親密度，愛着度によってお互いの脳が合わさるかどうかが変わるのでしょうか。ここでは，男女の恋人同士に着目したハイパースキャニング研究を紹介します。

　男女の恋人同士の方が，そうではない初対面同士の男女ペアよりもお互いの脳がシンクロすることが示唆されています。パンら（Pan et al., 2017）は，男女の恋人同士，男女の友人同士，男女の初対面同士に対して，ツェイら（Cui et al., 2012）と同様に，課題中の fNIRS を2人同時に計測しました。すると，恋人同士ではそうでないペアより課題の成績が有意に高く，お互いの右上前頭葉という脳領域でシンクロしました。また，協力するような実験課題をしなくても，恋人同士の脳はシンクロすることが確認されています。たとえば，キンハ

イヒら（Kinreich et al., 2017）は，2人ペアの会話中の脳波を同時に計測し，その2人が男女の恋人同士の方が，男女の初対面同士より脳波がシンクロする（具体的には，お互いガンマ周波数帯域のパワーが相関する）ことを報告しています。また，恋人同士の愛着度合いが高いほど脳が合うことがわかっています。ロングら（Long et al., 2021）は2人が手を握っている時の脳活動を fNIRS で同時計測し，2人ペアの愛着度合いと脳のシンクロ度合いとの間に正の相関関係を確認しました。このように，相手が恋人だと脳が合わさることが言えます。

親子同士の場合

　自分自身の親や子どもは，他の人と比べて特別な関係性であると思います。では，相手が親（あるいは子）では脳が合わさるのでしょうか。ラインドルら（Reindl et al., 2018）は，子どもとその子どもたちの親（主に母親）とのペアおよび，見知らぬ大人とのペアを組ませ，ツェイら（Cui et al., 2012）と同様の協力・競争する課題を実施しました。結果として，協力時の親子ペアのみで高い脳間シンクロが確認されました。他にも，異なる親子ペア（子どもが息子あるいは娘の場合や，親が父親の場合など）との比較を通じて，親子で脳が合わさるかどうか検証しています。

　ミラーら（Miller et al., 2019）は，母親と息子，母親と娘では，どちらがより脳が合わさるか検証しています。こちらの研究の課題には，ツェイら（Cui et al., 2012）の協力する課題と，お互い独立して課題をする単独課題が使用されました。その結果，母親と息子，母親と娘では異なる脳シンクロが確認され，愛着の違いがお互いの脳シンクロに影響する可能性が示唆されました。グエンら（Nguyen et al., 2021）では父親と子どもの場合も検討されており，父親の子育ての態度がお互いの脳シンクロに関与することを示しました。

　これらの研究から，愛着度が高い親子ペアでは脳が合わさることが言えます。一方，育児ストレスが大きいと，母親と子ども同士の左内側の前頭前野周辺の脳波同期が低下することが報告されています（Azhari et al., 2019）。親子同士は，先述の恋人同士と類似した「愛着システム」を持っており，共通した神経回路を共有していると言われています（Acevedo et al., 2012）。したがって，愛着や親

密な絆が築けている相手とは脳が合わさりやすいことが示唆されます。

初対面同士・知り合い同士の場合

　一方，初対面同士では脳が合わさる可能性があるのでしょうか。上記の恋人同士や親子同士のハイパースキャニング研究では，初対面同士の方が，恋人同士や親子同士より脳が合わさらない結果が示されています。わたしたちが持つ他者との関係性は，恋人や親子はわずかであり，多くの他者は初対面（知らない人同士）あるいは知り合い（友達）の関係性であると思います。では，初対面と知り合いではどちらの脳がより合わさるでしょうか。

　筆者らは，初対面ペアと知り合いペアを対象に，栗原ら（Kurihara et al., 2022）が行った交互タッピングを実施し，初対面同士，知り合い同士のペア間の脳シンクロ度合いを調べました（Kurihara et al., 2023）。結果は意外なことに，初対面同士の方が知り合い同士よりお互いの脳がシンクロしました。これは，先ほど紹介した「恋人同士や親子同士など親密度や愛着度が高いペアである方が，親密度や愛着度が低いペアより脳がより合わさる」といった知見と矛盾するように思えます。しかし，タッピング課題を達成するうえでは，お互いの協力が必須です。多くの人は，インタラクションする相手が初対面の人だと，心理的負荷が高いと考えます。たとえば，大学の入学式で隣の席の見知らぬ人に話しかける時は，お互いに様子をうかがいながらコミュニケーションをとるでしょう。あるいは，仕事で初対面の取引相手だと，お互いに気を配り合いながらコミュニケーションをするでしょう。ゆえに，その実験においても，タッピングをする相手が初対面だと，正確なリズムを生成するためにお互いに気を配り合う可能性が高いと考えられます。このような，初対面でお互いに気を配る行為が，お互いの脳が合わさる原因になった可能性があります。

　しかし，協力する課題をしない場合は，初対面同士の方が知り合い同士より脳が合わさるとは限りません。パーキンソンら（Parkinson et al., 2018）は，実験参加者が映画を視聴している時の脳活動を1人ずつ fMRI で計測すると，友人同士の神経活動が類似しており，社会的な距離が遠くなるほど神経活動の類似性が減少することを明らかにしました。一緒に過ごす時間が長い友人とでは，

世界に対する知覚が類似してくるため，類似した脳活動になったと考えられています。ここで主張したいことは，たとえ神経活動が類似しない初対面同士でも，協力する場面では脳が合わさる可能性がある，ということです。

4　ヒト以外の動物同士でも脳が合わさるか

最後に，ヒト以外の動物同士でも脳が合わさるかどうかを検討します。神経科学における動物実験では，よく齧歯類（特に，マウス）が用いられます。動物実験では，ヒト実験では倫理的に難しい（侵襲性が高い）単一の神経細胞の活動を計測することができます。ヒト以外でもお互いの脳が合う，あるいは合わないということはあるのでしょうか。

キングスベリーら（Kingsbury et al., 2019）はインタラクションする 2 匹のマウスの神経活動（前頭前野）を同時計測し，脳が合わさることを明らかにしました。さらに，彼らは，お互いの脳のシンクロ度合いから将来のインタラクションにおける優位関係（リーダー・フォロワー関係）を予測することにも成功しています。チャンとヤルツェフ（Zhang & Yartsev, 2019）は 2 匹のコウモリ同士がインタラクション中の前頭皮質の局所電場電位（local field potential；LFP）を同時計測しました。その結果，インタラクション特有の LFP 信号のシンクロが確認されました。同様に，霊長類（サル）でもお互いの脳が合わさることが確認されています（Tseng et al., 2018）。以上の研究から，お互いの脳が合わさることはヒトだけでなく，様々な種で起こることが示唆されます。ヒト以外の動物でも「"なんだか"息が合う／合わない」と感じているかもしれません。

5　「脳が合わさる／合わさらない」研究のさらなる発展

本章では，なぜ「"なんだか"息が合う／合わない」と感じるのか，脳・神経科学の観点から検討してきました。特に，インタラクションするお互いの脳はどのような時に合うのか（シンクロするか）を検討してきました。お互い同じものを見たり聞いたりした時，お互いの脳活動が類似し，あたかもお互いの脳

が合わさって見えます。しかし，このような共通入力だけではなく，お互いにインタラクションしているからこそ脳が合わさることが最近の研究から示されています。具体的には，お互いに協力している時（特に，難しい協力課題をしている時）に脳が合わさる可能性があります。さらに，インタラクションする相手が恋人や親子など親密度や愛着度が高い人だと，低い人より脳が合わさる可能性があります。ただし，協力する課題ではむしろ，関係性がほぼない初対面同士でも，初対面同士との協力による心理的な負荷によって脳が合わさる可能性もあります。さらに，このようなお互いの脳が合う，合わないといった現象は，ヒトに限らずネズミやコウモリ，サルでも起きうることが最近の研究から示されてきています。脳が合う／合わないメカニズムは，自身と相手の行動をお互い予測する時に脳が合わさる「相互予測理論」から説明ができる可能性があります。

　しかし，脳が合わさるメカニズムについては，さらなる検討が必要です。たとえば，息が合うから脳が合わさるのか，脳が合うから息が合うのか，双方の因果関係がいまだ不明確です（Novembre & Iannetti, 2021）。この問題に対してアプローチする1つの方法として，お互いの脳に経頭蓋交流電気刺激（transcranial Alternating Current Stimulation；tACS）をすることが挙げられます。tACSを使い，お互い同じ波長の交流電気を脳に刺激することで，脳波をシンクロさせることが可能です（Zaehle et al., 2010）。脳を合わせることで，インタラクションにどのような変化が起きるかを調べ，因果関係を探索することができます。実際，tACSで2人の脳を同時刺激することで，2人で協力して運動する課題成績が向上しました（Novembre et al., 2017；Szymanski et al., 2017）。脳が合わさること／合わさらないことがどういう意味なのかを探求していくことで，「"なんだか"息が合う／合わない」といった気持ちのメカニズムを明らかにするための一助となるでしょう。

第Ⅱ部　互いに合わせ合うあなたとわたし

まねし合うことから始まる
コミュニケーション

石塚祐香

1　はじめに

　図3-1は，ある会話の一部を切り取ったものだとします。Aさんは話を聞いてほしいようです。みなさんがAさんの立場だとすると，BさんとCさんのどちらと話を続けたいと感じるでしょうか。また次に話す時には，どちらの人に話をしに行くでしょうか。色々な考えがあるとは思いますが，BさんよりもCさんを選ぶ人の方がおそらく多いのではないかと思います。

　Cさんの応答には，次の特徴があります。1つ目は，相手の発話の全体あるいは一部などの「言葉」をまねすることです。2つ目は，表情やしぐさ，ジェスチャーなどの「動き」をまねすることです。Bさんは，Aさんと異なる表情と発話で応答しているのに対し，Cさんは，Aさんと同じ表情で，Aさんの発話の一部をまねした応答をしています。

　このように，自分の言葉や動きをまねして応答する相手には，親しみを感じ，信頼しやすくなることがわかっています。会話の相手の言葉や動きをまねする応答のことを「ミラーリング」や「随伴模倣（逆模倣）」と呼びます。その中でも，自然と意識せずにまねすることを「カメレオン効果」と呼びます。

　本章では，特に言葉を「まねすること」や「まねされること」そして「まねし合うこと」が，わたしたちのコミュニケーションの中でどのような役割を担っているのか，ということについて発達心理学や行動科学の観点から考えていきます。

図3-1　AさんとBさん，AさんとCさんの会話の一部

2　わたしがあなたをまねする

　まねは，前述したように2種類に分けることができます。1つ目は，発声，発話，会話の全体または一部などの言葉のまねです。他者が「おいしいね」と言ったら「おいしいね」と言う。他者が「電車が来たね」と言ったら「来たね」と言うなどの行動です。2つ目は，表情，しぐさ，ジェスチャーなどの動きや，物を使った動きのまねです。たとえば，他者が笑い，うなずいたら，自分も笑い，うなずく。他者がコップで水を飲んだら自分もコップで水を飲むなどの行動です。このように，聞いてわかる他者の言葉や，目で見てわかる他者の動きを手がかりに，それらと同じ，または類似した動きや言葉を運動反応として表すのがまねです。

　このような人間の言葉や動きのまねは，生後6カ月頃から始まり，生後1年目から2年目の間に，日常生活の中でまねをする数が増えていきます（Masur, 2006）。さらに目で見る力（視覚），耳で聞く力（聴覚），動きや言葉を表す力（運動感覚）の発達とともに，より複雑な動きや言葉をまねするようになります。まねができるということは，他者の動きや言葉を，自分の体に当てはめて知覚

することができているということです。たとえば，他者の頭を触る動作を見て
そのまねができたら，自分の頭の位置を認識したうえで，他者の頭の位置が自
分の頭の位置と同じであるということが認識できているということになります。
わたしたちはまねをすることで，他者の感覚，感情や行動を自分の運動反応と
して再生し，追体験することができるのです。こうした力は，他者の感覚や行
動を共有，共感するための土台となる力だと考えられています。

　また，まねについては他者の行動をただまねしているのか，他者の行動の目
的も理解してまねしているのかということがよく議論されています。たとえば，
わたしたちは他者の表情をまねする時に，意図してまねする場合と，自然と気
がつかないうちにまねしている場合があります。その一方で，他者が積み木を
積む動作をまねすることなどは，何をどのようにまねするのか，そのまねの仕
方によって，他者の目的も理解しているかどうかが判断されます。この章で取
り上げる「まね」は，あえて分けずに，そのどちらのまねも含まれているもの
として捉えていきたいと思います。

3　わたしがあなたにまねされる

子どもはまねされるとどうなる？

　では「まね」の役割や働きについて考えていきましょう。まず「子どもと大
人」の会話に注目したいと思います。

　実はわたしたち人間は，生まれて数カ月頃から「まねされること（being
imitated）」に敏感に反応することがわかっています。つまり，「まねをするこ
と」が完全にできるようになる前から，「まねされること」に気づくことがで
きるのです。たとえば，まだ意味のある発話を獲得していない時期の赤ちゃん
は，お母さんから自分の発声（たとえば「ダー」「バー」など）をまねされると，
まねされていない時よりもその発声が増えていきます（Pelaez et al., 2018）。意
味のある発話を獲得している2歳から3歳頃の子どもも，お母さんから自分の
動きや言葉などあらゆる行動をまねされると，お母さんへのアイコンタクトが
増えていくことが報告されています（Sanefuji & Ohgami, 2011）。また，子どもの

図3-2　まねされると示される子ども反応の例

　こうした行動の増加は，母親だけではなく，保護者以外の大人からまねをされた場合にも，同様に起こります（Berger & Ingersoll, 2015）。その他にも，まねされるとその大人に注意を向ける，笑顔になる，接近するなど，様々な行動が現われます（Sauciuc et al., 2020）（図3-2）。

　とりわけ興味深いのは，子どもは「まねされる」と，次第に，まねをすることと，まねをされた後に動きや言葉を変えることが増えていくことです。子どもは大人からまねされると，大人の発声や発話の一部をまねしたり，動きをまねしたりするようになります（Pelaez et al., 2018; Masur & Olson, 2008）（図3-3）。さらにまねされることが続くと，自分が今まで行っていた動きや言葉を少し変化させ，大人がまねするかどうかを確かめるような行動をとります。これは「テスト行動（testing behavior）」と呼ばれ，他者の働きかけを求めるような行動が頻繁に起こります（Berger & Ingersoll, 2015; Sauciuc et al., 2020）。たとえば，子どもが「ダー」という発声や，手をたたいている動作を大人にまねされたら，次は「マー」という発声や，手を前に出す動作をしたうえで，大人がまねするかどうかを見て確認する行動などです。こうした行動が見られることは，他者からまねされていることに気がついている証拠であると考えられています。子どもは，大人とのこうした「まね」と「少し変化させる」ことを繰り返すことで，そのやりとり自体を遊びとして楽しんでいるのです。子どもと大人（主に保護者）とのまねを介したやりとりは，年齢とともに徐々にその持続時間が長

子ども

大人

時間の流れ

図3-3　「まね」と「少し変化させる」ことを通したコミュニケーションの例

くなっていくことが報告されています。子どもは，そうした遊びを通して他者とのコミュニケーションのとり方を学ぶと同時に，言葉を聞いて話す力を自然と身につけていくのです。

　ではなぜ子どもは大人からまねされると，こうした行動の変化が見せるのでしょうか。実はこの疑問については，脳科学，社会心理学，発達心理学，行動科学，言語学など多方面からアプローチがなされていますが，まだ十分に解明されていません。この疑問について，ここでは，発達心理学や行動科学の観点からの考察を紹介したいと思います。

　それは，わたしたちは自分と「同じ・似ている」ことを生得的に，あるいは発達のかなり早い時期から好んでいるということです（Pelaez et al., 2011;Neimy et al., 2017）。このことを検証したネイミーら（Neimy et al., 2017）の研究を紹介します。この研究では，お母さんと生後11カ月の赤ちゃんの2人で過ごす場面を設定し，お母さんに4種類の声のかけ方を依頼し，赤ちゃんの発声がどのように変化するかを比較しています。まず①お母さんがいつも通りに赤ちゃんに話しかける時，②赤ちゃんの発声のタイミングに関係なく，お母さんが声をかける時，③赤ちゃんの発声にお母さんがすぐに応答するが，まねではない

図3-4　4種類の声のかけ方を比較する

出所：Neimy et al.（2017）をもとに筆者作成。

発声をかける時，④お母さんがすぐにまねをして返す時の4種類です（図3-4）。すると，赤ちゃんの発声が最も増えるのは，④のお母さんからすぐにまねされる時だったのです。このことから「すぐに」反応が返ってくるだけではなく，「同じ・似ている」反応が返ってくることが重要な要素であると結論づけられています。この結果は，保護者以外の大人が，言葉だけではなく動きもあわせてまねする場合にも同様であり，すぐにまねをされる時に，大人への注目や接近行動，まねをする行動，テスト行動などが最も増えることが報告されています（Sauciuc et al., 2020）。「同じ・似ている」反応を得ることが，他者とのやりとりやコミュニケーションを続ける大きな原動力となり，そのやりとりを長く続けようと，他者に働きかけるための様々な行動が増えているのではないかと考えられます。

大人はまねされるとどうなる？

　では，「大人同士」の会話の中ではどうでしょうか。

　大人同士の会話の中でも，まねをしない相手より，自分の言葉や動きをまね

する相手の方が，その相手に肯定的な評価をしやすくなることが報告されています（van Baaren et al., 2010）。たとえば，2人で会話をしている時に，自分の姿勢やしぐさをまねされると，その相手に対して親しみやすさや，話しやすさを感じるのです。また，近年の研究から，必ずしも人に対してだけではなく，ロボットとの会話に対しても同じ効果が見られることも報告されています（Hasumoto et al., 2020）。この研究は，ロボットが質問者，被験者となる大学生または大学院生が回答者となる会話場面で行われました。会話中に被験者の体の揺れに合わせて揺れるロボットと，被験者の体の揺れに関係なく，人同士の会話時に起こる体の揺れを再現したロボット，揺れることはないロボットと，それぞれ会話をしてもらった後にアンケートをとっています。被験者の体の揺れに合わせて揺れるロボットは，被験者に気づかれないように横方向の体の揺れのみをまねし，その揺れの大きさも調整するなどの工夫がなされています。その結果，被験者は会話中に自分の体の揺れに合わせて揺れるロボットに対して，最も話しやすいと評価する結果が得られました。

　こうした結果は，わたしたちが大人になってからも，自分と同じ・似ているところが多い他者を好む傾向にあるということが関係していると考えられます。つまり，会話の中で相手の動きや言葉をまねすることは，その相手が，自分との会話時に行う全般的な行動を増やし，持続させる働きを持ちやすいのです（Reed, 2020）。全般的な行動というのは，相手が自分の方を見る，うなずく，笑顔になる，相手から話しかけてくれる，自分の発話に相手が応答してくれるなど，会話をする時に起こる行動を指しています。

　図3-5の会話を例に考えていきましょう。上の図では，相手の動きに関係なく動いています。また「そうなんだ」など，相手の言葉と異なる発話をしています。これは一般的な話し方ではありますが，実はこうした行動は，相手の動きや言葉に注目していなくてもできる行動です。一方，下の図では，相手の動きにまねして動いています。「旅行に行ったんだね」など，相手の言葉の一部もまねして応答しています。これは相手の動きや言葉に注意を向けていないとできない話し方です。そのため，両者を比較すると，まねをする相手の方が「聞いてもらえた」と感じやすくなります（荻原，2015）。こうした結果から，

図3-5　言葉を「まねされる」時と「まねされない」時の会話の例

相手への肯定的な評価につながり，自分をまねする相手の方に話をする確率が高くなると考えられます。

　さらに会話の中で相手の言葉をまねすることは，相手の次の発話を引き出す特定的な働きも持ちやすいのです。図3-5の下の図にある「旅行に行ったんだね」「そんなに大きな魚が釣れたんだね」という応答は，「そうなんだ」という応答に比べると，同じトピックの次の会話や，同じ構造を持った次の発話を引き出しやすくし，会話が展開されやすくなります。つまり，言葉のまねがあることで，会話自体を共有する「構造」や「テンプレート」のようなものが生まれやすくなり，会話が共同行為としての意味合いが強くなるのです（Reed, 2020）。

　ただし，会話の中で相手の動きや言葉をただまねすれば，必ずその相手の会話行動が増え，持続し，発話が引き出されるということではないことに注意する必要があります。もちろん，まねをしないよりも，まねをした方が，そうした行動が増え，持続する働きを持ちやすいのは一連の研究から明らかになって

います。しかし，どのようなまねの仕方で，どの程度まねをするのか，ということは，会話中のその相手の行動を観察して判断するしかないのです。つまり，誰かと会話をした時のまねの仕方や程度が，別の人にも同じように当てはまるというわけではないのです。もしかすると「こういう行動をする人には，こういうまねの仕方が良い」という法則性があるのかもしれないのですが，それはまだわかっていません。したがって，現段階では，どのようなまねの仕方や程度が相手にとって心地よいのか，ということは，相手の行動を常に観察しながら，自分の行動を調整して推量していくしかないのです。その時，相手の会話行動が増えていれば，自分のそのまねの関わりは，「うまくいっている」という判断になり，相手の会話行動が減ってしまっていれば，自分のそのまねの関わりを「調整する必要がある」という判断になります。このように，相手の動きや言葉を観察し，調整しながら会話をすることが，コミュニケーションの醍醐味のような気がしています。

4　あなたとわたしがまねし合う

　一方が他方をまねするだけでも前述したような効果がありますが，双方がまねする「まねし合い」を会話に取り込むことで，「まねしない」「まねされない」会話よりも，会話が持続し，互いに肯定的な評価を持ちます。わたしたちは互いにまねをし合うことで，相手の感覚，感情や行動を自分の運動反応として再生し，追体験することができます。さらに互いにまねし合うことは，会話に関連する全般的な行動を相互に高め，持続させる働きをもたらします。つまり「まねし合い」を取り入れた会話は，互いの行動を理解し合い，互いの行動を相互に高め合いながら会話自体を押し進めていく共同行為であると言えます。こうした「まねし合い」を取り入れた会話には，「まねし合い」を取り入れていない会話には成立しづらい，会話をするうえでの共通の基盤が生まれます（Reed, 2020）（図3-6）。

　この共通の基盤についてもう少し具体的に説明すると，「予測可能な状態」を互いに構築しているのではないかと考えられています。わたしたちは，他者

「まね」がうまくいっていないコミュニケーション

「まね」がうまくいっているコミュニケーション

図3-6　互いに「まねし合う」を取り入れた会話の例

と話す時に，その他者が自分の予測の範囲外の行動を示す場合には，会話以外のことにも注意を払う必要があり，その結果，会話が進みにくくなります。一方で，会話の中でまねをし合うと，自分と「類似している，同じである」ことから，予測可能な状態が長く続き，安心した状態で会話ができるために，互いに肯定的な印象を持ちやすくなります。予測内の行動をしている他者には，相手の話を聞きやすく，自分の話を聞いてもらえるのではないかと考えるのです。

　一方で，いくつかの研究では，まねをする相手に，好印象や親しみやすさを抱かない場合があるという結果も出ていることを述べておきたいと思います。たとえば，大人同士の会話では，相手に気づかれてしまうほど大袈裟にまねをしてしまうと，かえって印象が悪くなる可能性が指摘されています（van Baaren et al., 2010）。一方，先に述べたように，子どもと大人の会話では，子どもが大人からまねされることに気がつくことで，むしろ関わりが増えていくのが興味深い点です。また，動きのまねに関しては，仮想現実（VR）のアバターとの会話など，自然なまねになっていない可能性がある場合には，好意や

親しみやすさにつながりにくいことが報告されています（Hale & Hamilton, 2016）。言葉のまねに関しては，比較的聞き手を重視する日本語文化よりも，話し手を重視する中国語や英語文化の場合には，言葉をまねして返すことが，必ずしも好ましいと捉えられない可能性が示唆されています（荻原，2015）。このように，大人同士の会話を対象とした研究では，様々な分野の研究者によって，相手の動きをまねすることの効果と，相手の言葉をまねすることの効果がそれぞれ別々に検証されています。今後は，動きと言葉をまねすることを合わせたうえで，様々な場合や条件を検討し，その効果を確かめていくことが必要ではないかと思います。

5　まねは互いにわかり合うための橋渡し

　ここまで，本章の第1節で紹介した，BさんとCさんの会話の仕方の違いや，その働きについて一緒に考えてきました。「まねすること」をお互いに会話に取り入れることで，相手のことを理解し合う，共感の構造が生まれます（van Baaren et al., 2010）。そして互いに予測可能な状態から会話を進めることができるのです。多様性を尊重し合う現代社会の中では，こうした「まねし合い」を取り入れた会話は，大事なツールになっていくのではないかと考えています。

　また，ご紹介してきた知見は，現在，言葉の遅れのある子どもたちの言葉を伸ばす支援（Ishizuka & Yamamoto, 2016; 2021）や，カウンセリングの際にクライアントとの信頼関係を築いていくための技法の1つとしても応用されています（青柳，2013）。このような場面に限らず，「まねし合い」は，他者と一緒に何かに取り組む時に有効な方法であると思います。ぜひ，実践し，体感してみたいと思っていただけたら嬉しいです。

　筆者は普段，言葉の発達に遅れのある子どもたちと関わっています。そうした子どもたちのまねを引き出すために，まずは自分から子どもたちの動きや言葉をまねするようにしています。まねをした直後にこちらを見てくれた時，話を続けてくれた時にとても嬉しくなります。わたしは子どもたちと関わる時に子どもたちのことを知りたい，わかりたい，教えてほしいという，ある種の

メッセージを送るために，まねをしているような気がします。相手と同じ動き
をし，言葉を発することで，「今この動きや言葉に興味を持っているのだな」
「これが好きなのだな」など，相手のことをより深く知る体験ができます。こ
のような関わりは，言葉の遅れのある子どもたちとの関わりだけではなく，わ
たしたちのコミュニケーションの基盤なのではないかと感じています。

表情を交わし合うコミュニケーション

緒方万里子

1 はじめに

相手と"表情を交わし合う"

　みなさんは相手の顔を見て怒り出しそうだなという危険を察知したり，逆に表情から自分への好意に気づいたことはないでしょうか。表情がその後の出来事を予測させる例，相手の表情により行動が変わる例を見てみましょう。

　「A君が悪い点数をとったテストを父親に見せたところ，父親の眉間にシワが寄り，顔が赤くなってきました。怒られるかもしれないと覚悟した直後，案の定，父親は大激怒しました。A君はすっかり落ち込んでしまい，眉は下がり涙が目元に浮かんできました。A君の顔を見て父親は反省したと解釈し，叱るのを終えてくれました」（図4-1）。この場合，A君は父親の表情から，父親が怒るという行動を予測しました。また，父親はA君の表情から，反省したことを汲み取り怒るのをやめました。このように，人と人のコミュニケーションは表情を交わし合うことで成り立っているのです。

　また，意図的に表情を出したり，相手の表情をお互いが意識し合うことでコミュニケーションが進む例を見てみましょう。「太郎はクラスの気になっている花子とばったり会いました。緊張しましたが，頑張って笑顔で挨拶をすると花子も嬉しそうに頬を赤らめ笑顔になりました。嬉しくなり，週末遊びに誘ってみると花子はとても嬉しそうに笑い，快諾してくれました」。この場合，太郎君は最初緊張していましたが，気になる相手に良く思ってもらいたくて，頑張って意図的に笑顔で挨拶をしました。すると花子は太郎の笑顔を見て嬉しく

図4-1　表情からその後の出来事を
予測する例

なり笑顔になりました。2人が笑顔を交わし合ったことがコミュニケーションのきっかけとなっているのです。

　このように表情は，言葉にしなくても相手に伝わる多くの情報を含んでいます。わたしたちは，相手の表情に合わせて自分の言葉や行動を選び，状況に合わせていくことができます。そして，あなたが相手の表情に合わせて，何か表情を表出したり行動をとると，相手もあなたの表情を読み取り，あなたに合わせた行動や表情を表出します。

　つまり表情は人と人とが出会い，気持ちや行動を合わせるうえで重要な役割を果たしていると言えるでしょう。本章では，そうした表情にはどんな種類があるのか，そしてどのように生じ，わたしたちの生活にどんな風に関連していくのかを見ていきたいと思います。

2　表情は大事なコミュニケーションの1つ

人は顔に注意が向くようにできている

　まず，わたしたちのコミュニケーションにおいて，表情が持っている特徴や，その役割について見ていきましょう。顔は人と相対する時に正面を向いており，目線のちょうど先に位置することからも，最も注意を向けやすく，他の体の部位に比べて情報を多く得やすい部位です。そのため，手など体の動きよりも変化に気づかれやすく，他者に情報を伝えるという役割も担っています。

　たとえば相手が怒っているのか，喜んでいるのか，相手の感情を読み取りたい時には，相手の顔を見ます。もし相手が眉間に皺を寄せたり，口をへの字に曲げていたら，怒っているのかなと不安になります。この時，顔ではなく肩の上下の動きや，腕の動きで相手の感情を読み取るのはほとんど不可能です。「顔色を窺う」という慣用句にも，人は顔を見て，表情を読み取ることで相手

の心の動きを知ろうとすることが表れています。顔が表す情報は人のコミュニケーションにおける中心と言うことができます。

　さらに，表情を読み取るのではなく，相手に表情を読み取らせることで相手の感情や行動を利用する場合もあります。利用すると聞くとなんだか怖く聞こえるかもしれませんが，これは，営業や詐欺などの場面だけでなく，実は赤ちゃんも利用しています。赤ちゃんは生まれてすぐに微笑むような表情をすることができます。実はこの微笑みは本当に嬉しくて笑っているのではなく，「生理的微笑」という単なる筋肉の動きです。生まれたばかりの赤ちゃんは脳や視力の発達が未成熟なため，視力は0.02程度しかなく，言葉もまだ理解できていません。そのため，周りの出来事や親からの言葉を理解して感情を表出することはできないのです。しかし，この生理的微笑は親や養育者に喜びや可愛いという感情を生じさせ，もっと面倒を見てあげたい，喜ばせたいという気持ちにさせ，養育行動を起こさせます。親が嬉しくなり笑顔で赤ちゃんに接することで，赤ちゃんは自然と他者からのポジティブな情動表出を経験するのです。つまり，親子は表情を交わし合うことで，情動的な絆を深めていくのです。

　また，親は勝手に赤ちゃんを「自分たち大人と同じように心を持った存在」として扱い，赤ちゃんの感情を読み取ろうとします。子どもの表情の変化や動きに合わせて，「うれしいの？」など，時に実態以上に意味を付与することをマインド・マインデッドネス（mind-mindedness）と言います（則近，2021）。マインド・マインデッドネスは，まだ感情が未分化な赤ちゃんに，親がいわば思い込みで「怒ってるんだね」「楽しいね」「うれしいね」と感情を読み取ろうとするものですが，マインド・マインデッドネスによって，心情を表現する語彙の使用や相手の感情，視点の理解が促進されると考えられています（Meins, 1997）。つまり，赤ちゃんは相手に感情や表情を読み取ってもらったり，それに意味づけをされたりすることによって，社会的な能力を獲得していくのです。このことからも表情は交わし合い，理解し合うためにあると考えることができます。

　さらに顔に注意が向きやすいのは大人だけではありません。たとえば，生まれたばかりの赤ちゃんを見ていると，親の顔を見て嬉しそうにしているように

①顔　　　　　　②配置だけが　　　③顔のパーツが縦に　　④②の配置を逆さま
　　　　　　　　　顔っぽいもの　　　配置されているもの　　にしたもの

図4-2　乳児の実験で実際に使われた図形

出所：Morton & Johnson（1991）.

見えることがあります。実はこれは親の思い込みではなく，科学的に証明され
ていることです。生後数時間の乳児でさえも，顔に似た配置をした単純な図形
を，他の図形よりも好んで目で追うことが知られています（Goren et al., 1975）。
未成熟な視力なのに，顔を選んで好むということは，人には顔を見つめ合い，
社会的に相互に影響し合うコミュニケーションの能力が，生まれながらにして
備わっていると考えることができるかもしれません。

　そもそも顔の定義とはどんなものでしょうか。それは，パーツそれぞれにあ
るのではなく，目・鼻・口の配置にあります。大人でも木目模様が顔に見えた
り，車の正面が顔に見えたりすることがありますよね。これはシミュラクラ現
象と呼ばれ，人間が顔に注意を向けやすくするための脳の機構の1つです。

　赤ちゃんでもこうした現象に基づいて顔を見ているのか，それとも偶然なの
かを調べるために，顔の特徴をバラバラにして配置を崩した図形（図4-2③）
や，配置を逆さまにした図形（図4-2④）を乳児に見せて，顔の配置になって
いる図形だけを好むかどうかが実験されました（Morton & Johnson, 1991）。様々
な実験から，まだ顔を見たことがない生まれたばかりの新生児でも，こうした
図形の中から正しい顔の配置になっている図形（図4-2①②）だけを好むこと
が示されています（Goren et al., 1975）。このような結果から，人には生まれつき
顔に注意を向けやすい能力が備わっていると言えるでしょう。

表情の重要な役割

　これまで見てきたように，わたしたちは顔に注意を向けることで情報を示し合い，コミュニケーションをとっています。そして顔は，その人の個性を表すとともに，感情や意図などの一時的な状態を表すものでもあります。わたしたちは他者と関わりながら生活する中で，顔が持つそれら複数の情報を，相互に理解し合い，多様な機能を活用しているのです。

　相手の表情を読み取ることは，他者の情動の状態について理解するためだけでなく，相手の表情と対応する表情を自らが表出するためにも重要なことです。このように自分と他者が表情を表出し合う，相互作用によって成立する非言語的なコミュニケーション（non-verbal communication）は，安定した社会生活を送るうえで他者との情報伝達などを円滑にする役割を果たすのです。

　いかに人が表情を情報処理の際に活用しているかを見てみましょう。メラビアン（Mehrabian, 1971）は，人が会話をしている時に受け取る情報の種類の割合を明らかにしました。その結果，会話をしている時に，相手から受け取る情報を100とした時，言語的内容（話している内容）の占める割合はわずか7％である一方で，非言語的内容は90％以上を占め，そのうち表情や見た目の占める割合は55％に及ぶことが報告されました（メラビアンの法則）。つまり，人は相手の表情を読み取り，そうした情報を利用することで会話に生かし，コミュニケーションを成立させているのです。わたしたちは無意識に情報を交換しているのではなく，互いに表情を交わし合い，相手の気持ちや状況を読み合っているのです。

3　表情ってどんな種類があるんだろう

表情は普遍的なのか

　コミュニケーションにおいて重要な役割を果たしている表情とは，どういったものなのかを深掘りしていきましょう。最初にみなさんが表情と言われて思いつくのは，笑っている顔や怒った顔，泣いている顔などではないでしょうか。ではそうした表情は，全世界で共通なのでしょうか，それとも国や年齢，性別

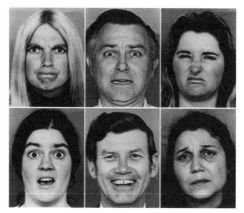

図4-3　エクマンが見せた表情写真

注：上段左…怒り，上段中央…恐怖，上段右…嫌悪，下段左…驚き，
　　下段中央…幸福，下段右…悲しみ
出所：Ekman & Friesen（1975）．

によって違いがあるものなのでしょうか。

　文化人類学者であり心理学者でもあるエクマン（Paul Ekman）という研究者は，1970年代にその問いを解明しようとし，全世界の人類に共通した普遍的な表情が6種類あるのではないかと考えました。その6種類の表情とは，幸福，驚き，恐れ，嫌悪，怒り，悲しみです。エクマンは仮説を検証するため，世界中の国の5カ国（アメリカ，日本，ブラジル，アルゼンチン，チリ）で，表情の写真を見せ6つの感情のどれかに当てはまるかを訪ねる実験を行いました（図4-3）。その結果，国が変わっても感情と表情の対応は同じであるという結果が示されたのです。さらに，他の文化と交流がないパプアニューギニアの部族民を対象に同様の実験を行ったところ，5カ国での検証と同じように特定の表情と感情が対応していることが示されました。この結果から，表情や感情というものは世界共通に普遍的なものであるという可能性が考えられました。このエクマンの研究は，現代では否定されている部分もあり，理論的な修正や再考が必要とされていますが，表情の普遍性や，生き物としての表情の役割を考えるうえで重要な知見であると言えるでしょう。

4　感情はどうやって生じるのだろう

あなたは悲しいから泣くのか，泣くから悲しいのか

　ここまで，どうやら感情はある程度普遍的で，生まれながらに持っているものであることがわかってきました。それでは，感情が生じる時のメカニズムとはどのようなものなのでしょうか。たとえば，大事なものを失い，とても悲しい時，涙が出てくることがあるでしょう。この時あなたは，悲しいから涙が出てきたのだと思うかもしれません。しかし，こんな場合もありませんか。「友人と喧嘩をして，お互いに思ってもいないようなひどいことを言い合ってしまった。その帰り道，歩いていると自然と涙があふれてきた。その時，ああ自分は友人に言われた言葉にこんなにも悲しんでいたんだと気づいた」。この例の場合，最初は悲しいという感情はまだ感じていないのですが，涙に気づき悲しいという気持ちを認識しています。では，わたしたちは悲しいから泣くのでしょうか，それとも泣くから悲しい気持ちになるのでしょうか。

　この問題は心理学の世界でも100年以上にわたって議論されてきました。これにまつわる有名な4つの理論を紹介していきます。その前に，用語の説明をしておきましょう。感情を扱う心理学の世界では，「感情」「情動」「気分」という単語の意味を使い分けています。

　「感情（feeling）」とは，「自分自身を含めてあらゆる対象について，それが良いものか悪いものかを評価した時に人間に生じる状態すべてのこと」を指します。「情動（emotion）」は，感情の一種であり，「急激に生じ，短期間で終わる一過性の短い時間の感情状態である」とされています。一方，「気分（mood）」も，感情の一種なのですが，気分は「中長期的に緩やかに持続する感情」とされています。たとえば，大好きなパフェを日曜日に食べたとします。パフェが出てきた時に感じる喜びは一過性のものであり，「情動」です。そしてパフェを食べたおかげで日曜日を1日中幸せな気持ちで過ごせた，この幸せな気持ちは中長期的なもののため「気分」です。そしてこの，喜びの情動と，幸せな気分を包括して「感情」と呼ぶことができるのです。

　では理論の説明をしていきましょう。1つ目の理論は，「ジェームズ=ランゲ説」，あるいは「感情の抹梢起源説」と呼ばれる理論です。アメリカで心理学の父と言われている，哲学者であり心理学者のジェームズ（William James）は，感情における身体感覚の重要性を論じました。「怖いから逃げるのではなく，逃げるから怖い」という，生理的身体的な変化が生じた後に感情の経験が生じるという考え方を打ち出したのです。これは一見すると，わたしたちが普段感じている感情や，一般的な常識とは真逆の因果関係を主張しているように見えますが，実はそうではありません。たとえば何か怖い体験をした際，末梢神経系で特定の生理学的な変化が生じ，震えたり，汗をかいたり，心拍数が上がるなどの身体的な変化が生じます。この時に感じるこうした身体的変化の体験そのものが，「恐怖」という特定の情動なのではないかと考えられたのです。確かにこの理論で考えれば，生まれつき人が感情や表情を獲得していることを説明できそうですよね。

　しかし，この理論はその約30年後にキャノン（Walter Bradford Cannon）という心理学者によって否定されます。2つ目の理論である，「認知説」あるいは「感情の中枢起源説」と呼ばれるものです。この理論では，感情は脳における解釈や評価を基本にして生じると考えます。これは一体どういうことなのか，例をとって見ていきましょう。

　たとえば，もしあなたが山の中でクマに出会ったとしたらどうでしょうか。命の危機を感じ，恐怖や逃げようとする逃走行動が生じるでしょう。しかし，クマを動物園や登別のクマ牧場で見たとしたらどうでしょうか。動物園で熊を見て逃げ出そうとする人はいないでしょうし，むしろ熊を可愛いとさえ思うかもしれません。このようにわたしたちは，状況や過去の学習，経験から物事を判断して，その結果感情が生じていると考えることができるのです。

　また，キャノンは大脳皮質を除去された犬が「偽の怒り」と呼ばれる攻撃を伴わない威嚇行動をとることに着目し，視床下部がすべて取り除かれてしまうと，この行動が見られなくなることを発見しました。視床下部とは，自律機能を司る脳の中枢部分で，摂食行動，性行動，攻撃行動，睡眠などの本能行動を管理している部位です。このことから，「情動は，視床下部を介して大脳皮質

や末梢器官に伝えられ，情動体験と情動反応が起こる」と考えられました。つまり，身体ではなく脳の視床下部が感情を司っていると考えられたのです。

　このジェームズとキャノンの説は，それぞれ説明できることや良さがあり，どちらが正しいと言い切れるものではありません。ジェームズの理論では，感情における身体の重要性を取り上げたことに価値があると言えますし，キャノンの理論では視床下部という脳の機能に感情の中枢があると考え，脳機能を取り上げた点に価値があると言えます。

　3つ目の理論として，「社会構成主義説」という理論があります。この理論は，感情を社会的な目的や個人的な目的に役立つ文化の産物であると見なし，遺伝的な要素や生物学的な実体としない立場です。たとえば，新生児ははじめに母親から人間関係の表現を学び，育つにつれて家族，学校，社会との関係で感情表現を学習していきます。発達心理学者のルイス（Michael Lewis）は，ヒトは生まれた時からすべての情動を獲得しているわけではなく，段階的に獲得していくと考えました。

　ルイスによると，生後3カ月までに「喜び」「悲しみ」「嫌悪」「興味」の情動が見られるが，4〜6カ月には「怒り」が見られ，少し遅れて「恐れ」が見られ，さらに「驚き」が出てくると考えられています。つまり，乳児は養育者との社会生活の中で情動を獲得していくと考えることができるわけです。

　しかし，環境によっては情動を獲得できない場合もあります。たとえば，フランスで発見された「アヴェロンの野生児」は最後まで人間社会に順応することができなかったと報告されています。その少年はオオカミに育てられたため，動物の情動表現しか表せず，人間社会の表現はできなかったのです。アヴェロンの野生児の発見例は，近年では一部捏造だったのではないかとの指摘もありますが，情動表現の役割や獲得を考察するうえでは面白い例として考えてみても良いと思います。このように，感情は人間社会の産物であると考えるのがこの社会構成主義説です。

　そして4つ目の理論はダマシオ（António Damásio）による理論です。ジェームズによる身体反応を重視した理論はキャノンによって否定されてしまいましたが，その数十年後にダマシオという神経学者・心理学者が，脳と身体の双方

向的な関係を重視し，感情の質に身体が大きく影響するという「ソマティックマーカー仮説」を打ち立てます。神経科学の領域では，キャノン以降，感情に関係する脳部位の研究が進み，辺縁系領域の扁桃体という部位が感情の発生に重要な役割を果たすことが明らかになりました。さらに，扁桃体には身体反応を変化させる機能もあります。ダマシオの仮説では，そのように扁桃体で検出された情動的刺激によって作り出された身体反応を情動と呼びます。また，ダマシオの理論でもう1つ重要なのは，感情が意思決定にも影響を与えると考えている点です。意思決定というのは，たとえば，今日のお昼は何にしようとか，アプリで課金をしようかなど，日常で行われている決定のことです。わたしたちは日々たくさんの意思決定をしなければなりませんが，その状況は選択肢がたくさんあって複雑で，なおかつどれが正解かわからないような不確実なことが多いです。そうした場面で選択肢を1つずつ取り出して論理的に考察していては時間がかかりすぎるし，疲れてしまい，日常生活に支障をきたしてしまいますよね。そこで過去の経験によって個々の選択肢に感情的な評価を行い，瞬時に悪い選択肢を削除して意思決定を容易にすることが，感情の重要な機能であると考えられているのです。そしてダマシオは，意思決定に影響する身体からの信号をソマティックマーカー（身体信号）と呼びました。このように，感情は他者とのコミュニケーションだけでなく，社会生活にも重要な役割を果たしているのです。

感情には決まったパッケージがあるのか

　ここまで感情がどのように生じるのかという様々な理論を見てきました。では，ここで1つみなさんに疑問を投げかけてみたいと思います。感情が生じるメカニズムがあるのだとすると，怒りや喜びという情動や感情には決まったパッケージのようなものがあるのでしょうか。たとえば怒る時はこんな表情で，こういう声で，こういう筋肉が動くなどの決まったパターンがあるのかということです。これについて2つの理論を見ていきましょう。

　1つ目は第3節で紹介したエクマンという学者の理論です。エクマンは，幸福，驚き，恐れ，嫌悪，怒り，悲しみといった決まった情動があるとして，そ

れを基本情動と呼びました。そして，それら基本情動には結びついた表情の全体的なパターンが確固としてあり，表情全体がグループとして１つの情動として意味を持つと考えました。いわば，リュックにすべてのセットを入れ，それを「幸福」というセットとして名前をつけるようなイメージです。これを基本情動理論と呼びます。

　一方，構成要素的アプローチと呼ばれる理論では，全体ではなく，むしろ目や眉や口元など，顔の各部位の特異な動きがそれぞれ個別に情動の意味を表情すると仮定しています（遠藤，2000）。つまり，情動とはいくつかの評価次元に沿って，その都度，構成・組織化される一過性・一回性の状況対処プロセスのことであり（たとえば Ortony & Turner, 1990），顔の各部位はそれぞれの評価次元の意味に対応して固有の動きをすると考えられるものなのです。この理論では，表情というのはその都度の複数の要素の組み合わせという形で多重な情報を持ちうるという考えなのです。

　どちらの理論が完全に正しいということはまだ断言できませんが，現在は構成要素的アプローチを支持する研究者が増えています。

5　表情は何のためにあるのだろう

　ここまで，表情や感情の様々な理論について見てきました。どうやら表情というのは感情や認知機能と様々に入り組んでおり，簡単に説明できるものではなさそうでした。では表情とは何のためにあるのでしょうか。表情があることでどんな良いことがあるのか，考えてみましょう。

　まず，表情の模倣の理論を見てみましょう。みなさんはよく，「笑顔でいれば幸せが舞い込んでくるから笑顔でいなさい」と言われたり，そういう話を聞いたことはありませんか。ディンバーグ（Ulf Dimberg）という研究者は，実験参加者に微笑んでいる表情の写真と怒っている表情の写真を見せて，その写真を見た時の実験参加者の顔の動き（顔の筋電位）を測定しました。すると，微笑んでいる表情の画像を見た時には，実験参加者の大頬骨筋という笑う時に動く筋肉に活動が見られました。一方で，怒っている表情の画像を見た時には，

実験参加者の, 皺眉筋という嫌な顔をする時に動く筋肉に活動が見られたのです。これらの筋肉の活動は, 実験参加者が意識して動かしたのではないのに生じたものです。つまり, 人には相手の表情を読み取って自分の表情を相手と合わせる機能があるのかもしれません。

表情を交わし合い生活している

　表情の模倣の実験からわかることは, ヒトは相手の表情に影響を受けて, 自分自身の表情も相手に合わせて変化させているかもしれないということです。ヒトの脳にはミラーニューロンと呼ばれる脳の細胞があり, 他者の行動を見て, まるで自分が同じ行動をとったかのように反応することが知られています。この反応する部位が, 他者を理解する共感性の能力と関連するのではないかとも考えられています。つまり, 表情の表出というのは, ただ自分自身の感情や状態を表に出して相手に伝えるだけではなく, 相手と表情を交わし合うことで自分の表情が相手の表情を変える, あるいは相手の表情によって自分の表情を変えるという情報交換をし合い, 相手や自分の感情や思考, 行動を変化させるかもしれないということなのです。

　もしかしたら, 意図的に笑顔でいることで, 相手からの笑顔を引き出したり, 相手をハッピーな気持ちにさせるというような, 表情の利用方法があるかもしれません。普段, 自分の表情というものになかなか興味を持ったり意識することはないかもしれませんが, これからは, 表情とは相手と交わし合い, 情報を読み合い, コミュニケーションに利用する方法の1つなのだと思ってみてはいかがでしょうか。

教え合いで発展するコミュニケーション

石塚祐香

1 はじめに

　みなさんは，誰かに何かを教えたことはありますか。もしこの本を手にとっている方が学生である場合には，教える機会よりも，教えられる機会の方が多いかもしれません。社会人の場合には，上司や先輩から教えられる機会の方が多い方，または後輩や部下に教える機会が多い方，そしてその両方を行っている方がいらっしゃるでしょう。誰かに教える時，または自分が誰かに教わる時，「教える」役割と，「教えられる」役割が固定していることが多いと思います。しかし，その役割を交互に行うことで，新しい知識や技能を獲得すること以上のものが生まれることがわかってきています。

　本章では，互いに教え合うということがわたしたちにどのような影響をもたらすのかについて，発達心理学や行動科学の観点から考えていきたいと思います。

2 教える行動の獲得と活用

教えられる経験が教える行動を発達させる

　わたしたちは，他者から教わることを通して，知識の基盤を作り，発展させてきました。教えるという行動は，自分より知識の少ない者に対し，知識を増やそうとする意図的な行動と定義されています（Strauss et al., 2002）。多くの場合，子どもに対して教える役割を担うのは大人です。家庭の中では保護者，学

図5-1　教えられる経験から教える経験へ

校では教師が教える役割を担います。そのため，子どもはどちらの場面でも教えられる対象となることが多くなります。しかし，教える行動自体は，1歳8カ月頃から積極的に見られることが報告されています（赤木，2004）。

　赤木（2004）は1歳台の乳児に対して，その乳児ができる課題（簡単な型はめパズルのような課題）を大人ができない素振りをして見せた時の乳児の様子を観察しました。その結果，乳児は大人に対して指差しを用いて伝える行動や，視線を使って教える，発話や発声を伴って教える行動をすることが観察されました。また，幼稚園の年中児と年長児が，大人である学習者に対して折り紙の折り方を教える行動を観察した研究（木下，2015）では，どちらの幼児も実際に折り方の見本を見せる行動や，学習者の様子を確認しながら見本を見せる様子が見られることが報告されています。さらに年長児の方が，年中児よりも学習者の注意を自分の方に向けさせる行動を多く示すことも報告されています。

　このような教える場面で見られる行動は，上記以外にも，体や頭の動き，ジェスチャー，表情，アイコンタクト，模倣，イントネーションなどがあり，いずれも他者に対して，教える場面であることを強調する目的や，教える内容を伝わりやすくする目的を持つ重要な手がかりとなります。子どもは，そうした大人からの伝える意図を含んだ手がかり（pedagogical que または ostensive signal）に敏感に反応することで，知識を獲得していきます（Csibra & Gergely, 2009）。さらに子どもは，他者とのやりとりの中で，これらの手がかりに敏感に反応することで，教わることを自然と経験し，そして自らもそうした行動を活用していくようになると考えられています（図5-1）。つまり，教える行動は，乳幼児期からの大人との関わりの中で発達し，獲得される行動であり，コミュニケーションと密接に結びついていると考えられています。

教える経験がコミュニケーションを引き出す

　前述したように，子どもの時期は教える機会よりも，大人から教えられる機会の方が多くなります。しかし実際に子どもたちに対して誰かに何かを教える機会を設定すると，大人が予想する以上に上手に教える様子や，普段よりも積極的にコミュニケーションをとる様子が見られることがあります（Kobayashi et al., 2020；田中他，2019）。筆者も実際に，子どもたちが誰かに何かを教える役割を持った時に，いきいきと教える様子を間近で見てきました。その中で，筆者が特に印象に残っている取り組みを紹介したいと思います。

　筆者が当時所属していた研究室では，多様な発達段階の子どもたちを対象とした，IRCT（Information and Robot Communication Technology）によるコミュニケーションロボットを用いた発達支援の効果を実証する共同研究のプロジェクトを行っていました（田中他，2019）。そのプロジェクトには，5 歳の自閉スペクトラム症の子どもたち 2 名に協力してもらいました。自閉スペクトラム症は，神経発達障害であり，その診断基準の 1 つには，社会的なコミュニケーションの難しさが挙げられています（APA, 2013）。たとえば，他者の表情や身振りなどのコミュニケーションを理解し，自分も表出することや，会話のキャッチボールを続けること，状況や相手に合わせて自分の行動を調整することの難しさなどが，それに含まれています。

　このプロジェクトでは，子どもがコミュニケーションロボット（NAO）に動きや言葉を聞いてその通りにまねをする「NAO が子どもに教える」活動と，子どもが NAO に動きや言葉を教える「子どもが NAO に教える」活動を行いました（図 5-2）。その結果，子どもが NAO に動きや言葉を教える場面では，子どもたちは，NAO が動きを認識しやすいように動きを大きくする，写真などを NAO に見せて動きを教える，NAO から反応があるまで待つなどの行動などが見られました。さらに NAO が言葉を認識しやすいように，伝える言葉を変えて繰り返し説明したり，声を大きくしたり，イントネーションや単語の切り方を変えたりする行動なども見られました。他者の行動に応じて自分の行動を調整することが難しいと思われている子どもたちも，教える役割を与えられることで，相手に伝えるために行動を調整し，工夫する様子が見られたので

ロボットが子どもに教える活動　　　　　　子どもがロボットに教える活動

図5-2　ロボットに教える時とロボットに教えられる時

す。こうした行動は，普段のコミュニケーションではなかなか引き出せない行動です。これは，ロボットという特別な相手だからこそ起こった可能性もありますが，少なくとも「NAOが子どもに教える」活動だけでは，こうした行動は引き出せませんでした。こうした取り組みは一例にすぎませんが，子どもたちに教える機会を設定することの重要性を示しているのではないかと思います。

3　教え合いを学校教育の中に取り入れる

　では，教える機会を学校教育の中で取り入れることによって，どのような効果がもたらされるのかについて，これまでの国内外の知見を整理し，紹介していきます。

　初等・中等・高等教育では，教師が教え，児童生徒が教わるという構図が基本となり，教育が行われてきました。しかしこうした従来の教師中心の教え方は，共同する力や深く思考する力を高めるためには不十分であることが指摘されています（Bakare & Orji, 2019）。現在は，教師中心の教え方から，学生の参加と関与を促進させる，学習者中心の教育実践が行われています。日本では，平成29年度に小・中学校，特別支援学校の学習指導要領，平成30年に高等学校の学習指導要領が10年ぶりに改訂されました。その中では，「主体的・対話的な深い学び」の視点に立った授業を行うなど，子ども同士の協働を重視した，相

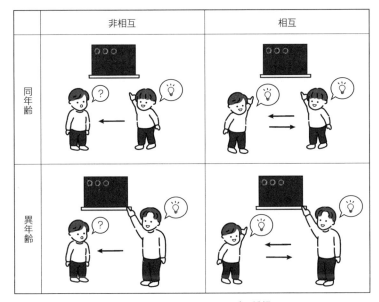

	非相互	相互
同年齢		
異年齢		

図5-3　ピアチュータリングの種類

互交流のある学び方が含まれています。従来の教え方から，教え合うことを取り入れた教え方へとアップデートされているのです。

ピアチュータリング

　学習者が教えられる機会と教える機会の両方を取り入れる方法の1つに，ピアチュータリングという方法があります。ピアチュータリングとは，学習者が互いに助け合い，教え合うことによって学ぶ指導システムです（Leung, 2019）。ピアチュータリングのシステムは，幼稚園生から，小学生，中高生，大学生，社会人に至るまで幅広く活用されています（Hrastinski, 2008）。また，ピアチュータリングは，障害のある児童生徒を，障害のない児童生徒が教える仕組みとしても用いられていますが，障害の有無にかかわらず，あらゆる教育の場面で実施可能な指導システムです。

　ピアチュータリングにはいくつかの種類があります（図5-3）。たとえば学年の異なる児童生徒間で，年長者が年少者に対して教授する異年齢チュータリ

ング（cross-age tutoring）と，学級内でペアが構成される同年齢チュータリング（same-age tutoring／within-class tutoring）があります。さらに同年齢ピアチュータリングには，教える側と教えられる側を交代で行う相互ピアチュータリングと，交代のない非相互ピアチュータリングがあります。ピアチュータリングを行う時には，教師は学習者同士の協働や討議を促進させるためのモデレーターや監督という役割を務めます。

ピアチュータリングにはどんな効果がある？

　ピアチュータリングは，学生の満足度を高め，学びを効果的に深めることが報告されています（Ladyshewsky, 2000）。幼稚園，小学校，中学校，高等学校，大学においてピアチュータリングを行った研究のメタ分析によると（Bowman-Perrott et al., 2014；Leung, 2019），最も明確な効果は，学習者の学業成績が向上するという点であることがわかりました。たとえば，8歳から12歳の41人の小学生が8週間，算数の時間に異年齢ピアチュータリングを実施した結果，実施していないグループよりも，計算スキルの流暢性が高まり，テストの成績が向上することがわかりました（Greene et al., 2018）。算数に限らず，理科（科学）や社会（歴史）など，多くの教科で学業成績が改善されたことが報告されています。さらに教えられる側は，ピアチュータリングを受けた授業だけではなく，その他の授業の成績も向上することが報告されていることから，ピアチュータリングを通して学び方自体を学ぶこともできるのではないかと考えられています（Seo & Kim, 2019）。また，教えられる側だけではなく，教える側の学習態度も改善され，ピアチュータリングを実施していない学習者と比べて学力評価でより良い成績を修めることが示されました（Verdun et al., 2022）。

　さらにピアチュータリングが，仲間との積極的な交流などの，社会的な相互作用にポジティブな変化をもたらすという結果も報告されています（Capp et al., 2018）。たとえば，アメリカ南カリフォルニア州の小・中学校で実施されたピアチュータープログラム「Learning Together」では，教える側（チューター）は2学年下の学習者（チューティー）とペアを組み，ピアチュータリングを実施しました。チューターは，先生から教える内容に関する指導や教え方の

モデリングを受けた後，1 時間の授業に 4 週間取り組みました。1 時間のうち，45分間はチューティーへの指導，残りの15分間はチューターがクラスコーディネーターからフィードバックやサポートを受ける時間に当てられました。さらに週 1 〜 2 回の面談と準備セッションが 1 〜 2 回実施されました。その結果，Learning Together の実施後に教えられる側の学習者と教える側の学習者にアンケートをとると，半数以上の学習者が「他者を助けることにも興味を持つようになった」と回答しました。また自由回答でも，プログラムを通して仲間と過ごした時間を大切にしているなどのポジティブなコメントが得られました。さらに保護者の満足度も高く，このプログラムが子どものためになっていると感じていました。

　また，大学でピアチュータリングを受けている学生を対象とした研究でも，同様の効果が得られています。韓国の大学生373名に対し，自己報告式のアンケートを用いて調査した結果，ピアチュータリングによって，教える側も教えられる側も，コミュニケーション能力，互いに協調・調整し合う能力が向上したと報告しています（Seo & Kim, 2019）。また自閉スペクトラム症の学習者と，障害のない学習者がピアチュータリングを実施することで，社会的相互作用の持続時間が増加することを示しています（Kamps et al., 1999）。その他にも，ピアチュータリングを受けた学生は，ストレスが軽減されるなどの副次的な効果も明らかになっています（Astuti et al., 2019）。

相互ピアチュータリング

　ピアチュータリングの中でも，相互ピアチュータリングは，同じ学年の学習者が特定の学習目標を達成するために，教える側と教えられる側の役割を交互に交代して体験する共同学習の一形態です（Gazula et al., 2017）。役割交代を行うことで，グループの連帯感が高まることや，相互の経験を共有することができると考えられています（Gazula et al., 2017）。さらに同年齢の相互ピアチュータリングは，同年齢の役割交代のない非相互のピアチュータリングよりも，役割に関する不平等さを解消できるため，教えられる側が，教える側に抱く否定的な感情を軽減でき，大きな学習効果を生むと考えられています。

相互ピアチュータリングにはどんな効果がある？

　相互ピアチュータリングは，非相互ピアチュータリングと同様に，学業成績や学習の取り組み方の姿勢が改善されることが報告されています（Egbochuku & Obiunu, 2006）。その中で，学力が相対的に低い学習者の方が，教える側と教えられる側の両方を体験することで成績が大きく改善しやすくなることが報告されています（Leung, 2019）。教える側には，もともと学力が高く，社会的交流を好む，強調性が高い学習者を選んだ方が良いのではないかと思われがちですが，必ずしも教える役割を担う学習者の方が学力が高く，教えられる役割の学習者の方が学力が低い，という構図である必要はないことが示唆されています。

　また，相互ピアチュータリングは，学力だけでなく，社会的および対人関係のスキルを発達・促進させます。たとえば，小学3年生が体育の時間に相互ピアチュータリングを実施することで，社会的なスキルが向上することが報告されています（Ayvazo & Aljadeff-Abergel, 2019）。さらに複数の研究を分析した結果から，相互ピアチュータリングを行うことで，ポジティブな学習体験が得られ，コミュニケーションスキルを高めることが示されています（Gazula et al., 2017）。多くの学習者が，教える／教えられる機会を提供されることで，互いにエンパワーメントをする環境を作り出すことができるのです。

教え合いがもたらすもの

　このように，教える役割と教えられる役割を取り入れることで，なぜ社会的および対人関係のスキルが発達・促進されるのでしょうか。教える行動を構成する要素を細かく見てみましょう。自分の教える行動によって，相手の学習を促すためには，まず自分がその内容についてどのくらい理解しているのか，自己の理解度のモニタリングが必要になります（篠ヶ谷，2020；伊藤・垣花，2009）。次に，他者がその内容についてどのくらい理解しているのか，他者の理解度のモニタリングも必要となります。さらに自己の理解度と他者の理解度の差分を認識し，その差分を埋めるために行動を調整していきます。

　実際に，日本の公立中学校に通う生徒159名を対象に，教え合いの授業に関する質問紙調査と授業中の発話の録音を実施した結果（篠ヶ谷，2020），他者の

図 5-4 「教え合い」は互いを理解し合うツール

理解度をモニタリングしながら授業に取り組んだと報告した学習者ほど，学習内容の具体例を挙げて説明すること，その内容の理由や根拠を説明することなど，学習内容の理解に関わる発話を行っていることが示されました。さらに，聞き手となる教えられる側も，教える側の発話を自分の言葉で補足した発話を行うなど，相互に理解度を確認し合う行動が引き出されることが示されました。ピアチュータリングでは，このように自分と他者の「違い」の受け入れることや尊重することを通して，良好な社会的な相互作用がもたらされるのではないかと考えられます。

　わたしたちは，ある役割が与えられると，その役割を全うしようとすると考えられています（Bierman & Furman, 1981）。教える役割を与えられることで，相手の学習を促進させるために，相手のことをより知ろうとするのでないかと考えられます。そうした目的を持って相手と関わることで，結果的に相手に対する多様な働きかけを高めると同時に，その相手とのコミュニケーションを促すことにつながるのです。そうしたコミュニケーションの中で，相手がすでに理解できているところと，少し手助けをすると理解できるところの範囲を見つけることができる点が，相互ピアチュータリングの良さだと考えられています（Backer et al., 2015）。教え合いは，学習という1つの共通した目標に向かって，互いを理解し合うツールになりうるのではないかと思います（図5-4）。

　そして，相互に教え合う活動は，学校教育の中で今後より活用されていくかもしれません。こうした教え合いを様々な場でより効果的に活用していくため

には，今後もさらなる研究を積み重ねていく必要があります。特に，相互の教え合いの効果は，自己報告の質問紙のみで分析されている研究も多く，実際の教え合いの場面で互いがどのように相手に働きかけ，どのようにコミュニケーションが変化しているのかを捉え，どのような場面にどのような方法で取り入れていくのが望ましいのかを分析し，その方法を活用・運用できる形式に整えていくことが求められます。

4　教え合いをツールとして活用する

　本章では教え合いをテーマに，教える行動がどのように獲得されているか，そして教える経験を取り入れることでどのような効果がもたらされるかについて考えていきました。相互ピアチュータリングは，学習者の学力の向上だけではなく，社会的な行動を増やす，発展させていく効果があることもわかってきました。学びの場に「教え合い」というコミュニケーションを取り入れることで，自分を理解することだけではなく，様々な背景のある他者を理解し，そして自分と他者の違いを知る経験を増やすことができるのではないかと思います。そして，このような体験を自然と取り入れていくことで，子どもたちにとって，多様性を尊重し合うという学びの機会になるのではないかと感じています。

　さらに現在は，大人になってからも学び続ける生涯学習や，異なる分野の知識やスキルを身につけるリカレント教育も活発に行われています。これまでの学びの背景が異なる他者が相互に教え合うことは，新しい知識や技能を獲得し，共有する以上の価値があると思います。この章を読んだ後に，教え合いを実践してみたいと思っていただける方が1人でも増えたら嬉しいです。

モノに想いを託して伝える
コミュニケーション

阪口幸駿

1 はじめに

「あのさ」

「ん？」

「これ。あげる！」

「何これ？　石？」

「石だよ。けど，違う」

「何それ？　どういうこと？」

「どういうことか，当ててみて！」

　大切な誰かに自分の想いを伝えたい時，どのような方法を用いて伝えることができるでしょうか。言葉を用いてストレートに伝える人，花やプレゼントに想いを託して伝える人，笑顔や表情などで情緒的に伝える人など，その手段と表現は人と状況によって様々だと思います。本章では，冒頭の会話で登場した「石文」と呼ばれる想いの伝え方を主な題材としながら，「モノに想いを託して伝える」という，人間ならではの曖昧で，繊細で，心温まる，不思議な伝達表現の醍醐味についてお伝えしていこうと思います。

　それでは，まずは石文の説明から始めていきましょう。石文についてあらためて説明しますと，これは心に秘める内なる想いを，選んだ石の色や形，大きさ，重さ，質感などの特徴に置き換えて表現し，石を贈る行為を通して，石に

託したメッセージを相手に伝えるという伝達手段になります。俗説には，まだ言葉がなかった遠い昔の時代になんとかして相手にメッセージを伝えるための策だった，とも言われることもあるようです（向田，2011）。なにぶんアナログな手段ですので，現代ではもはや過去の遺物となってあまり見かけることはありませんが，それでも小説や映像作品の中では時たま見られることもあります。たとえば納棺師をテーマとして2008年に公開された映画「おくりびと」（滝田，2008）では，主人公・大悟が幼いころに父と交換していた石文を，亡くなった父の固く握られた手の中から見つける場面（つまり，亡くなるまでずっと大切にしていた）や，また，妻である美香に河原の石を1つ選んで手渡すことで，石に想いを込めて自分の決意を伝える場面など，ストーリーの要所となる，非常に印象的なシーンで登場していました。このように，昔ながらの慣習がわたしたちのコミュニケーションの裏に潜む心の機微の味わいを惹き立ててくれるような，そのような作品の中では今後も活躍の期待ができそうです。

　さて，大変ユニークな方法で人の心と心を融け合わせてくれるこの石文という手段ですが，とは言え伝えたい内容を，言葉を用いた表現ほどにはストレートに表現できない（もしくは，わざと表現しない），という性質を持ち合わせます。このため石文を用いる際には，どうしても石を渡して受け取る2人の間の関係性や選んだ石の特徴，込めた想いの如何によって，託した想いがうまく相手に伝わらないリスクを抱えることも想定されます。伝えたいはずなのに，伝わらないリスクも引き受ける。言葉で表現すれば簡単に伝えられるのに，あえてそうはしない。この矛盾はとても不思議であり，それゆえ魅惑的です。

　本題に移りましょう。それでは，「わたしたちはどうして，ぜひとも伝えたいと願っている大切な想いを，わざわざこのような危うい手段を用いて伝えようとする」のでしょうか。そしてそもそも，「わたしたちはなぜ，このような手段で想いを伝え合うことができる」のでしょうか。以降ではこれらの謎に対して，「想いを託す」「託された想いを汲み取る」という2つのステップに分けて考察しながら，わたしたち人間が持つ共同的なコミュニケーションの本質に迫っていきたいと思います。

2　モノに想いを託すことって，実は難しい

　石で想いを伝える仕組みを紐解いていくための1つ目のステップとして，「モノに想いを託す」ことから考えていきたいと思います。

　突然ですが，まずは図6-1のAにある言葉を見てください。これは，何を表しているでしょうか。そうです，リンゴです。果物のあのリンゴです。では，なぜこの果物のリンゴを，わたしたちは"リンゴ"と呼ぶのでしょうか。何かきっかけとなった理由があるのかもしれません。一説には，鳥（家禽）がたくさん集まってくる木（林）という意味で，林檎と名づけられたとも言われているそうです。しかしわたしたちは特にそのような由来を意識してリンゴと呼んでいるわけではないでしょうし，他の国ではまた別の由来で別の呼び方がされていることでしょう。つまり，呼び方は最初から1つに決まっているわけではなく，どんな呼び方をするかは自由です。

　次の質問です。図6-1のBを見てください。カゴの中にリンゴがたくさん入っています。仮に，これが今しがたある人からあなたに対して手渡されたものだとしましょう。この時，相手は一体どのような意図を持っていると想定できるでしょうか。自由に想像してみてください。いかがでしょうか。いくつか例を挙げるとすれば，「退院祝いの目的で持ってきた」のかもしれません。もしくは「以前あなたから受けた恩のお礼として，感謝の想いを込めて持ってきた」のかもしれません。ただし実際のところ，カゴを受け取る際にはおおよそその渡し手から，退院祝いのつもりであれば素直に「これ，お祝いね」などと一言添えて渡してくれることでしょう。そのため，意図の理解には，実務上の問題はほとんど発生しません。

　最後の質問です。図6-1のCを見てください。石があります。この石は平凡そうに見えて実は，ある人があなたに無言で，しかしいかにも大事そうにそっと手渡ししてきてくれた特別な石です。さて，この石に隠された意味は何でしょうか。あるいは，この石に込められた想いがあるとしたら，それは一体どんなものでしょうか。「感謝」なのかもしれないし，「好き」という気持ちな

図6-1　Aリンゴ，Bリンゴの入ったカゴ，C石

のかもしれません。はたまた，「寂しい」という変化球を用意しているのかも
しれません。今回は厄介なことに，残念ながら相手からどのような意味が込め
られているのか，言葉で教えてもらえそうにはありません。困り果ててこちら
から意味を尋ねてみても，「それは自分で考えてみて！」との一点張りで，無
理難題を突きつけられます。とはいえ，いかにも意味を理解してほしそうな，
期待と不安が入り混じったようなまなざしで見つめられてしまっては，まさか
思考を投げ出すわけにもいきません。

　ここまで3つの質問を見てきました。これらにはある共通点があります。そ
れは，いずれもみな「意味を恣意的に（自由に）決められる」ということです。
最初の質問では，言葉とそれが指し示す意味についてお聞きしました。ヒトが
用いる言語やコミュニケーションには，いくつかの固有な特徴が見られること
が示唆されていますが（深田，1998），その中の重要な特徴の1つに「恣意性」
が挙げられます。たとえばリンゴという果物を，特に必然的な理由もなく"リ
ンゴ"という記号を用いて表していたように，意味する対象とそれを指し示す
記号との間に，わたしたちヒトは恣意的な関係を主体的に構築することができ
ます（岡本，1982）。ただしすべての記号が恣意性を持つというわけではなく，
恣意性が認められる記号は特にシンボル（象徴）記号と呼んだりします。そし
てこのシンボル記号を用いた行動は，ヒト以外の動物ではほとんど確認されま
せん。動物でもたとえば，「ハチが尻振りダンスによって良質な餌場の位置を
仲間に知らせる行動」（von Frisch & Seeley, 1967）は，尻振りダンスをシンボル
記号として用いて伝達していると解釈できるかもしれません。しかし記号とし
ての尻振りダンスを他の情報の伝達に用いることはなく，最初から決められた
先天的な「1対1対応」の関係（身体の向き＝エサの方角など）であることから，

恣意的な関係であるとは認められません（今井他，2014；橋元，1997）。それゆえ図 6 - 1 で見てきたような，複数の意味の解釈の余地が生じる可能性もありません。

　また記号と意味の関係性が観察されうる後天的な現象として，連合学習も挙げられます。この学習形式では，たとえば"リンゴ"という音を刺激，🍎のマークを反応として強化学習がなされた場合に，音とマークの間に見かけ上の恣意的な関係性が構築されます。これは一見すると，ヒトの言語習得と同じ仕組みのようにも感じられます。しかし，ヒトの場合には実は"リンゴ"と聞いて🍎を意味することを経験した際には，同時に，🍎を見て"リンゴ"と呼ぶことも学習するという，双方向的な学習がなされます。人間の乳幼児は，このような派生的関係の自動的学習を用いることで，短期間に非常に多くの語彙を獲得することができるのですが，しかしこれは当たり前に見えて決して当たり前ではありません。なぜなら，「AならばB」を学習しただけでは本来は「BならばA」は必ずしも成立するはずはなく，ここで同時に成立させてしまっては非論理的です。動物ではこのようないい加減な行動は見られず，「A（刺激）ならばB（反応）」を実行することでC（報酬）を得るという，A→B→Cの 3 項随伴性の獲得によって成立する連合学習が基本です。このような随伴性学習では，動物は「BならばA」という訓練は経験していないため，派生的関係は学習されません（Hayes et al., 2011）。ですので随伴性に基づく関係性は，非恣意的関係と見なされます（Törneke, 2010）。直接訓練されない要素同士に関係性が派生される学習形式は，近年では，人間の言語と認知に関する研究プログラムである関係フレーム理論（Hayes et al., 2001）において派生的関係反応の 1 つとされ，特に今回の例のような，一方向的な関係が双方向的な関係（「A↔B」）へと派生する性質は対称性と呼ばれます（Hayes et al., 2001）。

　このようなシンボル記号を作り上げる能力があるからこそ，わたしたちヒトは，ある文字列や音列に恣意的に意味を組み合わせて言葉として自由に用いることができます。また同時に，このような能力が文字や音声だけでなく，絵や踊りや想像上の神様など，ありとあらゆる対象を記号として見なすことができる汎用性を持つことで，石を記号として見つめてそこに想いを馳せたり，意味

もしかしたら　おおきな
サクランボの　いちぶかもしれない。

それか　なかみは　ぶどうゼリー
なのかもしれない。

あるいは　むいても　むいても
かわかもしれない。

ぼくからみえない　はんたいがわは
ミカンかもしれない。

図6-2　絵本『りんごかもしれない』での一幕
出所：ⓒ『りんごかもしれない』／ヨシタケシンスケ／
　　　ブロンズ新社

を見出したりすることさえ可能となります。これはつまり，対象そのものの性質とは異なる仮想や虚構の意味世界を，心の中に展開することができることを示しています。このことを端的に表したユニークな絵本に，ヨシタケシンスケさんの『りんごかもしれない』という作品があります（ヨシタケ，2013）。図6-2はそのうちの一幕です。

　この絵本の中では，主人公の男の子がテーブルの上のリンゴを眺めて，「もしかしたら，これはりんごじゃないのかもしれない」「もしかしたら，大きなサクランボの一部かもしれない」「ぼくからは見えない反対側はミカンなのかもしれない」などと，目の前のリンゴという1つの対象（記号）に対して，想像力豊かにこうかもしれない，ああかもしれないと，自由に楽しく発想していく様子が描かれています。この描写に示されるように，ヒトは「1対1対応」という縛られた檻から抜け出して，「1対多対応」な，自由で無限の可能性を秘めた関係性を構築させられる能力を持っており，「イマココ」という現実を離れて，自由に名づけたり，自由に意味づけしたり，自由に妄想したりすることができます。

　シンボルは主に言語学や記号論で語られることの多い概念ですが，発達心理学では，このようなヒト独自の能力について，「あるものを別のもので置き換える機能」として定義される象徴機能（小山・神土，2004）が提唱されています。この機能は語彙習得の他に，遊びの関連でよく研究されており，これについては第4節で再び触れます。

結論として，あるものを別のものに置き換えて，記号と意味の間に恣意的な関係性を自由に構築することは，普段何気なく無意識的に実行しつつも，実は非常に難易度の高い「離れ業」であることをお示ししてきました。そのうえで石文の仕組みに戻ると，ある人がある石（記号）を選んできてそれをよくよく見つめ，心の内にシンボリックな意味世界を展開し，自分だけの精神世界をつくり出す。その中で，恣意的に想い（意味）を込めるという魔法を施すことによって初めて，「そこに想いが込められていると見なす」という神秘的な行為が成立すると言えるでしょう。さてここに，想いの込もった特別な石が出来上がりました。しかし決して想いを込めること自体がゴールなのではなく，込めた想いはきちんと相手に届けなければいけません。そして届けるためには，自分だけの精神世界は他者との共同世界に発展させなければなりません。はたして相手はいかにして「託された想いを汲み取る」のか。この点への回答が，次節のテーマになります。

3　託された想いを汲み取ることって，もっと難しい

前節では，メッセージの送り手がなす高度で特殊な行為について見てきました。一方，石を受け取る受け手についてはどうでしょうか。上記に示したように，シンボル記号はそれが意味する内容を恣意的に決定できるという性質上，想いは，込めた本人の意味世界の中での主観的な見え方に依存します。したがって送り手としては，石の意味が1つに定まっているように見えていたとしても，受け手からしてみれば，そこにはどのような意味が込められているのかは曖昧です。そこで，石で想いを伝える仕組みを紐解くための2つ目のステップとして，本節では「託された想いを汲み取る」ことに焦点を当てていきます。

まず図6-1のCでは，石を渡されてそれが単に「キレイな石を見つけたからあげた」わけではなく，受け手がそこに①何かを伝えたい意図があることに気づき，そのうえで送り手の様子などから判断して，②伝えたがっている意図の中身を想像する必要があります。関連性理論（Sperber, 1995）では，このような②で見られる「ある情報を知らせたいという意図」を情報意図，①で見ら

れる「情報意図を持っていることを知らせたいという意図」を伝達意図と呼び，区別しています。このような２段階の意図の仕組みを理解できてやっと，意味を汲み取るプロセスに進むことができます。

　これに加え，２つ目のポイントとして，情報意図の内容が送り手に関連するものであることを想定できる必要があります。受け手が石を渡されてそこに何らかの意味があることを察し，せっかくその意味が，たとえば仮に「好きの気持ち」であることを突きとめたとしても，それが送り手が持つ気持ちであることを理解しないことには真の意味を理解したことにはなりません。あるいは赤いバラの花を渡されて，「これはおそらく愛を意味しているのだな」と理解したとしても，それがまさしく送り手から受け手への愛の意思表示であることを認識できなければ，せっかくの贈り物が台無しとなってしまいます。そのためには送り手自体を記号化し，バラという記号と組み合わせて「送り手がバラを贈る」という複合記号の意味を，「送り手が，送り手本人の好きという想いを送っている」と理解できなければなりません。このように，送り手をもシンボルと見なして記号化し，人と行為という２つの記号を複合してうまく解釈するための能力が求められます。

　２つのポイントを合わせて，実際の汲み取りの場面で起こりそうなコミュニケーションの失敗例を，図６-３にまとめました。ある人が自身の「好き」の想いを石に込めて，それを意中の人に渡すとします。このとき受け手に起こると想定されうるいくつかの心理状態を，①〜⑤に表しました。①では，渡された石に受け手が関心を示さず，何も始まらない様子を表しています。②では，渡された石に興味を示すのですが，ただ「キレイな石だなあ」などと思うだけで，特にそこに何らかの意味が込められている（＝伝達意図がある）ことを想定できていません。③では，伝達意図に気づいてその意味（＝情報意図）を考えようとするのですが，石だけに注目してしまって送り手との関連を考慮できておらず，「キレイな石が，好きという概念を表せそうだということ」の理解にとどまっています。したがって肝心の，「送り手が，受け手に対して恋心を抱いていること」という真の意味に到達できていません。④では，送り手の様子やその場のシチュエーションなどの文脈を考慮して，「送り手が，送り手の何

図6-3　意味の汲み取りを阻む障壁

らかの気持ちを伝えようとしている」ことを理解します。しかしうまく意図を汲み取ることが叶わず，「好き」ではなくたとえば「寂しい」などと誤った意味で解釈しています。最後に⑤では，無事に，適切に意味を汲み取った様子を表しています。

　このようにモノに想いを込めてシンボルとして用いる際には，それに付随して生じる様々な障壁がコミュニケーションの行く手を阻みます。しかし，わたしたちは時に失敗しながらも，互いの持つ曖昧な意味世界をうまく調和するべく汲み取りのスキルを上達させ，シンボルの持つ曖昧さによって与えられる試練を乗り切っています。このようにして，そのままであれば単なる河原の無意味な背景の1つでしかなかった平凡な小石は，人と人との間で大切な想いを届ける媒介者としての意味を見出され，2人の間の意味世界で生を授かることができるのです（小山・黒田，2008）。

　これで，本章の冒頭で設定した2つの課題のうち，「わたしたちはなぜ，このような手段で想いを伝え合うことができるのか？」の謎が解けました。しか

し，まだもう1つの謎が残されています。最後の第4節では，この謎に対する筆者なりの答えを導き出したいと思います。

4　そして想いは，あなたとわたしの共同のものとなる

　残る謎は，「わたしたちはどうして，ぜひとも伝えたいと願っている大切な想いを，わざわざこのような危うい手段を用いて伝えようとするのか？」についてです。言葉で伝えてしまえば図6-3で見てきたような様々なリスクを抱えることもなく，伝えたいことを安全に伝えられるはずなのに，どうしてそうはしないのか。考えられる要因を4つほど挙げてみます。

　1つ目は，「想いは言葉で表しきれない」という点です。想いや気持ちは感性であるため本来的にアナログな性格を持つ一方で，言葉は「ここからここまで」といった意味の幅で恣意的に切り取られてできた産物です。したがって言葉のニュアンスを超えた感性的な意味が削ぎ落とされるところに，どこか決まりの悪さを覚えるのかもしれません。対して石文では，石の色や大きさ，手触り，重みといった豊富なアナログ要素で，感性を感性のまま伝えることができるため，これが石文の利点の1つとなっているのでしょう。

　2つ目は，「意味を簡単に伝えられる言葉は，その反面，容易にウソをつける」という点です。「好き」などの一般的な言葉は，誰もがその意味を知るところのものです。そのため，あなたとわたしで意味が元々共有されている言葉であり，これは裏を返せば，気持ちが伴わない「好き」であったとしても，「好き」とさえ言ってしまえば，相手に自分が好きであると信じ込ませられる危うさを持っています。その分石文では相手に必ずしも伝わるとは限らない手段であるため，騙す意図などないことが明らかなので，それが誠実さと真剣さを代弁することにつながっているのかもしれません。

　3つ目と4つ目は，筆者が石文の本質ではないかと考えているものです。ここまでずっと想いを「伝える」ことの仕組みを見てきましたが，しかしこのようなコミュニケーション観では何か見落としているものがあるかもしれません。想いは相手に伝わるだけでは十分ではなく，伝えて理解されて，そのうえでそ

図6-4　共同注意とごっこ遊び

れを2人のものとして了解し，2人の間でどのように扱っていきたいと考える
か（「好き」の気持ちであれば，2人の間でこの気持ちをどう処理するのか，つまり相
手にそれを受け入れるのか拒絶するのかを表明してもらう）。ここまで達成すること
が真の目的と言えるのではないでしょうか。そこで，「伝える」という視点を
一歩超えて「共同のものとする」視点から眺めるために，ヒトが幼児期にシン
ボル共有の能力を獲得する過程を，ヒントとして取り上げてみたいと思います。
　ヒトは生後8カ月頃から，見せる，手渡す，受け取る，指差すなどの行為を
用いて，自己と他者で目の前の空間内にある対象物を一緒に見ることが可能と
なります（大藪，2020）。これは単に偶然2人が同時に同じモノに注意を向けて
いるだけというわけではなく，図6-4のAのように赤ちゃんが，大人が注意
を向けている視線の先に一緒に注意を向け，赤ちゃんと大人との間で互いの視
線と対象とを交互に視線交替して注意の対象を共有する，共同注意の枠組みに
なります。この能力は，成長とともに次第に「イマココ」の物理世界を離れ，
図6-4のBのように，目の前にはないモノやコト，シンボル，意図などをも
共有することができるようになっていきます（大藪，2020；小松，2022；熊谷，
2006）。
　シンボルの共有はまさしく他者と心の意味世界を共有する試みであり，特に
遊びのシーンにおいては，集団的なシンボル遊びを成立させるために必要不可
欠な能力となります（岡本，2005）。子どもは集団遊びに先行して1人遊びの時
期を経験しますが，生後1歳前半頃から見立て遊びが可能となり，空のコップ
を使って何かを飲むふりをしたり，四角い積み木を電話に見立てて遊んだりす
るようになります。そして2歳頃には，他の子どもとシンボルや場を共有しな

がら楽しむごっこ遊びに発展し，たとえば積み木を電話に見立てることを2人で相互に理解し合って電話ごっこを始めてみたり（図6-4のC），おはじきをお金に見立ててお店屋さんごっこを始めてみたりと，シンボリックな意味世界を共有した高度な遊びが繰り広げられるようになります（大藪，2020；高橋，1989）。このような意味世界での発想はどこまでも自由ではあるものの，独りよがりのイメージでは仲間にうまく共有されず，受け入れてもらえません。したがって見立て遊びからごっこ遊びへの移行は，子どもが自分1人だけに通用するシンボル化から，公共的なシンボル化の能力を獲得したことの証となります（高橋，1989）。

　このような共同化・公共化の観点をふまえると，石文を用いたシンボル的コミュニケーションには，図6-4のような伝えたい情報の受け渡しという切り口だけでは到達できない深みが存在し，それは意味世界の共有という切り口によって初めて明らかにされるものと考えられます。

　以上をふまえて3つ目の理由は，「想いに気づいていながら，気づいていないフリができる」です。情報の受け渡しの観点からは，石文のやりとりは客観的に見れば図6-5のAのように見かけ上，石の意味を共有している形となります。

　しかしこれだけでは，当の本人たちからすれば本当に相手が同じ意味を理解しているのかいまだ判然とせず，単に「石が送り手の好きの気持ちを表している」という事実のみを各々で個々に理解しているにすぎません。この解消のためには，図6-5のBのように，「わたしたちが『わたしたちが〔石が送り手の好きの気持ちを表している〕ことを理解し合っている』ことを了解し合っている」といった二重の入れ子構造を心の中に構築する必要があります。そして，2人がともに同じ意味を共有しており，さらにこの共有された意味世界が2人の間で了解されていて，公共性を帯びている（＝共同のものとなっている）ことが重要となるのではないでしょうか（本書第17章も参照）。そして一度共同のものとなってしまえば，伝えた想いは2人の間で互いに互いが理解していることを知ってしまっているため，受け手にはその想いを受け入れるのかどうか，態度を表明する義務が発生します（Gilbert, 2015）。逆に言えば，この義務を回避

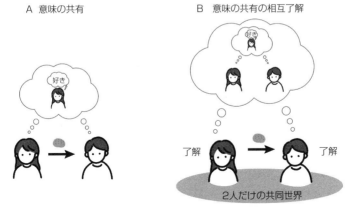

図6-5　共有された意味と，共有された意味を了解し合っている様子

しながら相手を傷つけないように NO の意思を婉曲的に表現するためには，受け手は，意味に気づいていながらもあえて気づいていないフリをする（＝共同のものとしない）必要があります。送り手としても自身の想いをむやみに押しつけないために，受け手が選択肢として気づいていないフリを実行できるだけの余地を残しておくことで，互いの心理的安全性を確保しながら暗黙的に NO の意思をも受け入れる準備をしている，とも言えるのでしょう。

　最後の4つ目の理由は，「想いは伝えるだけのものではなく，一緒に共有したいもの」だという点です。この点がおそらく石文の一番の醍醐味であり，3つ目の理由の裏返しとしてのポジティブな側面を表しています。想いを石に託して，伝える。そしてあわよくばあなたとわたしの間で意味世界を共有し，あなたとわたしの間で意味世界を了解し合って，2人だけの共同世界を構築したい。客観的に見ればただの石でしかないのだが，しかし2人の共同幻想の中では，そこにはっきりとした意味を見出して了解している。それゆえ意味は曖昧であればあるほど，わかり合えた際にはあなたとわたしだけの強固な共同世界が構築されたことの証となり，よりいっそうの連帯感が見込まれる。このわたしの想いは，あなたに対して送るあなただけに伝えたい特別なものであるからこそ，他の人が入り込むことも叶わない，2人だけの秘密の世界を創りたい。このことが達成される時，わたしたちは，そこに特別な感情を抱くのではない

でしょうか。

　以上，モノで伝える伝達行為の裏側について，お話ししてきました。本章の
タイトルは「モノに想いを託して伝えるコミュニケーション」としましたが，
その本質は決して「伝える」ことだけではないことを，共有できていましたら
幸いです。紙面という都合上，実際に共有されたことを確かめる術はありませ
んが，このことがみなさんにほんのりと伝わっていることと信じて，真意が，
読者であるあなたと筆者であるわたしとの間の共同のものとなっていれば大変
嬉しく思います。

文化のバトンを受け継ぐ
コミュニケーション

中田星矢

1　はじめに

　「人間は賢い生き物である」。誰もがそう信じているでしょう。他の動物の賢さについて言及する時にも，人間に近いことを賢さの基準としていることが多いように思われます。たとえば，人間のように道具を使える動物や，人間の指示を理解できる動物に対して「賢い」「頭がいい」と言っていないでしょうか。では，わたしたちは何を根拠に人間は賢いと信じているのでしょうか。

　人間の賢さを主張する際によく挙げられる例は，道具使用や道具作りなどの技術です。人間以外の動物も道具を使います（Seed & Byrne, 2010）。有名な例として，チンパンジーが石のハンマーを使ってナッツを割ることはよく知られています（Whiten et al., 1999）。さらに，カラスは必要に応じて，素材を加工して道具を作る能力を持つことも知られています（Jelbert et al., 2018）。しかし，コンピュータや宇宙船を作り出して，大気圏外まで飛んでいく動物は人間以外には現れそうにありません。

　では，コンピュータを持っていることは人間の賢さの証明になるでしょうか。パソコンやスマートフォン，そして AI の技術も，ずいぶんと我々の生活に身近なものになってきました。これらは非常に高度な技術と言えるでしょう。しかし，わたしたちは必ずしもその仕組みを理解して，高度な技術を利用しているわけではありません。むしろ，ほとんど理解しないままに使っている技術の方が多いのではないでしょうか。人間の賢さの象徴として取り上げられる高度

な技術は，数千年，数万年の時を経て，積み重ねられた叡智の結晶であり，個人の能力をはるかに超えたものなのです。チンパンジーはスマートフォンを作ることができませんが，筆者もスマートフォンを作ることはできません。先人の恩恵を受けているだけです。石のハンマーを持っているチンパンジーとスマートフォンを持っている人間を見比べて，人間の方が賢いというのはフェアな比較ではないように思われます。

　先人たちが築き上げてきた高度な技術抜きでも，人間は他の動物よりも賢いのでしょうか。ヘルマンら（Herrmann et al., 2007）は，ヒトの子ども，チンパンジー，オランウータンを対象に，いくつかの認知能力を比較する実験を実施しました。ご褒美がどのカップの下に隠されたかを覚えているか（記憶），音や見た目のヒントからご褒美が隠されたカップを選べるか（因果関係の理解），ご褒美がたくさん隠されたカップを選べるか（数量概念の理解），棒を使ってご褒美を引き寄せることができるか（道具使用），初見では難しそうな方法でも実験者のやり方をまねしてご褒美を手に入れられるか（模倣），など様々なテストが実施されました。人間が特別賢い動物ならば，どのテストでもチンパンジーやオランウータンよりも優れた結果を示しそうです。しかし，結果を見てみると，ほとんどのテストにおいて，ヒトの子ども，チンパンジー，オランウータンの成績に大きな違いは見られませんでした。ただし，一部のテストだけには違いが見られました。ヒトの子どもは他者を模倣する能力に関しては，他の２種よりも格段に高い成績を示したのです。

　生まれ持った能力だけを見る限り，人間が特別賢いとは言えないかもしれません。しかし，観察などを通して他者から学習する能力には秀でているようです。１人で試行錯誤するのではなく，他者から学習することは，社会的学習と呼ばれています。「なんだ，ただ他人のまねをする能力か」と侮ってはいけません。社会的学習によって他者から学ぶことこそが，現代に見られる高度な技術を支える鍵なのです。

2　先人の知恵を受け継ぐことが社会の発展の基盤となる

　先程も述べたように，現代社会に見られる多くの技術は，何もないところから急に生まれたわけではなく，長い年月をかけて徐々に発展を積み重ねてきたものです。たとえば，コンピュータ（計算機）もはじめから現在のような機械だったわけではありません。紀元前には，棒に珠を通して木枠をはめたもの――日本人には馴染みのあるそろばんのような計算器具――が使われていたようです。その後，複雑な計算をもっと簡単に行える計算尺や機械式の手回し計算機など様々な形態を経て，少しずつ発展を遂げてきました（図7-1）。世代を超えて伝達されていく過程で，時々生じる改良を少しずつ積み重ね，やがて単独個人では到達できないほど高度で複雑な文化が生じる現象は，累積的文化進化と呼ばれています（Boyd & Richerson, 1996；Tomasello, 1999）。ここでの「文化」とは，模倣や教育などによって社会的に伝達される情報全般を指します（Mesoudi, 2011）。本章では主に道具製作などの技術について扱いますが，社会的に伝達される情報であれば，信条，傾向，規範，嗜好などもすべて文化と言えます。

累積的文化進化の実験

　文化を累積的に進化させるためには，文化を改良することと，改良された文化を社会的学習によって次世代に伝達することの2つのステップを繰り返すことが必要になります（Mesoudi & Thornton, 2018）。ある世代で大きな技術革新が達成されても，それを次世代に忠実に伝達することができなければ，世代を超えた技術の発展は不可能でしょう。過去に発明されたことを知らないままに，何度も同じ技術を一から作り直してしまうかもしれません。これを防ぐためには，高度な技術の細部まで忠実に伝達する必要があります。

　ワシレフスキー（Wasielewski, 2014）は，忠実度の異なる様々な社会的学習が累積的文化進化に与える効果を調べる実験を行いました。この実験の参加者は，木製のスタンド，粘土，紐を使って，できるだけ重いものを運べる容器を作る

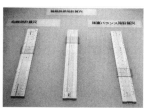

図 7-1　左からそろばん，計算尺，手回し計算機

出所：中央・右は筆者撮影（国立科学博物館地球館2階展示）。

という課題に取り組みました（図7-2）。実験では，1人目の参加者は自力で
試行錯誤しながら容器を作りましたが，2人目以降の参加者は，前の参加者か
ら社会的学習によって情報を得たうえで課題に取り組むことができました。こ
の実験では，社会的学習で得られる情報が異なる3つの条件と，社会的学習を
行わない条件が設けられました。完成品観察条件の2人目の参加者は，前の参
加者が作った容器を観察したうえで課題に取り組むことができました。そう
やって2人目の参加者が作った容器は，今度は3人目の参加者によって観察さ
れました。観察と製作の繰り返しは最長で10人目まで行われました。この実験
デザインによって，師匠の技術を観察学習してから，自分でも技術を研鑽し，
その技術がまた次世代に伝わるという一子相伝の技術継承が再現されていたわ
けです。完成品観察条件以外にも，社会的学習が可能な条件が実験されました。
行動観察条件の参加者は，前世代の参加者の完成品を見られない代わりに，容
器を作っている途中の行動を観察することができました。さらに，行動＆完成
品観察条件の参加者は，前世代の参加者の製作途中の行動と完成品の両方を観
察することができました。比較のために，社会的学習はなしで，10人の参加者
がそれぞれ1人で容器を作る統制条件も設けられました。

　それでは，実験の結果を紹介していきましょう。より大きな重量に耐えうる
容器を作れたほど，課題の成績が高いと見なされました。まず統制条件では，
参加者間の成績に，はっきりとした違いは見られませんでした。みんなバラバ
ラに作業をしていたので，これは当然の結果です。完成品観察条件でも，はっ
きりとした差は見られませんでした。しかし，行動観察条件と行動＆完成品観
察条件では違う結果が得られました。参加者の世代交代が進むほどに，成績が

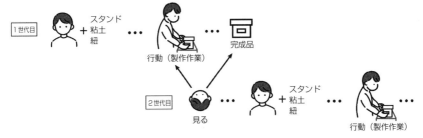

図7-2　Wasielewski（2014）の実験の概要図（行動＆完成品観察条件）

　徐々に改善されていったのです。つまり，容器を作る技術の累積的文化進化が示されたのです。完成品だけを観察した参加者は，目指すべき形状がわかったとしても，前世代の製作技術まではわからなかったため，さらなる改良が難しかったのでしょう。それに対して，作業工程まで観察することができた行動観察条件と行動＆完成品観察条件では，前世代の製作技術を忠実にまねることができたため，さらに改良を加えやすかったと考えられます。

　実験条件を異なる社会として考えてみると，技術の細部まで伝達する社会とそうでない社会では，前者だけが長い年月を経て非常に優れた技術まで到達できることが示唆されたのです。忠実な伝達を行うことで累積的文化進化が促進されるということは，他にもいくつかの研究から支持されています（Castro & Toro, 2014; Fogarty et al., 2011; Zwirner & Thornton, 2015）。

なんでもまねすればいいのか？

　ここまでは，前世代の技術を忠実に受け継ぐことが，技術の累積的な進化のためには重要なのだという話をしました。では，前世代を観察することで技術を社会的学習した人たちは，一つひとつの手順の意味を理解したうえでまねをしていたのでしょうか。それとも，行動の意味は深く考えず，とりあえず先人のまねをしておいたのでしょうか，みなさんも親や教師に言われたことに，理由はわからなくとも従っておいたことはあるでしょう。仮に，行動の因果関係も理解せずにやみくもにまねする人ばかりでも，社会は発展していけるのでしょうか。それとも，きちんと理解したうえで社会的な学習をする方が，大きな

図7-3　Derex et al.（2019）で用いられた実験課題

出所：Derex et al.（2019）.

発展が望めるのでしょうか。

　デレクスら（Derex et al., 2019）は，因果関係の理解と累積的文化進化の関係を調べるための実験を行いました。この実験の参加者は，できるだけ速く回転するホイールを組み立てるという課題に取り組みました。ホイールには4本の棒が放射状に取りつけられていました。参加者は，それぞれの棒のどの位置に重りをつけるかをデザインすることができました（図7-3）。参加者がやることは単純なのですが，速く回転するための重りの配置は直感的にはわかりません（力学に詳しい実験参加者はいないことを事前にチェックしていました）。さらに，実験参加者には，どうするとホイールの回転速度が上がるかに関する理論を，試行錯誤を通して理解できた範囲で記述してもらいました。この実験では，前世代の重りの構成のみを伝達する条件と，構成に加えて，記述された理論を伝達する条件が設けられました。

　実験の結果，どちらの条件でも世代が進むほど，ホイールの速度は上昇しており，累積的文化進化が起こったことが示されました。しかし，条件間でホイール速度が上昇する程度に差はなく，理論を伝えても累積的文化進化が促進されるわけではありませんでした。記述された理論から，参加者が物理法則を理解していた程度が評価されました。結果としては，どちらの条件でも，世代を通して理解度は低いままでした。つまり，実験参加者は技術の向上に必要な物理法則については理解していなかったにもかかわらず，伝達された構成に少

しの試行錯誤を加えるだけで，累積的文化進化が可能だったのです。

　この実験から，人間は伝達された行動の意味を正しく理解できていなくても，伝達と試行錯誤を繰り返すだけで技術を発展させられる可能性が示されました。実際のところ，先人たちが積み上げてきた複雑な文化は何の役に立つのかわからないものも多いものです。それでも，全部まねする方が良い結果をもたらすことが多いのです。たとえば，多くの食べ物は，適切な調理をしなければ人間にとっては消化しにくかったり，有毒であったりします。複雑な調理手順は，一つひとつの意味が理解できなくても，全部をまねしておくだけで安全でしょう（Henrich, 2016）。ただし，デレクスらの実験は道具製作や調理のような技術を扱ったわけではありませんし，因果関係の理解と累積的文化進化の関係を扱った研究はまだあまり行われていません。異なる課題においても，同じような結果が示されるのか，今後のさらなる検討が期待されます。

3　合わせないことの効用

　累積的文化進化という観点から，先人の教えを忠実に守ることが重要であること，そして，理解できなくても，とりあえずまねしておくことで累積的文化進化が起こる可能性についてお話ししてきました。基本的には先人の知恵に従っておいた方が，累積的文化進化のためには良さそうです。最後に，全員で同じ行動に合わせることで起こりうる弊害についても検討してみましょう。

　累積的文化進化のためには，文化伝達の繰り返しに加えて，文化の革新も必要です。人間は他の動物と比べて，文化を伝達する能力に秀でており，そのおかげで，他の動物には見られないほど複雑な科学技術を生み出してこられたのだと考えられています。ここまでは，文化の伝達に注目してきましたが，文化を維持するだけでなく，ほんの少しの変化が生じることも重要だという点にも目を向けてみましょう。これまでに紹介した実験研究でも，参加者が試行錯誤を通して，何かしら新しい変化（良い変化でも悪い変化でも）を加えているという前提があってこそ，累積的文化進化が生じていたのです。極端な話，全員が非常に保守的で，ひたすら他者のコピーを作るのみの場合は，技術の劣化こそ

起こらずとも，発展も起こらないことは想像に難くないでしょう。みんなが野心的な発明家であればいいのですが，他の人のまねをしてうまくいくのであれば，それ以上のことはしたくないということもあるでしょう。個々人の努力に頼るのではなく，新たな行動・意見を生み出しやすい集団を作るにはどうすればいいでしょうか。

　デレクスとボイド（Derex & Boyd, 2016）は，人々の情報伝達ネットワークの構造に注目した実験を行いました。この実験では，コンピュータ上で，ウイルスの蔓延を食い止めるための薬を開発するというシミュレーションゲームのような課題が行われました。実験参加者が取り組んだ課題は，複数の成分を組み合わせることで，新しい薬を開発することでした。そして，新しく作った薬を材料に，別の成分と組み合わせることでさらに新しい薬を開発することも可能でした。実験参加者は，たくさんの組み合わせ方のパターンの中から，できるだけ有効な（スコアが高い）薬を開発することを目指しました。薬の開発に挑戦できる72試行の間に，参加者はすでにスコアが高いことがわかっている薬を作り続けても良いですし，もっと高いスコアの薬がないか探索することもできました。参加者は6人1組のグループに分けられ，試行ごとに他のメンバーがどうやって薬を作ったのかという情報を見ることができました。ここで，アクセスできる情報が異なる2つの条件が設定されていました。完全連結条件では，参加者は自分以外のすべての参加者の情報を確認可能でした。つまり，全員が情報伝達のネットワークで結ばれていました。一方，部分連結条件では，アクセスできる情報に制限があり，グループ内の一部の人の情報しか見ることができませんでした。完全連結条件の方が，明らかに多くの情報にアクセスできる状況だったのです。

　実験の結果，参加者は72試行を通して，少しずつスコアを伸ばしていきました。しかし，部分連結条件の方が完全連結条件よりも高いスコアを達成できるようになっていました。アクセスできる情報が多いはずの完全連結条件の参加者の方が低いスコアになったのは，どうしてでしょうか。分析の結果，完全連結条件では，中程度のスコアを得られる方法を見つけられると，早い段階で，ほとんどの参加者がその方法をお互いにまねし合ったのです。その結果，完全

連結条件の参加者は序盤こそスコアを伸ばしたものの，もっと高いスコアをもたらす薬の開発方法までは探索することがなくなってしまったのです。それに対して，部分連結条件では，多くの参加者が常に新しい開発方法を探索し続け，集団内の開発方法は多様性が維持されていました。その結果，長期的には完全連結条件を超えるスコアを達成できたのです。

　この実験から，人間はうまくいく方法を観察すると，それを素早くまねできるものの，集団内の全員が同じ行動をとってしまい，新たな発明が生まれにくくなることが示唆されました。人間の社会的学習能力はすばらしいものですが，その結果，多様性が失われ，発展が阻害されてしまうこともあるのです。そして，この実験は個人に探索の努力を強いらなくても，集団の構造をうまくデザインすれば，多様性を維持し，さらなる発展をもたらしうることも示唆しています。現実の社会では，直面する課題や集団の性質によって，情報伝達ネットワークの適切な連結度合いは異なるとは思いますが，集団構造をデザインするというアイデアは，イノベーションを生み出しやすい集団を作るためのヒントとなるかもしれません。

4　「合わせる」も「合わせない」も必要

　本章では，他者の文化をまねること，まねしないことの効果を累積的文化進化の観点から議論しました。繰り返し述べてきたように，人間は他の動物と比べて文化を忠実に学習する能力に秀でています。そして，道具製作技術などの文化が累積的に進化するためには，先人が発明した技術を細かいところまで忠実に学習することが重要です。そのため，人間だけが，何世代もかけて文化を発展させ続けられるのだろうと考えられています。しかし，みんなが先人と同じことをするだけでも不十分です。既存の確実な方法に従うことは，個人レベルでは合理的な判断かもしれませんが，誰も新たな方法を探さない社会では，発展も起こりません。長期的な文化の発展のためには，集団内で，先人の教えを忠実に学ぶことと新たな革新のために探索することの，両方のバランスをとる必要があるのです。具体的にどのようにバランスをとるべきかは，解決した

い問題によって変わるでしょうが，文化を継承する役割を担う人と新たな発見のために挑戦する人のどちらも，重要な役割を担っているのです。

第Ⅲ部 自然に合わさるあなたとわたし

あなたが悲しいと，わたしも悲しい

齋藤菜月

1　はじめに

　悲惨な事件や事故の報道にふれた際に，自分とその事件に直接関係がなくて
も胸が痛く苦しくなってしまう……。仲の良い友達がひどい目にあって泣き暮
れているのを見ると，自分までつらい気持ちになる……。こうした経験をこれ
までたくさんしてきたという人もいれば，自分はあまりしたことがないという
方もいるかもしれませんね。

　このように，わたしたちは様々な場面で誰かと同じような気持ちになったり，
逆に，誰かが泣いていても特に心が動かされなかったりします。他者が今感じ
ている気持ちと同じような気持ちになることを一般に「共感する」と言います
が，わたしたちはなぜ誰かに共感することがあるのでしょうか。

　相手の気持ちを推し量ったり，相手の感情を共有したりするような共感は，
困っている人を助けようとする動機になっており，円滑な人間関係を築くため
に重要であるとされています（Eisenberg & Miller, 1987）。一方で，共感に含まれ
る不公正さも注目されており，最近では他者に感情移入しすぎることの弊害に
ついても論じられています（Bloom, 2017；Breithaupt, 2019）。

　本章では，人の気持ちをまるで自分のことのように「ともに感じる」経験に
焦点を当て，身近でありつつも意外と複雑な「共感」の種類や生起要因につい
て，様々な実験を紹介しながら考えていこうと思います。

2　「あなたとともに感じる」の不思議

本当にあなたとともに感じている？

　共感について考える時に重要なのは，そもそも，「共感している」と感じている時，わたしたちは本当に他者の感情に正しく寄り添っているのか，という点です。悲しそうな他者がいたとして，その当人が本当に悲しんでいるのか，どの程度つらいのかは本当のところはわからないはずです。それなのに，わたしたちはその「他者の中に確かに存在しているように思える悲しみ」に寄り添っているつもりになれてしまいます。さらに，他者が「わたしは悲しいです」「わたしはつらいです」とはっきり言語化しなくとも，わたしたちは，自分でない誰か他人の表情やしぐさなどから，その人の悲しみを予測・推測しています。他者の悲しみだけでなく，喜びについても同様のことが言えるでしょう。

　しかし，それはよく考えてみるとやはりとても不思議なことです。他者に起こった出来事は，多くの場合自分に直接関係がない出来事で，他者がどう考えているかの正解もその当人にしか（もしくは当人にすら）わからないのですから。それなのに，わたしたちは他者の感情を想像したり，それに寄り添ったりします。

　さて，他者と感情が「合う」のはなぜでしょうか。また，他者と感情が「合わない」ということもあるのでしょうか。「わたしも同じ気持ちだよ」もしくは「その気持ちわかるよ」という感覚はどのようにして起こるのでしょうか。

共感の分類

　これまで「共感」という言葉を特に区別なく使ってきましたが，共感について考えるためには，その言葉の意味を明確にしておく必要があるでしょう。一般的な辞書的な定義として，たとえば『広辞苑（第6版）』で「共感」を引くと，最初に「他人の体験する感情や心的状態，あるいは人の主張などを自分も全く同じように感じたり理解したりすること」（新村，2008）と記載があります。実際，研究で用いられる共感の定義もここから大きく外れるわけではありません。多くの研究では，共感は多次元的とされており，他者の感情を共有するよ

うな感情的共感（affective empathy），他者の感情を理解するような認知的共感（cognitive empathy）の2種類に大別されています。感情的共感は，「わたしも同じ気持ちだよ」というように他者の感情状態を共有し，同様に感じる共感であり，認知的共感は「その気持ちわかるよ」と，他者の感情を同定する共感を指します（Davis, 1983; Engen & Singer, 2013; Shamay-Tsoory et al., 2009）。

　特に感情的共感は，他者の痛そうな様子を見た時に自分も身震いし，ドキドキしてしまうといった，身体反応に反映されるような共感を含みます（このような，身体の反応を前提とした自然に湧き上がるような共感反応のことを，感情的共感に近い言葉として「情動的共感」と呼ぶこともあります）。他者の痛みを見て共感した際に，自分の皮膚コンダクタンス反応（皮膚の発汗）や心拍などで測られる身体覚醒度が高くなること（Eisenberg et al., 1989）はよく知られていますし，他者の苦痛に対して生じる身体覚醒度が高いほど，その他者に対する援助行動が起こるということも示されています（Hein et al., 2011）。

　感情的共感と認知的共感は，ともに共感という名前がついていますが，質的にはかなり異なるものです。実際，他者が痛みを受けている時や他者の意図を推測する際の脳活動を，機能的核磁気共鳴画像法（functional Magnetic Resonance Imaging；fMRI）で測定した結果，感情的共感と認知的共感で異なる脳領域が賦活し，それらの部位の活動と，質問紙などで尋ねた感情的共感と認知的共感の主観的な得点の高さが対応することがわかっています。感情的共感関連の脳領域としては，扁桃体・島・dACCなどの情動・覚醒に関連する部位や，前運動野・IFGなど，後述するミラーニューロンシステムに関連する部位が挙げられています。一方で，認知的共感関連の脳領域としては，自己や他者の行動の原因となる心的状態の背景を解釈するメンタライジング（Fonagy & Allison, 2012）に関連するmPFCや，他者の立場から他者の考えや見え方を正しく推測する能力（視点取得）と関係するTPJ・STSの関与が示されています（Bird & Viding, 2014; Zaki & Ochsner, 2012）。

3　どうやってともに感じる？

　では，他者の感情的な場面に直面した際，どのように共感が起こるのでしょうか。①感情シミュレーション，②自分と違う他者がいることの発見，③共感の調整という，相互に関わり合う３点に注目して共感過程を説明していきます。

①もし自分だったら……？　シミュレーション理論

　共感をするにあたって，相手の心的状態を「まるで自分のことのように」模倣する処理が行われているとするのが，シミュレーション理論です。この根底には，他者の身体をあたかも自分のもののように捉える身体化の能力が想定されており，他者の表情や動きや身体状態などを自分のもののように捉える過程が想定されています（Hoffman, 2001）。たとえば，怪我をして苦しんでいる誰かの表情を見て，自分も自然に顔をしかめてしまうように，他者の感情的場面に直面した時には，人間はその表情を自動的に模倣し，相手と同じ感情を体験する運動模倣を行うことがあると知られています。この，身体的なシミュレーションをもとにした感情的共感は，人間以外の動物や未発達な幼児期にも観察されている，比較的原始的な共感と言えるでしょう。

　その背景には，他者の運動を観察している時と，自分が運動をする時に脳内で共通して活動する，ミラーニューロンについての研究があります。ミラーニューロンは，サルが物をつかむ時と，実験者が同じ動作をしているのを観察している時に共通して応答するニューロン（神経細胞）として発見されました。自分は何も行動せず他者の運動を見ているだけにもかかわらず，まるで自分自身が同じ運動をしているように反応することから，他者の身体を鏡に写すように自己の身体に重ね合わせるという意味で，ミラーニューロンと名づけられました（Rizzolatti et al., 1988; Rizzolatti & Craighero, 2004）（図 8 - 1 ）。

　ヒトにおいても同様の脳活動が運動前野などで見られ，自分の運動制御のために活動するのと同じ神経回路によって，他者の動きを認識していることが示唆されています。ミラーニューロン自体は動作に関する神経細胞ではあります

が，他者の状態を自分にオーバーラップさせる過程を共感の基礎とする考えもあります。

図 8 - 1　ミラーニューロン
出所：渥美（2011）をもとに筆者作成。

実際，他者の感情場面に際して自分自身の身体反応が見られる例は多くあり，前述の通り，他者の痛みを観察した際に，自律神経系によって測定される身体覚醒が起きたり，自分が痛い思いをしている時と，他者が痛い思いをしているのを見る時に活動する脳領域に重複が見られたりします。そうした AI・pACC／aMCC などは共感のコア・ネットワークと言われ，これらの脳活動は他者の痛みの直接の観察（図 8 - 2 上段左：誰かの痛そうな場面を映した画像を提示される）だけでなく，「たった今，他者に苦痛が与えられている」ことを示す中性的なシグナル（図 8 - 2 上段右：矢印が斜め左を差す場合，左側に座っているペアに痛み刺激が加えられることが教示されている）を見ただけでも生じることがわかっています（Lamm et al., 2011）。さらに，身体的痛みでなくとも，仲間外れにされた他者を見た時（図 8 - 2 下段：キャッチボールでパスが回ってこない他者の様子が提示される）など，社会的阻害を目撃した時にも同様の部位の賦活が見られています（Meyer et al., 2013; Masten et al., 2011）。

しかし，あたかも自分のことのように他者の感覚を写し取る共感にばかり頼っていては，正確に他者を理解することはできません。誰かが転んで膝から血を流している場面で，周りにいる人はひどく狼狽しているが，怪我をしている当人は「見た目ほど痛くないよ」とむしろ平気そうにケロっとしている……そんな場面を想像すれば，身体的なシミュレーションの限界がわかるでしょう。わたしたちは他者の実際の感情状態を経験するために，「もし自分だったら」という身体的なシミュレーション以外にも様々な手がかりを用いています。

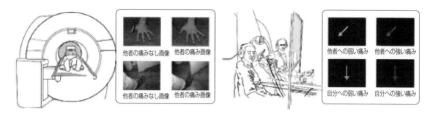

画像を用いた痛み提示パラダイム　　　　　中性シグナルを用いた痛み提示パラダイム

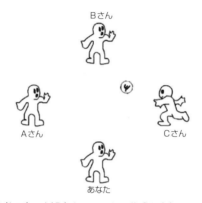

図8-2　他者の痛みを観察させることで共感を生起させる刺激例

出所：上段左と上段右は Engen & Singer (2013)，下段は Meyer et al. (2013) をもとに筆者作成。

②あの人は自分じゃない！に気づく　心の理論の獲得

　他者の感情推測に使われるのは身体的なシミュレーションだけではありません。他者の意図や考え，信念などの目に見えない状態について，できるだけ正確に推測するためには，「他者の心」というものを想定する必要があります。他者の内的な状態を他者の心に帰属させて推測する能力を，心の理論と言います。

　心の理論は誤信念課題（サリーとアン課題，ディレクター課題）によって古くから確認されてきました（Wimmer & Perner, 1983）。その誤信念課題の最も代表的な問題を出しますのでみなさんも一緒に考えてみてください。図8-3を見ながら，状況をイメージしてくださいね。

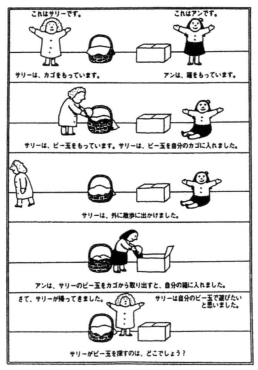

図8-3　代表的な誤信念課題（サリーとアン課題）
出所：フリス（2009）。

①ある日，サリーとアンという2人の女の子が同じ部屋にいました。

②サリーがビー玉をカゴにしまいました。

③サリーはその後，部屋を出ていきました。

④アンがそのビー玉をカゴから取り出し，段ボールの箱に入れました。

⑤サリーが部屋に戻ってきました。

　状況はイメージできましたか？　では問題です。部屋に戻ってきたサリーが
ビー玉を探す時，まずどこを探すでしょうか。

　誤信念課題は，「自分が状況の変化を知っていたとしても，他者は状況の変
化を知らない場合，過去の誤った信念に基づいて行動する」ということを理解

できているか確認するためのテストです。つまり，わたしたちはサリーのビー玉が実際には段ボールの中に入っているということを知っていたとしても，サリーは自分と違う心の状態を持っているということを理解しなくてはいけないのです。よって，先ほどの問題文において，サリーはビー玉が移動した事実を知らないので，正解は「カゴを探す」になります。簡単だと思われるかもしれませんが，自分が知っていることを他者も知っているわけではないということを理解し，他者の心の存在に気づかなければこの問題は解けません。人間では4〜5歳頃から，誤信念課題における他者の行動を正しく推測できることが示されてきました。

　人間以外の動物や未発達な幼児期にも観察されている，身体的なシミュレーションを基盤とする共感に対し，心の理論は比較的高次な能力であると言えます。なぜなら，そこには他者と自分の分離の過程が含まれるためです。心理学者であり動物行動学者でもあるドゥ・ヴァールは，発達や進化に伴って共感がどのように獲得されるかを単純なモデルに表しています（Preston & de Waal, 2002; de Waal, 2008; de Waal & Preston, 2017）（図8-4）。図8-4に示したそのモデルは，まるでマトリョーシカのように入れ子構造になっているので，マトリョーシカモデルと名づけられています。このモデルによると，共感の獲得過程として，まず他者の状態をまるで自分のことのように捉えて共有する感情的共感の獲得があります。その後，その共感をもとにした同情や慰めができるようになります（同情的関心）。ドゥ・ヴァールは，人間以外の霊長類では，チンパンジーにのみ，勝負に負けた他個体を慰めるような行動が見られることなどを示し，チンパンジーはこの同情・慰めの段階まで共感を獲得している可能性を示しています。同情的関心の後，自分の心と他者の心が異なるものであるということを認識して初めて，より高次な認知的共感が獲得されます。

　正しく他者の視点を取得をするような認知的共感をするためには，自分と他者には異なる心があるということの理解と，自他の分離が必要であるということがこのモデルでも強調されています。ただ，このモデルでは感情的共感と認知的共感はあたかも連続的なものであるように見えますが，前述の通り，感情的共感と認知的共感は同じ共感という名前がついていても質的に異なるもので，

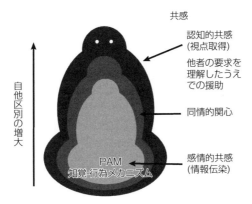

図 8-4　ドゥ・ヴァールのマトリョーシカモデル

出所：長谷川（2015）をもとに筆者作成。

基盤となる脳領域も異なるということには注意が必要です。

③あの人は自分じゃない！　だからもう一度共感し直す

　前述の通り，シミュレーション理論には限界があります。小さい頃に親や教師から「自分が嫌なことは相手にもしちゃいけません」「自分がされて嬉しいことを人にもしましょう」と言われたことがあるかもしれませんが，もし自己を参照するような共感のみをもとにして行動していたら，相手がまったくほしくないようなプレゼントを，自分がもらったら嬉しいから，と押しつけてしまったり，相手が本当に望んでいる援助ができなかったりするでしょう。

　わたしたちは一人ひとり異なる人間であるので，何に対してどのように感じるかも当然少しずつ異なります。自分と他者の違いについて理解することが認知的共感の獲得に重要であるということは，これまで述べてきた通りです。では，感情的な出来事について，自分の心的状態や身体状態の情報を他者に合わせなくてはいけない場面についてはどのように実験が行われてきたのでしょうか。

　他者の状態をまるで自分のことのように受け取るような感情的共感が，他者についての文脈情報，前知識によってどのように再評価され，調整されうるのかを知るために，価値体系が自分とまるっきり異なる他者の苦痛に対する共感

について考えることは有用です。たとえば，「針に刺されても痛みを感じない
が，綿棒でなでられると痛みを感じるという特性を持った人」という他者を設
定した実験があります（Lamm et al., 2010）。痛みについての価値体系がまった
くわたしたちと異なる設定ですよね。その他者が針で刺されているのを観察し
た時，痛みについての共感は生じるのでしょうか。

　針で刺されても痛みを感じない人の手が針に刺されているのを目撃した時に
は，被験者の再評価・感情制御に関連する脳部位により強い賦活が見られまし
た。つまり，針に刺されているのは身体的なシミュレーションに基づけばとて
も痛そうですが，「この人は針で刺されても痛くないのだったな」という自分
と異なる他者の情報に基づいた感情の再評価がされていたと言えます。逆に，
そうした他者の手が綿棒でこすられているのを見た時には，被験者の痛みに関
連する脳領域に賦活が見られました。つまり，「この人は綿棒で触られると痛
いのだな（自分は同じ状況になっても痛くないけど）」という再評価を経て，痛み
に対する共感を生じさせていたと言えます。

　同様の実験が，他者へ強い嫌悪的な光刺激を加えられているのを観察する，
という設定でも行われています。まぶしい光に苦痛を感じている他者を見ると
共感が生じ，観察している人の身体覚醒度も高まる，というのは普通の感情的
共感ですが，その他者が目の見えない人物である場合は，身体覚醒が抑制され
たのです（Kameda et al., 2012）。つまり，目がまったく見えない場合はその人に
とって光刺激は苦痛ではないため，トップダウン的に共感的反応が調整されて
いたと言えます。これらの先行研究は，他者の状態を正しく把握し，自分と他
者が異なるということを理解することによって，身体的シミュレーションをも
とにした感情的共感が調整されるということを実験的に示しました。

　一方，これらの先行研究とは逆に，身体的シミュレーションをもとにした感
情的共感が，他者の内的状態を正しく推測する認知的共感へ影響を及ぼすとい
う方向の関係を示す研究もあります。つまり，自分と重ね合わせるような共感
が，他者の状態の推測などを促進したり，妨げたりするという結果です。たと
えば，他者と自分の身体覚醒度の連動性が高く似ていると，パートナーの感情
をより正確に評価できるようになること（Levenson & Ruef, 1992）などは，自分

と重ね合わせるような共感が，感情推測などの認知的共感を促進する例だと言えます。逆に，ある状況下での自分自身の感情予測を事前にしていると，同じ状況に置かれた他者の感情予測が，自己に近づく方向に影響を受けること（Gilovich et al., 2000）や，自分自身の視点を抑制することに失敗すると，他者の様々な問題解決方略の誤った推測を招くこと（Vorauer & Ross, 1999）なども明らかとなっており，これらの結果は，自分を参照する共感が，十分な自他分離の過程を経ずに認知的共感を阻害してしまう例であると考えられます。

　これまで，共感の生起過程について説明してきました。ここからはそれをふまえ，共感の不公平さや，快感情に対する共感について述べたいと思います。

4　共感はよいことだ！　……本当に？

　共感反応は他者の情報によって調整されるということはすでに説明した通りですが，たとえば，他者の特性・他者との関係性などによっても共感の程度は変化します。わたしたちには，近親者，自分と似ている人，魅力的だと思う人，か弱い人などには容易に共感できる一方で，その逆の人々には共感しづらい傾向があります（Bloom, 2017; Breithaupt, 2019）。そういう意味では，共感は限定的で偏った，公平性を欠く反応なのかもしれません。親しい間柄の他者により強く共感が起こるということは，人間以外，たとえばラットなどにおいても観察されており，一緒のゲージで生活した経験のある個体をより助けるなどの行動が観察されています（Jeon et al., 2010; Bartal et al., 2014）。

　我々は，他者が仲間かどうかなどの情報を用いて共感の度合いを調整しています。たとえば，自分が応援しているサッカーチームのファンの苦痛を観察する時よりも，自分が応援していないサッカーチームのファンの苦痛に対してAIの活動が小さいという研究結果も，そのことを示唆しているでしょう（Hein et al., 2010）。この実験において，AIの活動の低さは，自分が良い報酬を受け取った時に活動する報酬系（腹側線条体や側坐核など）との関連が示されています。これは「他人の苦痛をむしろ喜んでしまう」，シャーデンフロイデと呼ばれる感情と結びつけることができるでしょう。他人の不幸は蜜の味，という言

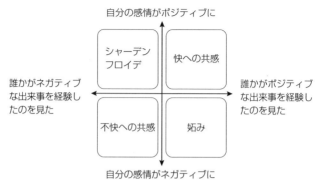

図8-5　他者の感情的イベントを見聞きした際の自分の反応

葉もありますが，わたしたちは仲間の苦痛には共感し，仲間でない人の苦痛には「ざまあみろ」と喜んでしまうことすらあるのです。

　図8-5は，他者の感情的なイベントが提示された際の反応について，自分の感情が快になるか，不快になるかで分類したものです。他者と同じような感情状態になれば，それは共感でしょう。しかし，我々は時に，他者の成功を妬んだり，他者の不幸を喜んだりしてしまうことがあります。そして，誰に共感し，誰に共感しないのかは自分勝手なエゴで決められているのかもしれません。実際，妬ましい属性を持っている他者の不幸なエピソードは，他の条件に比べて実験参加者を笑顔にすることが，表情筋を指標とした実験によって示されています（Cikara & Fiske, 2012）。

　さらに，ある国での多くの死傷者について考える時より，1人の可愛らしい子どもの死という特異的な事象について考える時の方が，共感し支援したいと思ってしまうように，時に感情的な共感は功利的な道徳判断を阻害します。共感性の低い性格特性を持っている方が，道徳的な葛藤場面（多数を救うために少数を犠牲にするか否かについて決定しないといけないような場面）でむしろ功利的な判断（多数を救う判断）をするという調査結果もあります（Djeriouat & Trémolière, 2014; Patil & Silani, 2014）。

　共感と聞くと無条件に良いことのように思えるかもしれませんが，感情的な共感は時に，公平な判断を阻害したり，少数の共感されやすい人々の下にある

多数の犠牲について無視してしまったりすることにつながるということに留意しなくてはいけないでしょう。

5　あなたが悲しいとわたしも悲しい。では，あなたが嬉しいとわたしも嬉しい？

　これまでネガティブ感情に焦点を当てて説明してきましたが，自分の応援している野球チームが勝って選手が喜んでいるのを見た時に，まるでそれが自分のことのように嬉しく思うというように，ポジティブ感情をともに感じることもあるでしょう。しかし，喜びを分かち合うような共感については研究があまり進んでいないのが現状です。その理由としては，ネガティブ感情への共感の方が，援助などの具体的な行動との関連が見られやすい点や，ネガティブ感情を引き起こす対象は比較的個人間で共通しているが，ポジティブ感情を生起させる対象は個人によって異なる場合も多く，実験がしづらいという点などがよく挙げられます。しかし，ポジティブ感情への共感について知ることは，共感を包括的に理解するためにも重要であると考えられます。

　ポジティブ感情への共感と似たものとして，他人を助けるという行為が，自分にとっての報酬になっているという知見があります。たとえば，チャリティへの募金（Harbaugh et al., 2007）や，仲間外れにされている人を仲間に入れる（Kawamichi et al., 2013）と，自分が報酬を受け取った際に賦活する脳の報酬系の活動が見られることがわかっています。しかし，募金時の報酬系の活動は，その選択を第三者が見ていない時にはあまり生じないというような知見もあり（Izuma et al., 2010），他者を助けると自分が嬉しくなるという反応には，自分自身の社会的評価向上への期待などが混ざってしまっている可能性もあります。また，誰かを助けるという設定上，援助が必要な相手を想定しているため，ネガティブ感情への共感と完全には分離できていません。

　そこで，モレンバーグズら（Molenberghs et al., 2014）の研究では，自分の選択や評価と無関係に他の人が報酬を受け取っているのを観察させる場面を設定し，ポジティブな感情への共感について検討しました。その実験の実験参加者

は，見知らぬ誰かが，正解したら金銭報酬／間違えたら電気ショックが加えられるクイズ課題を行っているのを観察しました。その結果，他者がクイズに間違えて罰を受け取ったのを観察した時に，従来のネガティブな共感に関連する脳活動が見られたのに加え，他者がクイズに正解して報酬を受け取ったのを観察した時には報酬系がより賦活していました。このことから，ポジティブな感情への共感について，少なくとも他者が良いものを受け取っている時の反応は，自分が報酬を受け取っている時の反応と共通点がある，というレベルで確認されたと言えます。

　ポジティブ感情への共感とネガティブ感情への共感については，まだその違い等，わかっていないことも多いですが，モレンバーグズはそれぞれの共感の機能について，ポジティブとネガティブでは共感発生のメカニズムが違うのではないかと仮説を立てています。ネガティブ感情への共感は，他者にとっての嫌悪刺激，つまり自分にとっても良くない可能性が高いものをともに嫌がる，嫌悪回避との関連が想定されています（de Waal, 2008）。一方で，ポジティブ感情への感情的共感は，他者の利益を向上させるモチベーションとの関連が指摘されています（Hamilton, 1964; Lantos & Molenberghs, 2021）。他の人が嬉しがることを自分も嬉しく感じることは，自分が所属する集団の利益向上の動機となりうる（Molenberghs et al., 2014）とし，ポジティブな感情への共感はより社会的な機能を持つのではないかと考えられています。この，共感の機能差については今後の研究の発展が期待されます。

6　ともに感じるって何だろう

　本章では，感情的に「他者と合う」，共感について述べてきました。自分と同じ心を持っている他者なんていないのに，わたしたちはその誰かの気持ちに寄り添ったり，気持ちがわかるような気になったりします。その不思議に立ち返り，共感の生起過程についての説明を通して，他者と自分が異なるということに気づくことは，むしろ正確な認知的共感の必要条件だということを示しました。

　読者のみなさんも，日常で他者の気持ちや意図を理解できたように感じたり，他者の感情をともに感じたりした時，また，それとは逆に共感的反応が自身に湧き上がってこない時，ご自身の心の中で起こっていることを想像してみてください。本章の中で解説した内容が，共感の不思議を考えるきっかけとなれば幸いです。

第9章

あなたが笑えば，わたしも笑う

谷本　彩

1　はじめに

　「笑い」と聞いてどんなことを思い浮かべますか。漫才，コント，コメディ映画，落語，狂言など，まず一番に「笑い」の芸能が挙げられるかもしれません。しかし，「笑い」は芸能だけでなく，日常生活にもあふれています。気持ちの良い朝日を浴びれば顔がほころぶでしょうし，学校に行けば友達や先生に笑顔で挨拶します。お店では店員さんが笑顔で対応してくれて，家では家族と談笑します。もちろん1人で面白いものを見つけてぷっと吹き出すことや，思い出し笑いを浮かべることもありますが，ヒトは誰かと一緒にいる時に，独りでいる時と比較して30倍も笑いやすいということがわかっています（Provine & Fischer, 1989）。

　では，誰かと一緒に笑うことにはどんな役割があるのでしょうか。次の文章は，『古事記』で天の岩戸にこもってしまった天照大御神を外に出そうと，神々が様々な工夫をする有名なシーンです。

> 天宇受売命，……神懸り為て，胸乳を掛き出だし，裳の緒をほとに忍し垂れき。爾くして，高天原動みて，八百万の神共に咲ひき。是に，天照大御神，怪しと以為ひ，天の石屋の戸を細く開きて，……　　　　　（山口・神野，1997）

　天宇受売命という女神が裸踊りのような踊りをして神々がどっと笑ったことで，ついに天照大御神に岩戸を開けさせることに成功しました。笑いがその場

にはいない誰かに「楽しい雰囲気」を伝えるのに役立ったのです。また，「笑い講」や「笑い祭」といった神事も継承されています。笑い講は山口県に鎌倉時代から伝わる神事で，「紋付き袴で正装した講員たちが，榊を手に『ワーハッハッハッ』と3回笑いあい，今年の収穫の感謝と来年の豊作を祈り，1年の憂さを豪快に笑い飛ばす年忘れの奇祭」（一般社団法人防府観光コンベンション協会，年不明）です。笑い祭は，「白く顔を塗り，赤色で顔の頬に『笑』の文字を施した『鈴振り』が神輿や屋台を誘導しながら，『笑え笑え～，永楽じゃ，世は楽じゃ』と町を練り歩く」（ぐるわか事務局，年不明），和歌山県の丹生神社に伝わるお祭りです。面白いことがあるわけではなくても，大声で笑うことは気分を明るくしたり，集団の結束力を高めたりする効果があると考えられています。

　「あなたが笑えば，わたしも笑う」という本章のタイトルの通り，ヒトは他者とともに，時には大勢で一緒に笑います。本章では，「笑い」という切り口からヒトらしさを考えていこうと思います。

2　どんな時に，どんなふうにヒトは笑うの？

　現代の日常生活では誰しも何気なく笑っていると思いますし，最近では笑いが免疫機構を活性化させるので，笑うことは健康に良いのだという話もあります（木村，2010）。しかし，「笑い」が批判的に捉えられた時代もありました。ここでは，古代の哲学者たちの考え方から現代の笑いの分類方法までを簡単に紹介します。

笑い論の変遷
　笑いについての最も古い記述は，古代ギリシャの哲学者，プラトンによる『ピレボス』の中にあるとされています。古代ギリシャ・ローマでは，「嘲笑」が特に笑いとして切り取られ，加虐的であり品位を失うものと考えられた一方，アリストテレスは『動物部分論』において，人間だけが唯一笑う動物であると述べました（Smadja, 2007）。

　その後中世ヨーロッパでは，キリスト教修道院により笑いが禁じられ，笑い
を肯定的に記述したとされるアリストテレスの『詩学』第2版は禁書とされま
した。人間の罪を背負って十字架にかけられたイエス・キリストを主と仰ぐ以
上，教会は厳粛であるべきだとされたようです。一方で，笑いを完全に抑圧す
ることは不可能で，教会の外の民間では笑いのイベントは残り続けました（木
村，2010）。

　近世以降の笑いについての理論は，「優越理論」「不調和理論」「解放理論」
の3つとベルクソンの理論に大別されます（Smadja, 2007；金，2019）。「優越理
論」は古代ギリシャ・ローマと同様の「笑い＝嘲笑」という考え方に則り，他
者や過去の自分の欠点との比較において突然優越感を認識することで笑いが生
じる，というホッブズ（Thomas Hobbes）の理論から発展しました。「不調和理
論」は適切さや関連性の不一致による笑いの生起を提唱した理論です。カント
（Immanuel Kant）は予測された事物が実際と異なっていた時に，ショーペンハ
ウアー（Arthur Schopenhauer）は概念と具体的な対象物とが離れていた時に笑
いが生じると考えました。「解放理論」はスペンサー（Herbert Spencer），フロ
イト（Sigmund Freud）によって提唱された，期待に基づく緊張が消える（弛緩
する）時に，不必要になった「心的エネルギー」が笑いによって放出されるの
だという理論です。これは，精神生理学的な考え方で，笑いをホメオスタシス
（体内を一定の状態に保つ機構）の一部と見なします。これらの理論とは別に，ベ
ルクソン（Henri-Louis Bergson）は著書『笑い』において，笑いが「感情が一
時的に麻痺し，生命が機械的なこわばりを帯びる時」に生じるとしました。さ
らに，笑いにはぎこちなさや適応性の欠如を社会的に罰する役割があるという
機能面も考察し，社会的な観点から人は笑いによって矯正を受けると主張しま
した。これらの理論はどれも対立する理論ではなく，笑いの様々な側面を切り
取ったもので，互いに補い合うものと考えられています（Smadja, 2007）。

　現代でも笑いの成因についての仮説はたくさん立てられています（木村，
2010；苧坂，2010；中島，2019）。脳科学研究でよく用いられるものの1つが，サ
ルス（Suls, 1972）によるユーモアの情報処理モデルです。この理論は，①不一
致との遭遇（予測を裏切る結果に驚きを感じる），②認知構造化による矛盾の解消

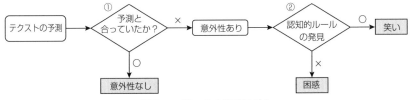

図9-1　笑いの2段階モデル

出所：Suls（1972）をもとに筆者作成。

（①の不一致を視点の変更や洞察により解決する）の2段階から成ります（図9-1）。

　サルスの著書で挙げられている例で2段階の処理を追ってみます。

　オライリーは武装強盗の罪で公判中だった。陪審員が出てきて「無罪」と告げた。「すばらしいね」とオライリーは言って尋ねた。「つまりその金は持ってていいってことか？」

(Suls, 1972)

　多くの人は最初，オライリーが「つまり俺は出て行っていいってことか？」と聞くことを想定すると思います。しかし，無罪判決を受けたはずなのに，オライリーは「その金を持っていてよいか」と尋ね，読者は不一致を見出し，意外性を感じます（①）。ここで，裁判の判決が絶対に正しいという考えから離れてみると，オライリーは実は強盗を行っていたけれど，陪審員がなぜか無罪と判決してしまったのではないかという考えに至ります。そして，法律上，オライリーは無罪なのでその盗んだ金は持っていてよいことになります。このように視点を変えて新たな認知的ルールを見つけることで，矛盾が解決され（②），笑いが生じます。もし，オライリーが言った言葉が「俺がやったんだ」と罪を認めるものであったならば，意外性（①）はあるものの，認知的ルールの発見（②）はなく，面白くありません。

　サルスの理論はユーモアの認知過程を初めて情報処理として記述した点において優れており，ユーモアの検出過程（①），鑑賞過程（②）のそれぞれで活性化する脳領域を調べる実験が行われています（Moran et al., 2004）。

表9-1　笑いの分類

Ⅰ　快の笑い（感情が主役） 例：試合に勝ってうれしい	本能充足の笑い 期待充足の笑い 優越の笑い 不調和の笑い 価値逆転・低下の笑い
Ⅱ　社交上の笑い（意思に基づく） 例：挨拶の時ににっこりする	協調の笑い 防御の笑い 攻撃の笑い 価値無化の笑い
Ⅲ　緊張緩和の笑い 例：ほっとした時	強い緊張が緩んだ時の笑い 弱い緊張が緩んだ時の笑い

出所：志水他（1994）をもとに筆者作成。

笑いの分類

　さて，ここまで「笑い」と一括りに述べてきましたが，笑いには様々な側面があります。たとえば志水ら（1994）は「Ⅰ快の笑い」「Ⅱ社交上の笑い」「Ⅲ緊張緩和の笑い」の３つに大きく分類したうえで，表9-1のように細かな笑いを当てはめています。

　みなさんが部活などで大会に出場する場面を想像してみてください。朝，会場で友達を見つけ，にこっと挨拶をかわします（Ⅱ協調の笑い）。ライバル校の知り合いがやって来て「調子はどう？」と尋ねます。あなたは本心を悟られたくないので，笑いながら「まあまあかな」と答えました（Ⅱ防御の笑い）。さて，試合が始まりました。おや，ゴールしたのにタイムが表示されません。ドキドキしていたら，掲示板のエラーでした。あなたはほっとして自然と微笑みます（Ⅲ強い緊張が緩んだ時の笑い）。そして，最終順位はなんと１位でした！　笑みがこぼれます（Ⅰ期待充足の笑い）。帰りにご飯を食べに行きました。美味しい料理で皆にこにこしています（Ⅰ本能充足の笑い）。コーチのゴシップを得意そうに話す人がいて，どっと笑いが起きます（Ⅰ優越の笑い）。あ，隣の人の料理を間違えてつまんでしまいました。「ごめんごめん」と笑って失敗をごまかします（Ⅱ価値無化の笑い）。

　このように，わたしたちは１日中，様々な種類の笑いを使い分けているのです。

表9-2　笑いの検出方法

音声	笑い声の時間変化・周波数変化などのパターンの解析
呼吸	呼吸運動パターンの記録
発声	声帯の筋電計や喉頭鏡の利用
表情	表情筋の筋電図やFACSによる記述
全身の動き	ビデオによる身振りの検出，自律神経系や筋反射等の計測

笑いの検出方法

　笑いを研究するためには，笑いを適切に検出する必要があります。笑いには多様なシステムが関与していて，「はっはっはっは」というリズミックな腹部筋肉の収縮による呼吸の修飾，「笑顔」として知られる表情変化，「笑い声」の発声，身振り手振りなどが生じます。笑いの特徴は表9-2のように，音声，呼吸，発声，表情，全身の動きの5つに大別できます（Cosentino et al., 2016）。

　ここでは特に，多くの研究で用いられている表情という指標について詳しく説明します。わたしたちの表情は，表情筋という30種類以上もの小さな筋肉が収縮・伸展することで作られています。表情筋は，呼吸に使われる筋肉である横隔膜と同様に，自分の意思で完全にはコントロールすることができません。表情筋を一つひとつ電気刺激で動かして「本物らしい」笑顔を探したデュシェンヌの研究（Duchenne de Boulogne, 1862）から，大頬骨筋と眼輪筋という2つの筋肉が笑顔に重要と考えられています（図9-2左）。大頬骨筋は頬骨から口角に伸びる筋肉で，収縮することで口角を上げることができます。一方，眼輪筋は目の周りを取り囲むように走行し，収縮することで目を細くして目尻に皺を作ります。眼輪筋は特に自分で動かすのが難しいことから，目尻に皺を作って口角を大きく上げる笑顔が心の底からの笑い，口角を上げるだけの笑顔が意識的な笑いとされ，前者はデュシェンヌ・スマイル，後者は非デュシェンヌ・スマイルと呼ばれています。これを見分ける方法の1つが，顔に電極を貼りつけて筋肉の収縮活動を調べる方法で，目には見えない微細な動きまで捉えることができます。もう1つが，エクマンとフリーセン（Ekman & Friesen, 1975）によるFACS（Facial Action Coding System）を用いて分析する方法です。表情の動

図9-2　笑いに関連する表情

きはアクションユニット（AU）と呼ばれる動作単位に分けて解析され，笑顔には頬を持ち上げる AU6，口角を上げる AU12 が関与しています（図9-2右）。AU12 単体では非デュシェンヌ・スマイル，AU6＋AU12 でデュシェンヌ・スマイルを表すことができます。

3　動物も笑う!?

　笑いという現象は，はたしてヒト特有なのでしょうか。犬や猫を飼っている方は，彼らも笑うのだとおっしゃるかもしれません。実際に，ラットなどの齧歯類やイヌ科の動物が「笑い」に似た声を上げているという研究もあるのです。

齧歯類の「笑い」

　パンクセップら（Panksepp, 2007; Panksepp & Burgdorf, 2000）は，実験室のラットが遊びの際に発する50kHzの超音波音声をヒトの笑いに通じるものだと考えました。彼らは超音波を検出できる装置を使って若いラットたちが遊んでいる様子を記録し，彼らがじゃれ合っている時に50kHzで鳴いていることを発見しました。さらに，この鳴き声は遊びを予期している時にも発せられ，薬理学的な実験からも，良い結果が得られた時に活動する報酬系と呼ばれるシステムとの関連が示唆されました（Panksepp, 2007）。

　わたしたちはくすぐられた時に笑ってしまいますが，ラットも同様に50kHzの鳴き声を発します（図9-3）。人間の実験者がラットの脇腹をくすぐると，

ラットは「喜びのジャンプ」をしてくす
ぐる手を追いかけてきます。このくすぐ
りを利用して，ラットが笑っている時に
脳がどう活動しているかを調べることが
でき（Ishiyama & Brecht, 2016），ヒトで観
察されるのと同じような脳領域が活動し
ていることがわかっています。さらに，
自分がくすぐられていなくても，他の

図 9-3 ラットの笑い

ラットが隣でくすぐられているのを見るだけで50kHzで鳴くという実験結果が
あります（Kaufmann et al., 2022）。一方，50kHzの鳴き声を聞かせるだけでは，
50kHzで鳴いたり「喜びのジャンプ」をしたりすることはないようで，このあ
たりはヒトの笑いとは違う点と言えそうです。

大型類人猿の「笑い」

　ヒトと祖先を共有するチンパンジーやゴリラなど，大型類人猿にはヒトの笑
いに似た表情が観察できるといいます。ファンホーフ（van Hooff, 1972）は，ヒ
トの笑いに似た表情として，声を出さずに歯をむき出しにする表情（silent
bared teeth display）（以下，SBT）とリラックスして口を開ける表情（relaxed
open mouth display）（以下，ROM）もしくは遊びの顔（play face）の2つを挙げて
います。SBT は口角を引き，歯茎を見せるような表情（図9-4左）で，多く
のサルの種では，劣位のサルが優位のサルに対して服従を示す素振りとして機
能します。チンパンジーやヒヒなど一部のサルでは，優位のサルが劣位のサル
に対して SBT を示すことが知られており，安心させるシグナルあるいは愛着
シグナルという役割も持つ可能性が示唆されています。ROM は歯茎を見せず
に口を広く開けるような表情（図9-4右）で，しばしば ahh ahh ahh といった
断続的な呼吸を伴います。Play face という別名の通り，遊びの際に見られる
ことが多く，たとえばチンパンジーではくすぐられた際に ROM が見られま
す。ファンホーフはこの観察をもとに，SBT がヒトの smile（声を出さずに歯を
見せる程度で，友好性や社会性を示すほほえみ），ROM がヒトの laugh（発声を伴い，

図9-4　大型類人猿の「笑顔」

楽しい出来事に付随する笑い）に類似していることから，これらの進化的起源が相同であると考えた笑いの進化モデルを提唱しています。

　ただし，類人猿の「笑い」がヒトの笑いとまったく同じかというとそうではなくて，優越の笑いや嘲笑，はにかみ笑い，ユーモアに対する笑いに類似する行動形式は類人猿では認められていません。これらの「笑い」が生じるためには，まず他個体に興味を持つことが必須で，そのうえで他個体の行動の意図や失敗について理解し，関心を向けることが必要ですが，それらが類人猿には困難なのではないかと考えられています。さらに重要な違いとして，ヒトの笑い声が複数人，時には数十人で一斉に起こることがあるのに対し，類人猿では複数個体が一斉に笑い声に対応する声（play pant）を発することがないことが挙げられます。そして，他個体の表情を見ることによる play face の伝染は起きるものの，他個体の play pant を聞くことによる play pant の伝染現象は観察されていません（Matsusaka, 2008）。つまり，対面の個体間での表情の伝染は類人猿でも生じるけれど，対面していない多数の個体を巻き込む音声の伝染は，ヒト特有の現象かもしれないということです。大きな社会を形成するようになったヒトにとって，笑い声の伝染により遊びの気分を集団に素早く広めることが適応的だったのではないかと考えられています（Gervais & Wilson, 2005）。

4　誰かと一緒に笑う時に脳の中で起こっていること

　ヒト以外の動物も「笑い」に相当する行動形式を持つようですが，ヒトの笑いは誰かと一緒に，あるいは大勢で笑うということが大きな特徴の1つと考え

られます。笑いをはじめとする行動出力の指令を出しているのは脳ですから，誰かと一緒に笑っている時に脳の中で起こっていることを調べれば，ヒトらしい笑いの神経基盤にせまり，その心理メカニズムを探ることができそうです。

笑顔を見ると良い評価をしてしまう？

　誰か親しい人が晴れやかな顔で笑っているのを見て嫌な気分になることはめったにないでしょう。また，笑顔の人を眺めていると自然と自分も笑顔になっていた，という経験を持つ方も多いのではないでしょうか。

　私たちが何かを「見た」ということを理解するには数十ミリ秒程度必要ですが，十数ミリ秒という短い時間だけ刺激を提示する手法を，閾下プライミングと呼びます。閾下プライミングを用いて笑顔を提示すると，笑顔を見たという記憶がないのにもかかわらず，被験者の顔には笑顔が現れます (Dimberg et al., 2000)。さらに驚くべきことに，この手法により，被験者に「感じ」させずに飲み物などの印象を変えてしまうこともできました (Berridge & Winkielman, 2003)。この実験では，笑顔，ニュートラルな顔，怒った顔の3種類を閾下プライミングで提示し，その後に飲み物を好きなだけ注いで飲んでもらいました。この時同時に気分がどうか被験者に答えてもらったのですが，どの顔を閾下プライミングで見た場合も気分に明らかな変化は見られなかったのにもかかわらず，笑顔を見た後は飲み物をよりたくさん飲むという結果が得られ，さらに被験者はその飲み物をおいしいと評価しました（図9-5①）。つまり，笑顔により，飲み物に対する評価が変わったのです。

　わたしたちの脳を表面から見るとたくさんの皺が見えます。この外側の領域が大脳皮質と呼ばれる場所で，ヒトが進化の過程でどんどん大きくしていった領域です。大脳皮質での処理は，主にわたしたちの知覚に関連しています。大脳皮質の内側には，進化的により古い構造があり，良いことが起きて嬉しい，恐ろしい動物に遭って怖いといった情動に関連する領域や，わたしたちの全身がうまく機能するように食欲や代謝などを調整する領域などが存在します。これらの領域は合わせて皮質下領域と呼ばれ，「無意識的」に処理を行います。閾下プライミングの実験は，被験者の気分を変えずに飲み物に対する評価のみ

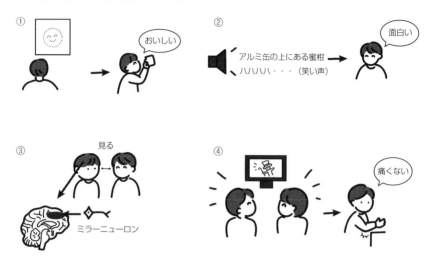

図9-5　他者の笑いによる影響

を変えたわけですから，大脳皮質ではなく皮質下の構造だけで処理が完結してしまったと考えられます。特に，感情に関わる辺縁系と呼ばれる領域や，報酬をもらった時に活動する領域が関連しているのではないかと考えられています（Berridge & Winkielman, 2003）。

笑い声があると面白く感じてしまう？

　お笑い番組やコメディ映画などで，会場の笑い声が追加されているのを聞いたことがあると思います。このような笑い声はラフ・トラック（録音笑い）と呼ばれ，単体では面白くないネタを面白くさせるのに一役買っています。

　実際に，「アルミ缶の上にあるものは？――蜜柑」「1時に食べる果物は？――イチジク」など，面白さ評価が7段階評価で3程度のつまらない親父ギャグに対しても，ラフ・トラックにより評価が有意に上がるという結果が得られています（Cai et al., 2019; 大森・千秋，2011）（図9-5②）。この研究では，コメディ映画などを観ている時の心からの笑い声と，笑い声をまねしてくださいと指示された時の偽の笑い声の2種類をラフ・トラックとして使用しています。ラフ・トラックが心からの笑い声であった時の方が，偽の笑い声であった時よ

りも，面白さの評価が高くなる傾向にありました。

　笑い声単体を聞かせた時の被験者の反応を調べた研究もあります（Billing et al., 2021）。この研究では，心からの笑い声と偽の笑い声を何種類も聞かせて，「心からの笑いらしさ」と「つられやすさ」を評価してもらいました。すると，心からの笑いらしさとつられやすさの評価に相関が見られました。また，その時の脳の活動を調べたところ，心からの笑い声を聞いた時のみ，上側頭回と呼ばれる領域の活動が見られました。この領域では発声など複雑な音の認識が行われるのですが，特に社会的な情報や感情を伴った音の処理が行われていると言われています（McGettigan et al., 2015）。

　効果を持つのは笑い声だけではありません。日本語には「ゲラゲラ」「ニコニコ」など，笑いを表すオノマトペがあります。これらの笑いにまつわるオノマトペを被験者に聞かせ，「ヘヨヘヨ」といった無意味なオノマトペを聞いた時の反応と比較すると，報酬期待に関連する領域や辺縁系の活動が上がることが報告されています（Osaka & Osaka, 2005）。

他の人の笑いを認識する脳の領域

　わたしたちの脳の中にはミラーニューロンといって，他の人が何かをしている時に，自分もその人と同じことをしているかのように活動する細胞たちがいます。ミラーニューロンはもともと運動に対して発見されたものですが，近年，情動に関しても同様にミラーニューロンが存在することがわかってきました（Carrillo et al., 2019; Kaufmann et al., 2022）。このミラーニューロンの働きで，他の人の笑顔を自分の顔に写し取り，同じ感情を追体験できるのではないかと考えられています。

　てんかんという脳で異常活動が起きてしまう病気の患者の頭蓋内に，電極を入れて異常活動がどこから起きているかを調べる検査があります。この検査中に，電極を電気刺激してその脳領域がどんな機能を持っているのかを調べます。辺縁系の一部である前帯状回という領域を電気刺激すると，患者が笑顔を呈しました（Caruana, 2020）。患者はこの時，なぜ自分が笑っているのかわからないのですが，あとのアンケートでなぜ笑ったかを聞かれると，面白いことがあっ

たからと答えを変えたといいます。そして，他の人が笑っている映像を流すと，笑いが誘発されたのと同じ電極で局所活動が見られました（図9-5③）。前帯状回は情動性のミラーニューロンが見つかった領域であり，この実験結果もミラーニューロンの活動を反映している可能性があります。

　ちなみに，前帯状回は心理的な痛みなどとも関わっている領域です。実は前帯状回以外にも，笑いと痛みに共通する脳領域が知られており，笑いと痛みは案外関連しているのかもしれません。実際に，親しい人と一緒にコメディを見て笑い合った後には，耐えられる痛みの閾値が上がる，という報告もあります（Dunbar et al., 2012; Manninen et al., 2017）（図9-5④）。

5　人間らしく笑う

　他者と関わる際の笑顔は，他者と協力し，大きな集団を形成することで生き残ってきたヒトにとって重要なシグナルとして機能してきたと考えられます。では，どんな笑いがヒトらしいと言えるでしょうか。

他者と「面白さ」を共有する

　ヒトは類人猿のような2個体間の遊びだけでなく，多個体での遊びができるように進化し，ヒトの笑い声は大勢に一度に伝染します。ヒトはまた，いま・ここにあるものだけではなく，概念まで伝えられるような言語を使用し始めました。言語の存在により，多くの相手と「面白さ」を共有することが可能となったのではないでしょうか。ともに笑うことは，相手と同じ立場から対象の事物を見ているという暗黙の了解としても機能します（森田，2019）。これは，あなたとわたしは同じ集団に属していますよというシグナルであり，集団の結束を高める役割を担ったと考えられます。

　さらに，ヒトは他の人が発したユーモアに反応します。ユーモアを理解するためには相手がどんなことを意図していて，何が「ズレ」ているかを理解する必要があります。他の人が何を考えているかを理解することができる能力を「心の理論」と呼び，ユーモア理解にはこの能力が必須です。大きな社会の中

で他者と協力する必要が生じた時，心の理論で他者の気持ちを読むことができるようになり，共同作業を円滑に進めるためにユーモアを一緒に笑うようになったのではないかと考えられます。

図9-6 福の神の面

「めでたい」笑い

　笑いによって生じる「めでたさ」について考えながら，本章を終えたいと思います。笑いの芸能として知られる狂言は，人間賛歌の芸能とも言われています（山本，2002）。狂言では人間の姿をできるだけ普遍的に描き出すことで，観客一人ひとりがその姿を受け入れ，こんな弱いところのある人間だけれど，それでいいんだと温かな気持ちで笑うのです。「福の神」という有名な演目では，神様が酒を要求して気持ちよく酔って笑います（図9-6）。この時の笑いは神様という他性を認識しながら，その境界を取り除くものとして機能します（森田，2019）。「笑い」によって他のものを受け入れることで，新しい祝福やめでたさが生まれ（森田，2019），皆が和やかに楽しくなるのです（長島，2016）。

　周りを見渡して，人間というちっぽけで独りでは生きられない生き物と，それでも社会に受け入れられ，社会を受け入れることで生きている自分自身を感じることがあると思います。そんな時にふっと笑うことで自分を許容し，他者を受け入れ，周りの人たちへ肯定的な気分を伝播できるようになりたいものです。読者のみなさんにとって，本章が「笑い」という切り口から人間を見つめ直すきっかけとなれば幸いです。

あなたの感覚を，わたしも感じる

緒方万里子

1 はじめに

みなさんは，自分の身に起きるあらゆる身体反応や感情などの，すべての出来事を決定するのは，脳だと思っていませんか。しかし，実は脳が処理をして身体に指示を出すより前に，身体が反応して次の行動を決定しているかもしれないのです。

たとえばこんな例を見てみましょう。

「道で叫び声がし，ふと振り返るとケンカでしょうか。細身の男性が屈強な男性に殴られる瞬間を見てしまいました」（図10-1）。

この時，おそらくみなさんは驚いて目を見開き，心臓がドキドキするかもしれませんし，その場から離れようと体はのけぞるかもしれません。また，殴られた人に反応して，自分が殴られたわけでもないのに，顔をしかめたり恐怖を感じたりするでしょう。その反応までの時間は0.何秒の世界で，脳が事態を理解して，こういう表情をとるようにと指示を出すよりも早く，いわば反射に近い速度で反応します。

一瞬で事態に反応した後，みなさんには恐怖心や不安な気持ちが生じてくるでしょう。そして，殴られた人は大丈夫だろうか，救急車や警察は必要だろうか，と相手への共感や事態の理解へと段々と進展していくのです。ここまでの時間は，もしかしたら数秒の出来事かもしれません。しかし，この数秒間の間にみなさんの身にはこのような様々な出来事が生じており，そのはじまりにはビクッと反応する，ザワザワするというような身体的な反応があるのです。

図10-1　ケンカを目撃してしまった時

2　身体の感覚から感情が生まれる？

感情と身体

　アメリカの心理学者であるジェームズ（William James）は，このようにドキッとしたり，ざわざわしたりするような「身体的変化から興奮している事実を感じ取ること」を感情であると定義しました。さらに，「速い心拍，深い呼吸，唇の震え，鳥肌，内臓の動きといった身体的変化がなければ感情も存在しえない」とさえも述べました（James, 1884）。このような身体の感覚から感情が生まれるという考え方を抹梢起源説と言います。この仮説の妥当性は長い間議論されました。その後，脳波計測やMRIなどの脳機能画像研究の発展をきっかけに，この仮説は見直されることになりましたが，今でも感情研究における重要な歴史的理論として影響を与え続けています。

　緊張すると手に汗をかく，心臓がドキドキするなど，感情の経験には体の反応が伴います（寺澤，2017）。近年，新型コロナウイルスの感染拡大による影響で，オンライン会議やオンライン授業など非対面での社会生活が行われることが増えましたが，一方で対面の時の方が，コミュニケーションがとりやすかったなどの弊害を感じた人も多くいるでしょう。そうした影響もあり，近年は特に身体感覚などの生身の人間の感覚と人間の認知能力との関係に注目が集まっています。しかしパソコンやインターネットが普及するずいぶん前から，身体

図10-2　マドレーヌを紅茶に
　　　　浸す様子

の感覚と意識体験について，人々は潜在的に理
解していました。

　たとえば，フランスの小説家であるプルース
ト（Marcel Proust）は，身体感覚と意識体験が
結びつく興味深い記述を残しています。有名な
「プルースト効果（プルースト現象）」と呼ばれ
る現象を見てみましょう。

　そしてまもなく，私は〈中略〉機械的に，ひ
と匙の紅茶，私が一切れのマドレーヌを柔らかく溶かしておいた紅茶を，唇に
持って行った。しかしお菓子のかけらの混じった一口の紅茶が，唇に触れた瞬
間，私は身震いしたのだった。私の中で起こっている異常な事に気が付いて。
〈中略〉突如として，回想が私に現れたのだった。この味覚，それはマドレー
ヌの小さなかけらの味覚であった。コンブレーで日曜の朝〈中略〉叔母は，彼
女がいつも飲んでいるお茶の葉〈中略〉の中に，マドレーヌを浸してから，そ
れを私にすすめるのであった。　　　　　　　　　（Proust, 1913）（図10-2）

　このように，味覚や嗅覚と人間の記憶は関連性があるということが知られて
います。特に，匂いによって記憶が思い出されたり，過去の出来事を追体験し
ているかのように感じる現象は，先ほどの小説『失われた時を求めて』を書い
たフランスの作家プルーストからとって「プルースト現象」と呼ばれています。
プルースト現象を再現して検討した研究では，匂いを手がかりにして思い出さ
れた記憶は，他の言葉などを手がかりにして思い出された記憶よりも，情動性
（感情や情緒など気持ちに関わること）が高く，鮮明で古い記憶であることが明ら
かになっています（山本・野村，2005）。つまり，先ほどのマドレーヌの記述の
ように，匂いや味覚の経験から，記憶が呼び起こされたり，強い快感を感じる
ことには，身体の感覚と心に何らかのつながりや影響があると考えられます。
　ではヒトの身体感覚とはどういったもので，どのように心と関連しているの
でしょうか。見ていきましょう。

　まず，身体の生理的な変化とその認知について考えた理論を見ていきましょう。シャクター（Stanley Schachter）とシンガー（Jerome Singer）という心理学者たちは，次のように考えました。まず刺激によって身体に生理的反応が起きた後，その本人は無意識になぜそれが生じたのかという原因を探したり，その反応にラベルづけを行おうとする。その結果として，情動を経験するのではないか。これを情動二要因説と言います（Schachter & Singer, 1962）。

　シャクターとシンガーは，エピネフリンという注射を使ってこの理論を検証しようとしました。エピネフリンというのは，アドレナリンと同様の物質で，注射をすると血圧が上昇したり，心拍が増加したりします。実験参加者を，エピネフリンを注射する群と，何の効果もない生理食塩水を注射する群に分けます。エピネフリンを注射される群はさらに，エピネフリンの効果を正しく説明される群と，何も説明されない群に分けられます。そして注射をした後，実験参加者は待機室で，「陽気にふるまう人」あるいは「怒り出す人」と一緒に待機をさせられました。この一緒に待機する人は実験協力者で，意図的にそういう態度をとります。そうすると，「エピネフリンの注射を受けたが，効果の説明を受けなかった実験参加者」は，実験協力者が表出しているのと同じ情動を経験したと報告したのです。

　つまり，この実験参加者は，自分の身体に起きている生理的な反応がエピネフリンによる効果だとは知らないため，その反応の理由や原因を身近にいた実験協力者だと考え，その人と同じ情動を経験したのだと思い込んだ可能性があるのです。このことから，情動には生理的反応と認知的な理由づけの2つの要因が必要であると考えられました。最近の研究では，この仮説で仮定されている，「すべての感情に共通する均一的な身体状態の変化があり，感情の種類はその解釈の仕方のみで規定される」という知見は否定的に捉えられていますが，身体反応の変化を複数の原因に帰属させることがある，という点に関しては支持されています。

3　身体の内側で感情を判断している？

内受容感覚

　ヒトの身体感覚は，大きく外側と内側に，つまり内受容感覚と外受容感覚とに分けることができます。体の感覚の中でも，呼吸，痛み，体温，心拍，胃腸の動きなどの身体の中の状態や活動，生理的な状態に関する感覚や内臓感覚や自律神経に関係する感覚のことを「内受容感覚」と呼びます。一方，視覚，聴覚，嗅覚，味覚，触覚などを通して外部の環境を受容する感覚のことを「外受容感覚」と呼びます。近年，様々な研究から「身体反応をいかに感じ取るか，ということと，感情の感じ取り方の間には関連がある」ということがわかってきています（寺澤・梅田，2014）。では，内受容感覚と感情にはどんなつながりがあるのか見ていきましょう。

　内受容感覚は，実験や質問紙（アンケートのような調査手法のこと）によってその敏感さの程度や正確性を測定することができます。シャンドリー（Rainer Schandry）という心理学者は，内受容感覚と感情の経験がどのように関連しているのかということについて，体系的な研究を行いました。内受容感覚への敏感さを測定する方法の1つとして，心拍検出課題という方法があります。この方法は，実験参加者に30秒などの一定時間，自分の心拍を数えてもらい，その回数を報告してもらうやり方です。報告された回数と実際に心拍を測定した値が，どの程度異なっていたかによって，その人の内受容感覚の正確さを測定します。

　シャンドリーは内受容感覚と状態不安（特定の時点や場面・出来事・対象物に対して抱く一時的に不安を感じる反応のこと）や情緒の不安定さとの関連を検討しました。その結果，内受容感覚の敏感さは個人によって大きく異なっており，敏感なグループに属する実験参加者では，敏感ではないグループの実験参加者よりも状態不安と情緒不安定の傾向が高いということが明らかになりました。つまり，自分の身体の感覚を敏感に察知できる人ほど，不安な気持ちや情緒不安定な気持ちになりやすいということがわかったのです（Schandry, 1981）。

　また，恐怖症（特定の対象や状況に対し過剰な恐怖感を抱いている状態）を併発している，パニック障害の患者（Ehlers & Breuer, 1996）や，健常ではあるがパニック発作の経験がある人（Richards et al., 2003）は，健常者よりも心拍を知覚する敏感さが高いことが明らかにされています。さらに，不安傾向が高い人は，一貫して内受容感覚が鋭敏であるとの指摘もなされています（Domschke et al., 2010）。

　しかし，その一方で，うつ傾向の高い人（Pollatos et al., 2009）や，パーソナリティ障害の人（Mussgay et al., 1999）は，健常者よりも心拍知覚の敏感さが低いとの報告もあります。また，心拍数など，自己の内部状態に注意を向けることによって，社会不安傾向が上昇するという報告もあります（Wells & Papageorgiou, 2001）。つまり，内受容感覚は心や気持ちに影響を与えるけれど，それは不安傾向を高めたりするようなマイナスの働きの時もあれば，逆に不安な気持ちを抑えるようなプラスの働きをする時もあるのです。

　また，内受容感覚の測定の種類には，心拍検出課題のような知覚の精度の測定の他に，その人の内受容感覚への意識傾向を測定する方法もあります。意識傾向の測定は質問紙法と呼ばれるアンケートによって測定する方法で，日々の生活の中で，自身の内受容感覚に気づく程度や注意を向ける程度の個人差を測定します。質問紙法の種類もいくつかあります。Body Perception Questionnaireという質問紙で測定できる内受容感覚の敏感さは，ストレス反応と関係しており，この質問紙の得点が高い人は，特性不安（ストレスがかかった際に不安な状態になる傾向のこと）が高いということが明らかになっています（Palser et al., 2018）。一方，Multidimensional Assessment of Interoceptive Awareness（MAIA）という質問紙は，身体への信頼感や気づきなどを測定する内容となっており，先ほどの質問紙とは逆に，得点が高いほど特性不安が低くなることがわかっています（Palser et al., 2018）。つまり，内受容感覚に対してどのような意識や敏感性を持っているかによって，不安を高めることもあれば，不安を抑えることもあるということなのです。身体の感覚が感情経験と密接に関わっており，それは良い方向にも悪い方向にも働きうるということがよくわかると思います。

身体感覚と意思決定

　身体感覚は，感情経験だけでなく，意思決定にも影響を及ぼしていることが
わかっています。長い間，意思決定の場面では論理的な思考が重要であり，感
情や感覚は邪魔な存在とされてきましたが，脳神経学者・心理学者であるダマ
シオ（Antonio Damasio）は，意思決定には身体感覚が重要なことを明らかにし
ました。ダマシオは，脳腫瘍を除去する手術を受けた患者で，眼窩前頭皮質と
いう部分を除去された患者に着目しました。この患者は，手術は成功し脳腫瘍
を除去することができたのですが，その後，手術前にはできていた行動ができ
なくなり，同じミスを繰り返したり，意思決定ができなくなってしまったので
す（Damasio, 1994）。その後の研究で，眼窩前頭皮質が「過去の経験によって生
まれた情動（身体感覚）・感情を記憶する部分」だとわかりました。人は何か経
験や体験をすると，その時に自動的に快や不快の情動が生まれたり，感情が沸
き起こるなどの感情体験を経験します。その感情経験が記憶されることで，そ
の後の判断の軸になっていくと考えられています。

　その後ダマシオはソマティック・マーカー仮説という理論を打ち出しました。
ソマティック・マーカー仮説とは，「ある経験に対する快不快の感覚を記憶し，
それを感情に表出させることで意思決定を効率化させているという理論」です。

　ヒトが何かを実行しようと思った時，1つの決断であっても，選択肢は膨大
にあります。たとえば，カードゲームのババ抜きで，相手のどのカードを引き
抜くかという決定は，確率的に考えると非常に難解ですよね。カードを選ぶた
めにいちいち頭の中で計算していたらゲームは進みません。その時みなさんは
素早く数秒で，いずれかのカードを決断しているのです。では，そういった場
面で人はいったいどういう判断をしていくのでしょうか。

　意思決定の神経心理学的検査として用いられる，アイオワギャンブリング課
題（Iowa Gambling Task；IGT）という課題を紹介しましょう。IGT は，報酬と
損失の金額とその頻度がそれぞれ違う4つのカードの山をその都度選択しても
らう課題です。4つの山のうち2つの山（AとB）は1枚あたりの報酬・損失
が高額で，選択し続けると損になる確率が設定された「悪い山」です。残りの
2つの山（CとD）は1枚あたりの報酬・損失は低額ですが，長期的には得と

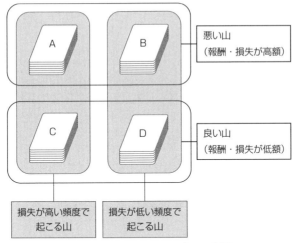

悪い山
（報酬・損失が高額）

良い山
（報酬・損失が低額）

損失が高い頻度で起こる山

損失が低い頻度で起こる山

図10-3　アイオワギャンブリング課題

なる確率が設定された「良い山」です。そして良い山と悪い山の両方で，損失が高い頻度で起こる山（AとC）と低い頻度で起こる山（BとD）が設定されています（図10-3）。このようなカードの山の構成は実験参加者には知らされないで，試行を何度も繰り返して課題の原理を学習してもらいながら，最終的に獲得する利益が最大となるような選択を行うように要求されます。

　この実験では，課題中の皮膚の電気反応も測定されました。IGTを考案したバカラ（Antoine Bechara）らによると，脳に障害などがない健常者の人たちは長期的な利益を出せる選択をすることができ，試行が進むにつれて，次第に良い山からカードを引くようになったのです。しかし，脳の前頭前野腹内側部（ventromedial prefrontal cortex；VMPFC）という部分に障害がある人は，知能には問題がないにもかかわらず，悪い山を選択し続け，課題の成績が良くなりませんでした。皮膚の電気反応では，健常者では悪い山の選択前に良い山の場合よりも高い電気反応が起きたのですが，VMPFC損傷患者ではこうした電気反応が示されませんでした。つまり，人は意思決定をする際に身体感覚が生じており，危険な選択肢の時に強く起こる身体反応をもとに，悪い結果を無意識に避けようとしているということです。

　ダマシオによると，ヒトは自分が体験した過去の同じような状況の時に，どんな快不快の「（身体）感覚」があったのかを呼び起こし，その時の「感情」を表出させることで，優先順位をつけ，選択肢を限定させて，その中から意思決定をすることで効率化を図っていくと考えられています。つまり合理的な判断をするためには，身体感覚は必要不可欠なのです。先ほどの患者の例は，手術によって論理的な思考ができなくなったわけではなく，情動や感情の記憶が失われたことによって，身体感覚をもとにした意思決定の選択肢が絞り込めなくなり，適切な判断ができなくなったというわけです。

4　わたしたちは身体でまず理解し合っている

共感性と身体

　ヒトには他者の感情を共有したり，理解したりする「共感性」という特質が生得的に備わっていると言われています（Davis, 1994）。一方，ハットフィールドら（Hatfield et al., 2009）は，相手の表情・音声・姿勢・動作などを自動的に模倣したり，同期したりする傾向が，結果的に情動の共有につながると考えました。そして，そうした動作の模倣は，内受容感覚の優れた人ほど生じやすいことが示されています（Ainley et al., 2014）。また，梅田（2018）は，共感を大きく3つの要素に分け，それぞれを行動的共感，身体的共感，主観的共感と分類しています。

　1つ目の行動的共感とは，他者の行動を観察するとそれに伴い，自分に類似した行動が起こる共感を指します。たとえば，あくびをしている人を見ると自分もあくびをしてしまうなどの現象です。

　2つ目の身体的共感は，他者の行動にふれることによって，自分自身にも身体反応が意図せずに誘発される場合を意味します。たとえば，他者が涙を流しているのを観察し，自分も涙を流してしまうような状態を指します。

　そして3つ目の主観的共感は，観察者本人に主観的な共感の意識がある場合を意味します。これは，一般的に使われる意味での「共感」に最も近いと言えます。たとえば，泣いている友人を見て自分も悲しい気持ちになったり，なぜ

相手が泣いているのか，状況を客観的に考えて同調する気持ちなどです。

　このように，一言で共感と言っても，そこには多様な意味や階層があります。そして，共感には身体的共感のように，身体的な同期が重要な役割を果たしているのです。

　また，悲しんでいる人を見ると何かしてあげたくなったり，相手のために何かをしてあげようとする行動は，利他的行動と呼ばれます。利他的行動とは，外的報酬を期待せず他者のために自発的に行う行動で，報酬などの利己的利益ではなく，「行為自体が目的である行動」です（Bar-Tal et al., 1982）。そうした，利他的行動を促すメカニズムの1つとして，他者への共感があると考えられています（Batson, 1991）。ハインら（Hein et al., 2010）は共感に基づいた利他的行動の神経基盤を MRI を用いて検討しました。すると，他者が痛みを受けているのを見た時に，左島皮質という脳の部分の活動が高い個人ほど，後にその他者を助けたということが報告されています。この左島皮質という部分は，自分が痛みを受けた場合にも活動を示す部位です。つまり，島皮質は実際の自分の身体の痛みだけでなく，他者の痛そうな場面を目撃した時の心理的な痛みにも反応する部位だということがわかります。他人の痛みをどれだけ自分の痛みとして感じられるかが利他的行動に影響し，その際に重要な役割を果たしている神経基盤が左島皮質であることがわかっています。つまり，人の痛みに敏感になれる人は，他者へ共感する能力も高い可能性があるということです。

　ここまで，身体感覚が感情や意思決定，他者への共感や利他的行動にまで関係している可能性があることをまとめてきました。身体の活動や身体感覚というものが注目されるようになったのは最近のことではありません。古くはギリシャ時代から哲学の世界で長年議論されてきたテーマでしたが，哲学の世界では精神や理性こそが絶対のものとされ，身体は精神や理性に支配されるものであったり，時には理性を邪魔する存在として扱われてきました。しかし近年，MRI や皮膚電位などの科学技術が進歩したことで，脳神経科学の分野が発達し，身体の感覚の重要性が明らかになってきました。身体感覚は従来言われていたような，理性を邪魔したり理性に支配されるものではなく，もしかしたら身体感覚こそが我々の感情経験を形づくり，意思決定を促しているのかもしれ

ないのです。さらには，身体感覚により我々は他者を理解し，その結果として，他者に対して助けになることをしようとしたり，理解しようとする援助行動や利他的な行動が生まれているのかもしれません。わたしたちは自身の身体感覚で社会や他者と合わせ合っているのです。

あなたが踊れば，わたしも踊る

富田健太

1　はじめに

　わたしたちが生活する社会には音楽があふれており，近年では小学校や中学校でダンスが必修化され，一昔前よりもいっそう，音楽・ダンスが身近なものとなってきました。上手い下手の程度はあれど，特別な訓練をせずとも，わたしたちは音楽のリズムに合わせて身体を動かすことができます。ダンスは難しい場合でも，音楽に合わせて手拍子をすることなどはできるでしょう。また，幼稚園や保育所のお遊戯会でも，子どもたちが音楽に合わせてダンスを披露することもあり，最近では YouTube で「お遊戯会　ダンス」などと検索をすれば，園児たちが踊っている動画がたくさん出てきます。そして，近年の研究では，個人差はありますが，生後 3 ～ 4 カ月の赤ちゃんでも，音楽に合わせて身体を動かしていることが明らかになってきました（Fuji et al., 2014）。そして，ダンスだけでなく，カラオケのように音楽に合わせ歌唱をしたり，みんなでタイミングを合わせて合唱をしたりという行動も，誰もが 1 度は経験があると思います。

　このように見ていくと，ダンスや歌唱はわたしたちが持っていて当然の能力のように思えます。しかし，動物全体を見てみると，実はわたしたちヒトのように音楽に合わせてダンスをする種はごくわずかであることがわかります（Schachner et al., 2009）。そこで本章では，「なぜ，わたしたちヒトはダンスをするのか？」そして，「そもそも，なぜわたしたちはダンスができるのか？」について紹介していきたいと思います。

2　ダンス・歌唱をすることが集団の結束を高めてきた？

　では，なぜわたしたちヒトは集団でのダンスや歌唱を行うようになったので
しょうか。比較心理学・進化心理学の観点では，何かしらの能力を獲得してい
る理由には，その能力が生存に適応的であったと考えることがあります。つま
り，集団でのダンスや歌唱は，ヒトが生存していくうえで何かしらの利点が
あったからこそ，進化的に獲得されたと考えられます。その利点に関しては，
諸説ありますが，野生下において，天敵と遭遇した時に，集団でタイミングを
合わせて大きな声を出せば，より威嚇の効果が高まりました。集団でダンスな
どをすることで，その集団内の連帯感を高めることにもつながったかもしれま
せん。また，集団でダンスや歌唱をすることで，戦闘時にいわゆるトランス状
態に入ることを手助けしていたかもしれないという説もあります（Jordania,
2011）。

　以上のことは，あくまで「このような理由で，ダンス・歌唱を進化的に獲得
してきたのではないか」という推察にすぎません。しかし実際に，多くの研究
で，これらの仮説を支持するような実験結果が報告されています。たとえば，
集団で歌唱を行うことは，集団内の他者への信頼感や協調性を高めて，協力行
動を増加させます（たとえば Anshel & Kipper, 1988）。この研究以外にも多くの先
行研究で，誰かと一緒にダンス，つまり身体運動の同期を行うことで，向社会
的行動や向社会的感情が促進されることが多く報告されています（Rennung &
Göritz, 2016）。

3　イヌは踊らないけど，ヒトは踊る？

なぜヒトはダンスをできるのか？

　では，なぜ，そもそもわたしたちヒトは音楽に合わせてダンスをしたりする
ことができるのでしょうか。本章の冒頭で，音楽に合わせたダンスをする種は
ごくわずかであると述べましたが，まずは，そのことを示す研究について詳し

く見ていきましょう。SNS などで，「動物が踊っている可愛い動画」のような映像を目にすることがあるでしょう。このような動画を観ると，「可愛いな～」と思う人もいれば，中には「本当にダンスをしているの？　音楽に合わせているのではなく，音楽とは無関係に単に暴れているだけじゃないの？」と思う人もいることでしょう。そこで，ある先行研究では，YouTube 上にある「動物が音楽に合わせてダンスをしているように見える動画」を数千本集めてきて，解析を行いました（Schachner et al., 2009）。その結果，多くの動物は音楽の拍に合わせて動いてはいないということが判明しました。つまり，SNS などで流れてくる「動物が踊っている」ような動画の多くは，実際には音楽が背景で流れている時に，そのリズムとは無関係に動物が動いているだけだということです。しかし，この研究の興味深い発見はこのことではなく，実は一部の動物は音楽に合わせてダンスをしていたという点です。トリの一部の種やゾウなどは，音楽に合わせてダンスをしていたのです。

発声学習とリズム同調仮説

　ヒトやトリの一部，そしてゾウなどは音楽に合わせたダンスができるということを考えると，これらの種には何か共通する能力があるのではないかと考えられます。その1つに，「発声学習とリズム同調仮説」（Patel, 2006; 2021）というものがあります。発声学習とは，いわゆる声マネのことです。インコやオウムが「おはよう」「おやすみ」というような言葉を発していることを聞いたことがあるかと思います。当然，わたしたちヒトもこの発声学習を持っています。この発声学習とダンスがどのように関連があるのかと疑問に思った方もいるかもしれませんが，実は発声学習と音楽に合わせたダンスは，メカニズムとしては共通する部分も多くあるのです。音楽に合わせてダンスをする場合，まず音楽を聴覚情報として耳で聞き取ります。そして，その音楽に合わせて，自身の身体を動かすことでダンスが成立します。発声学習もこれに似ており，たとえば，「おはよう」という言葉を聴覚情報として聞き取ります。そして，その音を再現するために自身の声帯等を制御して発声を行います。つまり，発声学習も音楽に合わせたダンスのどちらも，聴覚情報に基づき身体を動かすという点

133

で共通しているのです。そして，実際に発声学習を持つ多くの種は音楽に合わせたダンスを行うことをふまえると，発声学習とリズム同調仮説（Patel, 2006; 2021）では，「音楽に合わせたダンスなどは，発声学習の副産物として獲得された」と考えられます。つまり，この仮説に基づけば，ヒトがダンスをすることができる理由に，発声学習が重要な要素であることとなります。

発声学習を持っていてダンスをするヒト以外の動物

　前項では，音楽に合わせたダンスは発声学習を獲得した副産物であるという発声学習とリズム同調仮説を紹介してきました。では，実際に発声学習を持つ種がどのようにダンスをするのでしょうか。

　まず，この研究領域でおそらく最も有名なものとして，オウムの一種であるキバタンというトリのダンスが挙げられます（Patel et al., 2009）。このキバタンというトリにはスノーボールという名前がつけられており，このスノーボールは Backstreet Boys などの曲に合わせてダンスを行います（図11-1）。さらに，特定のテンポの音楽だけでなく，様々なテンポの曲にも柔軟に合わせてダンスができることも興味深い点です。加えて，近年では，このスノーボールはダンスの振りつけについても，様々なバリエーションを持っていることが報告されています（Keehn et al., 2019）。音楽に合わせたダンスとしては，このスノーボールのダンスは，複雑な解析などせずとも，誰が見ても一目瞭然にダンスをしているとわかる最たる例の１つです。

　その他の例としては，インコの一種であるセキセイインコが，メトロノームに合わせてキーをリズミカルにつつくという報告があります（Hasegawa et al., 2011; Seki & Tomyta, 2019）。ダンスではなく，合唱という視点で考えるならば，これもオウムの一種であるオカメインコというトリの研究が挙げられます（Seki, 2021）。この研究では，オカメインコが飼い主の歌うミッキーマウスマーチに合わせて一緒に歌うことが報告されました。実は，この現象自体は，オカメインコ愛好家の間では昔から知られていた現象であり，YouTube にもこのような動画は数多く投稿されています。しかし，Seki（2021）以前には，この現象を科学的に解析した知見は存在しなかったのです。合唱というのは，わた

したちが思う以上に複雑な行動です。ダン
スであれば，単純化すれば，合わせる必要
があるものはリズムとタイミングだけと言
えますが，一方で合唱というのは，タイミ
ングに加えて音程や音の大きさなども合わ
せる必要があり，直感的に考えるよりも高
度な行動なのです。

　以上の内容に関わることで，一点注意す
べきことがあります。SNS を見ていると，
様々な動物がダンスをしているような映像
が流れてきます。しかし，それらの中には
合成や編集などによって作られたものも多

図11-1　音楽に合わせてダンスをする
スノーボール

出所：Patel et al.（2009）.

く存在します。最も簡単に動物が音楽に合わせてダンスをしているように見え
る映像を作るには，動物が動いている映像を先に記録し，そのテンポに合うよ
うな音楽を後から背景に流すことなども考えられます。また，近年では，映像
編集のプロでなくとも，スマートフォンやパソコンで簡単に動画を編集できま
す。そのため，SNS で流れてきた映像をもとに，「この動物もダンスができ
る」と考えることは適切とは言えません。

発声学習とリズム同調仮説への反証研究

　前節では，発声学習とリズム同調仮説について説明をしてきました。しかし，
これはあくまで，ヒトがどのようにダンスを進化的に行えるようになったのか
に関する仮説の１つにすぎません。当然，この仮説とは異なる意見や，この仮
説を支持しない結果の先行研究も存在します。まず，発声学習を持たないチン
パンジーが音楽に合わせて身体を動かすという先行研究がいくつかあります。

　Hattori et al.（2015）では，チンパンジーにピアノの鍵盤をリズミカルに押
させる訓練をさせました。そして，チンパンジーがリズミカルに鍵盤を押して
いる最中に，背景にメトロノームを再生しました。その結果，チンパンジーは
かなり限定的な条件のみではあるものの，そのメトロノームに合わせて自発的

図11-2　キーボードをタップする
チンパンジー

に鍵盤を押しました（図11-2）。また，Hattori & Tomonaga（2020）では，チンパンジーは音楽を聞くと，自発的な身体の揺れが生じることを報告しています。これらの研究はどちらも，発声学習を持たないチンパンジーも音楽に合わせたダンスができる可能性を示唆しており，発声学習とリズム同調仮説の整合性に問いを投げかけるものです。しかし，これらの先行研究の著者らも，論文内で「これらの行動はヒトのダンスの特徴とは異なる点もある」と述べており，この報告をもって発声学習とリズム同調仮説を否定はできません。

　また，Katsu et al.（2021）では，Hattori et al.（2015）と類似の手法で，ラットがメトロノームに合わせて運動ができるのかを検証しました。その結果，ラットはメトロノームに合わせて運動はしました。しかし，これもヒトと同等程度や，次節で解説するヒトのダンスと同じような特徴を示すものではありませんでした。

　ここまでの話の流れとして，読者の方々に，筆者は発声学習とリズム同調仮説を支持する立場であるように受け取られたかもしれません。しかし，わたしは必ずしも発声学習とリズム同調仮説を支持しているわけではありません。先行研究の知見から考えるに，発声学習がダンスに重要な要素であることは間違いはないと思われます。しかし，発声学習という単一の能力があればダンスができるようになるわけではないはずです。ダンスが集団の結束に寄与してきたのならば，社会性からダンスが進化してきた可能性も十分ありえます（たとえばHattori et al., 2013; 2015）。そのように考えると，発声学習と集団人数の多い社会での生活など，様々な要因が作用することで，ヒトのような高度なリズム同調能力が獲得されてきたのかもしれません。また，筆者は近年では，たとえば自身の心臓の拍動などの身体内のリズムを知覚・抑制することが，音楽に合わせたダンスには重要な要素なのではないかという仮説のもと，研究を行って

います（Tomyta et al., 2023）。つまり，この研究領域はまだ明らかになっていないことが多く，必ずしも発声学習がダンスに最も重要な要素ではないかもしれないことは留意しておく必要があります。

4　ヒトのダンスの特徴とは？

　ダンスなどの研究を行う場合に頻繁に用いられる課題の１つに，「メトロノームへの同期タッピング課題」というものがあります（Repp, 2006; Tomyta et al., 2023）。この課題は非常にシンプルであり，提示されるメトロノームに合わせて手指や棒でタッピングを行うものです。そして，メトロノームのタイミングと被験者のタッピングのタイミングがどの程度ズレていたのかを分析します（図11-3）。その他の実験課題としては，実際に被験者にダンスをしてもらい，その動きをモーションキャプチャーなどで記録・解析する方法などもあります（たとえば Chan et al., 2011）。この方法ですと，より実際のダンス場面に即したデータが記録できるというメリットがある一方で，記録する時間の精度が粗くなってしまうというデメリットも存在します。それに対して，同期タッピング課題は，メトロノームとタッピングのタイミングのズレを計算するだけなので，ミリ秒単位の精度でタイミングのズレを分析することができます。

　同期タッピング課題を用いた実験により，ヒトが音楽に合わせて身体を動かす時の多くの特徴やメカニズムなどが報告されてきました。その中でも，最も重要な特徴の１つに，被験者はメトロノームよりも数十ミリから数百ミリ秒ほど早くタッピングをしてしまう，negative mean asynchrony（負の平均同期誤差）という現象が挙げられます（Aschersleben, 2002）。

　同期タッピング課題において，被験者は実験者から「メトロノームに合わせてタッピングをしてください」と教示を受けます。そのため，被験者はメトロノームが鳴るタイミングを目がけてタッピングをしようとします。当然，ヒトは機械ではないので，メトロノームにまったくズレずにタッピングすることはできません。数十ミリから数百ミリ秒ほどズレてタッピングをしてしまいます。確率的に考えると，メトロノームを狙ってタッピングするのであれば，被験者

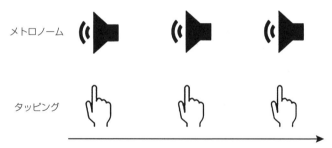

図11-3　メトロノームへの同期タッピング課題の概念図

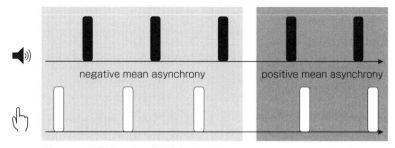

図11-4　同期タッピング課題時における negative mean asynchrony と
positive mean asynchrony

のタッピングのタイミングは，メトロノームの前後に等しくばらつくはずです。
しかし，実際にはそうはならず，被験者は少しだけメトロノームより早くタッ
ピングをしてしまう，つまり negative mean asynchrony が生じるのです。
negative mean asynchrony が生じる理由やメカニズムには，様々な仮説があ
るのですが（たとえば Tomyta et al., under revision），少なくとも negative mean
asynchrony が生じるということは，メトロノームのリズムを理解し予測して
運動しているということです。逆に，リズムを予測をしていない場合は，メト
ロノームが鳴った後にタッピングをするという行動になるはずです（positive
mean asynchrony〔正の平均同期誤差〕）（図11-4）。

ヒトのダンスの特徴である negative mean asynchrony

　第3節において，ラットやチンパンジーなどが音楽に合わせて運動する時の

特徴とヒトのそれは異なるとお話ししましたが，その重要な1つが negative mean asynchrony なのです。ヒトに同期タッピング課題を行わせると，ほぼすべての被験者がメトロノームよりも早くタッピングをします。つまり negative mean asynchrony が生じます。そして，発声学習を持つセキセイインコもメトロノームより早く運動を行います (Hasegawa et al., 2011)。つまり，セキセイインコもメトロノームの周期的なリズムを理解し予測して，運動を行っていると考えられます。一方で，ラットやチンパンジーはメトロノームに合わせて運動したとしても，メトロノームが鳴った後に運動を行う傾向があります (Hattori et al., 2013; Katsu et al., 2021)。つまり，発声学習を持たないこれらの動物は，リズムへの同調運動時に negative mean asynchrony ではなく positive mean asynchrony を示すのです。

　negative mean asynchrony と positive mean asynchrony では，どちらもメトロノーム周辺に運動しているのは事実であり，どちらもメトロノームに合わせて運動しているようには見えます。しかし，この両者には決定的な違いがあります。本章では，「ヒト以外の多くの動物は音楽に合わせてダンスを行わない」と述べていますが，重要な点として，多くの動物は音や光などの刺激が提示された時にボタンを押すなどの行動は訓練によって行えるようになります。つまり，原理としては，多くの動物はリズミカルに提示される刺激に対して運動することは可能であると言えます。しかし，メトロノームが周期的に鳴っていることを理解し，その周期性を予測し運動する（negative mean asynchrony）ことと，メトロノームが鳴ってから反応的に運動する（positive mean asynchrony）ことには大きな違いがあります。

リズム知覚とリズム運動は異なる

　前項では，メトロノームより早く運動するか遅く運動するかが，リズムへの同調運動研究に重要な一要素であることをお話ししました。もう1つ，この研究領域を理解するうえで重要な点は，リズムを知覚することとリズムに合わせて運動することは異なるというものです。直感的には，リズムを知覚できるのであれば，リズムに合わせて運動ができそうですが，実際にはそうではありま

せん。たとえば、ラットに音楽を聴かせると、ラットの聴覚野はその音楽のリズムに同期します（Ito et al., 2022）。一方で、その音楽に対して運動する傾向はヒトのそれとは異なり、negative mean asynchrony ではなく positive mean asynchrony 寄りの傾向を示します。

　また、リズム知覚に似た現象として、時間知覚が挙げられます。その最たる例としては、発声学習を持たないハトを対象とした、古くからある固定間隔（Fixed Interval：FI）スケジュールを用いたオペラント訓練が挙げられます。FIスケジュールなどの訓練は少し複雑なので、本章では簡易的に説明をしますが、関（2019）には、この問題と合わせて詳しく記載されています。

　この訓練では、たとえば、ハトは一度ボタンを押すとエサをもらえ、その後30秒以降にボタンを押すと再度エサをもらえます。エサをもらってから30秒経たない間は、いくらボタンを押してもエサをもらえることはありません。このような訓練をしてくと、ハトは30秒経過しそうな付近でボタンを何回も押すようになります。30秒付近で何度もボタンを押す行為は、一見すると、前述したセキセイインコがメトロノームに合わせてキーをつつく行為によく似ています。しかし、30秒経過しそうであることを認識し、30秒付近で何度もボタンを押す行為は、明確にダンスなどのリズム運動とは異なります。音楽に合わせたダンスなどのようなリズム運動を行う場合は、確かにリズムを知覚する必要があります。言い換えるならば、時間知覚が必要です。しかし、ダンスには時間知覚・リズム知覚を前提として、さらに知覚したリズムに合わせて身体を動かす必要があります。これはよくよく考えると自明のことなのですが、この研究領域を初めて知る人がよく混同するポイントです。

　ダンス以外の別の例を挙げるならば、イヌなどは飼い主の「おすわり」「お手」などの言葉を理解して行動することはできます。つまり、ヒトの言語は理解できなくとも、「お手」という音の響きは知覚していると言えます。しかし、発声学習を持たないイヌに、何度「お手」と言っても、そのイヌが「お手」と発声することはありません。つまり、「お手」という音を知覚できても、それを発声することができないというのは、先ほどの、リズム知覚ができても、そのリズムに合わせて運動することはできない場合もあるということに近しい現

象です。

　本章では，わたしたちが日常的に行う音楽に合わせたダンスや歌唱が，動物全体で見てみると稀有な行動であることを紹介してきました。このリズムに合わせて身体を動かすという行動は，ヒトのコミュニケーションを考えるうえでの基盤的な行動の1つであると言えます。特に，本書の第13〜15章で紹介する内容のベースとなっている行動なので，それらの章と合わせて読むことでよりいっそう，この領域に関する理解が深まるでしょう。

あなたの規則に，わたしも従う

吉川正人

1 はじめに

　東京都世田谷区，下北沢。演劇や音楽のメッカとして知られ，カレー屋や古着屋の激戦区にもなりつつあるこの街に，2019年秋，「下北線路街空き地」と呼ばれる屋外のイベントスペースが誕生しました（https://senrogai.com/akichi/）。その中央付近には人工芝エリアが広がっていて，筆者がはじめてこのエリアを訪れた際には，オープン間もない休日だったこともあり，家族連れを中心にたくさんの人が集っていました。その時目にとまったのは，人工芝の周辺に並べられたおびただしい数の靴。どこにも「土足厳禁」の文字はないにもかかわらず，人工芝で思い思いの時間を過ごす人々は，老若男女問わず，ほとんどみな靴を脱いでいたのです。もちろん靴を脱いだ方が気持ちいいと思ってそうした人もいたかもしれませんが，圧倒的多数の人は，「周りがみなそうしていたから」脱いだのではないかと推測します。さらに興味深いことに，近くにいた小学校低学年くらいの女児が，友人かきょうだいか，人工芝に土足で入ろうとした子どもに「ここは靴を脱ぐんだよ」と教え諭している姿を目撃しました。「脱いだ方がいいんじゃない」や「脱ぐことになっているのかも」といった推測を含む表現ではなく，「そういう規則があることを知っている」かのような断定的な言い方で実在しない規則を説く。実はこのような行いを，我々は多くの場面で実行しています。

　本章では，特にそれが顕著に現れると考えられる「言語」の話を中心に，この「規則」を見つけ出し，それに従い，さらには規則に従っているつもりなの

に実際は新しい規則を作り出してしまう，という，いわば「規則にとらわれた」ヒトの「性(さが)」について詳しく見ていきたいと思います。

2　あなたを見て，規則を見つける

突然ですが，ある言語で書かれた文章を下に示します。スペース（ ）は「語」の区切り，スラッシュ（/）は「文」の区切りだと思ってください。見たことも聞いたこともない言語だと思いますが，それでも，見ていると色々と気がつくことがあると思います。

biff cav / biff lum / hep cav / hep lum / hep klor cav / biff pell cav / hep pell cav / biff klor lum / hep klor lum / biff pell lum / hep pell lum / hep cav tiz / biff lum tiz / hep lum tiz / biff cav jux / hep cav jux

たとえば①biff と hep は文の最初（文頭）にしか出てこない，②tiz と jux は文の最後（文末）にしか出てこない，③klorとpell は文の真ん中にしか出てこない，といった特徴が見えてきます。もう少しじっくり観察してみると，以下のような「順序関係」があることがわかります。丸括弧は「あってもなくてもよい」ということを表します。

biff, hep （→ klor, pell） → cav, lum （→ tiz, jux）

さて，種明かしをすると，実際にはこんな「言語」は存在していません。正確に言うと，このような言語を話したり書いたりしている人たちは今のところこの世界には存在しません。しかし，筆者が今適当に作ったものかというと，そういうわけでもありません。これは，サフランら（Saffran et al., 2008）が「人工言語習得（artificial language learning）」という分野の研究で実験的に作り出した「人工言語」です。なぜそんなものを作るのかというと，人工言語習得の分野では，実験的にヒトが持っている言語を学習する能力を検証することを目的

としています。英語や日本語といった実在する言語を使ってしまうと，実験環境以外で実験参加者がどれくらいその言語を耳にしたり目にしたりしているかわからないので，誰も絶対に見たことも聞いたこともない言語を作って，「純粋に」その場で初めて見聞きしたものを，ヒトはどれくらい学習できるか，どうやって学習しているか，といったことを検証するのです。サフランはこの分野の第一人者で，数多くの実験的研究成果を残しています。

　サフランらの行った実験の詳細は後ほど説明するとして，ここではまず，ヒトの赤ちゃんが初めて言語を獲得するプロセス，つまり，「母語獲得（native language acquisition）」あるいは「第一言語獲得（first language acquisition）」について，ごくごく簡単に紹介したいと思います。多くの読者の方が日本語を母語としていると思いますので，母語として日本語を想定して話をしますが，日本語以外の言語を母語としている方は，ご自身の母語に置き換えて考えてみてください。

　みなさんは，どうやって母語を獲得したか覚えていますか。もしかすると部分的には覚えている人もいるかもしれませんが，気づいたらいつの間にか言葉が話せるようになっていて，どうやって身につけたかは覚えていない，という人が大半ではないでしょうか。もちろん意識的に覚えようとしたり，誰かに言われて「そんな言い方があるのか」と思った単語や表現もあることと思いますが，「ごはん」や「こんにちは」などの日常的な言葉，そして「が」や「を」などの助詞といった文法的な要素については，学習した記憶がないのではないかと思われます。それから，「わたしはごはんを食べます」というのは日本語として自然だけれども，「はわたしをごはんます食べ」というのは日本語としておかしい，と誰もが感じることと思いますが，そのような語，つまり意味を持つ小さな要素の「並び順」に関するルール（文法）も，知らず知らずのうちに身につけています。もっと細かいところでは，英語では区別するＬの音とＲの音を日本語では区別しませんが，そういう日本語特有の「音の切り分け方」も，いつのまにか学習しています。

　このように，母語の獲得というのは無意識で，「自然に」行われるものと言えます。ではどのようにして「自然に」獲得しているのかというと，基本的に

は両親など，主として周囲の大人が使っている言葉を耳にすることで，そこに規則やパターンを見つけ出し，地道に母語を身につけていきます。もっとも，具体的な獲得プロセスについては今でも言語学や関連領域で議論のあるところで，はっきりとした答えが出ているとは言い難いところはありますが，間違いなく言えるのは，母語は学校の授業のように大人が「教える」のではなく，赤ちゃんや幼児が自ら言葉を聞き取って自発的に学んでいく，ということです。もちろん周囲の大人もただ子どもが母語を習得するのを手をこまねいて見ているわけではなく，意識的であれ無意識的であれ，赤ちゃんにとって聞き取りやすく，また赤ちゃんの興味を引きやすいような，抑揚が大きくピッチの高い話し方（対幼児発話；child-directed speech〔CDS〕などと呼ばれます）で語りかけることで母語の獲得を促進していたり，また幼児とのやりとりの中で様々な「ヒント」を与えていたりしますが，その効果は限定的と言わざるをえないところがあります。

　たとえば，本章第3節でお話しする内容とも関わりますが，子どもは能動的に規則を見つけるがあまり，大人が従っている規則とは異なる「自分ルール」を生み出すことがあり，しかもそれを大人が「訂正」しようとしてもまったく聞く耳を持たない，ということがよくあります。またそもそもそのような子どもの「言い間違い」に対して大人は「訂正」しようとしないことも多いとされています。筆者の娘も，3歳頃によく「行かずに」「食べずに」の代わりに「行かなずに」「食べなずに」など，「一なずに」という語尾をつける活用をしていましたが，たまに筆者が「『行かずに』でしょ」と言っても次の瞬間にはまた「行かなずに」と言っていましたし，毎回「訂正」していたわけでもありませんでした（しかしこれもまた興味深いことに，そんな娘もいつのまにか「行かずに」と言うようになっていました）。

　外国語の習得に何年も費やしてもなかなか身につかない我々大人からしてみると，この幼児の自発的で能動的な言語獲得能力には目を見張るものがあります。それを先ほどのサフランらの実験を例に具体的に見てみましょう。先に述べたように，サフランらはこの世には実在しない人工言語を作り出し，それを幼児が学習できるかどうかを実験しました（Saffran et al., 2008）。実験の対象と

図 12-1　ワタボウシタマリン

なったのは満 1 歳のヒトの子ども（12 カ月児）と，ワタボウシタマリンというオマキザル科のサル（大人）（図12-1）です。手順としては，まず "biff cav jux" などの人工言語の「文」を 3 分間にわたって聞かせ，人工言語の「文法」を学習させます。その後，その文法に則った文を 4 文，そうでない文を 4 文聞かせ，その反応の違いを見ることで，学習できているかどうかを判定します。この時，最初に聞いた文と同じ文（"biff cav jux" など）を聞かせるパターン（「簡単」条件）と，ルールは同じだが聞いたことのない文（"biff klor cav" など）を聞かせるパターン（「難しい」条件）とを用意し，その差異も検証しました。結果，ヒトの子どももワタボウシタマリンも「簡単」条件については文法に則った文とそうでない文を区別することができた，つまりこの人工言語の文法を学習することができたのですが，「難しい」条件についてはヒトの子どもは学習できた一方で，ワタボウシタマリンは学習できませんでした。ワタボウシタマリンはそのかわいい見た目に反してかなり学習能力が高いことで知られていますが，それでも，わずか 1 歳のヒトの子どもが持つ規則の学習能力には敵わなかったようです。このように，子どもの言語獲得プロセスとその際に発揮している能力を見てみることで，ヒトが「規則を見つける」ことをいかに得意としているかがわかります。

3　わたしたちは規則に従う

今あなたの目の前に，溝のある発泡スチロールの板と積み木，そして掃除機の吸い込み口が置いてあります。どうやら何かの道具一式らしいのですが，いったいどう使ったらいいかまったく見当がつきません。するとそこに誰かがやってきて，手慣れた様子でその「道具一式」を操作しました。発泡スチロールの板に積み木を乗せて，それを吸い込み口で押しながら動かし，溝に入れる，

という動作でした。そしてその人物はあなたに向かって「どうぞ」と言って去って行きました。さて，あなたはその「道具一式」をどのように使いますか。

　奇妙きわまりない状況ですが，実はこれはシュミットら（Schmidt et al., 2011）が行った実験の内容です。おそらくこのような状況におかれた場合，「どうぞ」と言って去っていた人物と同じ使い方をするのではないでしょうか。しかし一方で，その人物がその「道具一式」をたまたま見つけた風で，「これは何だろう」などと言いながらおぼつかない手つきで操作していたらどうでしょうか。その場合，おそらくあなたが同じ操作をする確率はぐっと下がるのではないでしょうか。シュミットらはこれを3歳児を対象に実験し，実際に「さも知った風に」操作する場合と，「その場で考えた風に」操作する場合では，有意に前者の方が動作を模倣する確率が高いことを示しました。ここから，3歳児であれば，明示的に使い方を教えたりせずとも，「よく知り顔」で使っているのを見せつけるだけでその行動パターンを学習し自ら再生産するということが示されました。

　これは他者の行動を観察することで動作や道具の使い方などを学習する模倣学習，より一般的に言えば「社会学習（social learning）」と呼ばれるメカニズムで，ヒトはこの社会学習を得意とすることで知られています。先に見た母語獲得のプロセスも，多くの部分が社会学習によって成り立っていると言ってよいかと思われます。ただ，社会学習を得意とするのは何もヒトだけではありません。

　近しいところでは，チンパンジーも非常に社会学習に長けている生物として知られていて，道具の使い方を群れで共有し「伝承」しているという報告もあります（Biro et al., 2003）。またそこまで高度でないにせよ，多くの霊長類や鳥類など，何らかの形で社会学習によって行動や技能を身につけている生物は枚挙にいとまがありません。

　しかし，実は先のシュミットらの実験には続きがあります。シュミットらは，3歳児が「謎の道具一式」の使い方を模倣するかどうかだけでなく，その使い方が「正しいもの」だと思っているかどうかもあわせて検証していました。具体的には，模倣の検証の後，マックス（Max）と名づけられたパペットを使っ

て同じ道具一式の操作をして見せるのですが，その際には最初に実験者が行っ
たものとは異なる操作法をとります。その時，もし最初に実験者が「よく知り
顔」で操作していた場合は，被験者の子どもは非常に高い確率で「そうじゃな
いよ」「あれを使うんだよ」のような「抗議（protest）」を行う，ということが
示されました。つまり，3歳の子どもは単に「よく知り顔」の実験者から操作
法を学び取っただけではなく，その使い方が「正しい」もの，「規範的」なも
のであることまで（勝手に）読み取っていたのです。

　別の実験も紹介します。ハウンら（Haun et al., 2014）は，ヒトの2歳児とチ
ンパンジー，オランウータンを対象に，他個体の行動観察が行動パターンに与
える影響を検証しました。まず穴の空いた3つの箱を用意し，その中にボール
を入れさせるのですが，3つのうち1つだけ，ボールを入れるとご褒美がもら
える箱を用意し，何度か入れるうちにどの箱に入れればご褒美がもらえるのか
学習できるようになっています。仮にそれを「真ん中の箱」としましょう。続
いて，実験対象者本人以外の別個体（ヒトならヒト，チンパンジーならチンパン
ジー，オランウータンならオランウータン）が同じ3つの箱にボールを入れる様子
を観察させます。ただし今回は，本人が学習した「真ん中の箱」ではない箱に
ボールを入れた際にご褒美がもらえる設定で，学習結果と観察結果に齟齬が生
じるようになっています。さて，その観察を終えた後，もう一度3つの箱を目
の前にしたヒト・チンパンジー・オランウータンは，はたしてボールを真ん中
の箱に入れるでしょうか。それとも他個体の行動を参考にして「別の箱」に入
れるでしょうか。

　興味深いことに，ヒトの2歳児は過半数が「別の箱」にボールを入れた一方
で，チンパンジーもオランウータンもほとんどの個体が最初に学習した「真ん
中の箱」にボールを入れ続けました。社会学習が得意なチンパンジーも，自身
の独自学習結果の方が優先されたようです。一方ヒトは，2歳であっても，
「他者」の行動の方が優先され，その行動に自らを従わせる傾向が顕著なよう
です。

　さらに興味深いことに，同じ実験を，実験者のいない部屋で行った，つまり
「誰も見ていない」状況で行ったところ，実験者の目がある条件で行うよりも

「他個体の行動に合わせる」確率が下がったのです。この結果は，単に他者の行動を自身の利益のために情報源として利用する（たとえば「さっきは真ん中の箱に入れるとご褒美がもらえたけど，今は別の箱なのかな」と考えるなど）のではなく，「別の箱に入れるべきだ」というある種の「社会規範」として他者の行動を取り込んでいる，ということを示唆しています。言い換えれば，「そうした方がお得だから模倣する」のではなく，「周りのみながそうしていて，そしてそれが『正しい』ことのようだからそうする」のです。これがヒトの持つ「規則に従う」性質であり，近縁の類人猿と比べても顕著なものと言えるでしょう。

4 あなたとわたしで規則をつくる

　ここまで，ヒトは規則を見つけ出し，そしてその規則に自ら従うという性質を持つことを見てきました。最後に，ある意味でヒトの最も特異的な性質と言える，規則に関わるもう1つの性質についてお話ししたいと思います。ここでまた，「謎の言語」を1つ紹介します。

　表12-1の左側を見てください。各行がこの言語の「単語」を表しており，「名前」がその単語の呼び方，「動き」「色」「形」の組み合わせが「意味」だと思ってください。たとえば「弾む黒い丸」を表す単語は kalu，「回る青い三角」を表すのは namola です。この言語に規則性を見つけてみてください。たとえば -lu で終わっている単語が2つあり（kalu, pilu），2つとも「黒い丸」なので，「-lu で終わる単語は黒い丸を表す」という規則が導き出せるかもしれません。-ki で終わる単語も2つあり（luki, neki），ともに「回る」という意味がありますが，他に共通点はなさそうなので規則を見出すのは難しそうです。またそれ以外には規則らしいものは見当たらないように思います。一方，同じ表の右側を見てみると，形と意味の綺麗な対応関係が見て取れます。上の4つはすべて ne- で始まっており，「黒い」という意味が共通しています。また「弾む」ものはすべて -plo で終わっています。他も含めて整理すると，以下のようになります。

表12−1　謎の言語の形式・意味対応表

	動き	色	形	名前
1	弾む	黒い	丸	kalu
2	弾む	黒い	三角	nane
3	回る	黒い	丸	pilu
4	回る	黒い	三角	luki
5	弾む	青い	丸	mola
6	弾む	青い	三角	kalakihu
7	回る	青い	丸	neki
8	回る	青い	三角	namola

	動き	色	形	名前
1	弾む	黒い	丸	nehoplo
2	弾む	黒い	三角	nekiplo
3	回る	黒い	丸	nehopilu
4	回る	黒い	三角	nekipilu
5	弾む	青い	丸	lahoplo
6	弾む	青い	三角	lakiplo
7	回る	青い	丸	lahopilu
8	回る	青い	三角	lakipilu

弾む: -plo ／ 回る: -pilu ／ 黒い: ne- ／ 青い: la- ／ 丸: -ho- ／ 三角: -ki-

　お察しの通り，これもまた実在しない人工言語で，カービーら（Kirby et al., 2008）が行った実験で用いられたものです。では表の左側・右側の違いは何でしょうか。どちらも同じ実験で用いられたものなのですが，左側の「名前」は実験のためにランダムに生成された文字列なのに対して，右側はなんと実験に参加した人々が自発的に「作り出した」ものなのです。「自発的」と書いたのは，「よし，わかりやすいように『黒い』を ne- にして『丸』を -ho- にして『弾む』を -plo にしよう」などと意識的に作り出したのではないからです。どういうことでしょうか。

　この実験は，「繰り返し学習（iterated learning）」と呼ばれる枠組みで実施されたもので，簡単に言えば，伝言ゲームのような形式で実験参加者が次々に別の参加者に言語を伝えていく中で，最初に提供された言語がどう変化していくかを検証するというアプローチです。表の左側にあるのが最初の参加者に伝えられた言語で，それを8人がつないで，9人目の参加者が最後の10人目に伝えたのが右側の言語です。模式図を図12−2に示しました。見ての通り，形と意味の間にほとんど規則性がなかったものが，次の参加者に伝達していくうちにどんどんと規則性を帯びていくことがわかります。

　実験の詳細をもう少し説明すると，実験参加者一人ひとりは，kalu などい

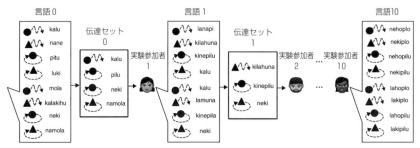

図12-2　繰り返し学習の模式図
出所：Kirby et al.（2014）をもとに筆者作成。

くつかの「単語」をその単語が表す意味とともに提示され，その「言語」を覚えるよう指示されます。この言語は，「動き3×色3×形3」の計27通りの「意味」が表現可能ですが，実際に「名前（＝形式）」とともに見せられるのはその約半分で，学習後，残り半分も含めて27通りの「意味」すべてに対して，その意味を表す名前を書くよう求められます。つまり，見ていない半分は見ている半分から規則性を見つけ出し，その規則性に照らして推測するしかないのです。こうして書き出された単語たちが，今度は次の参加者に提示されるのですが，その際も実際に提示されるのは半分程度で，次の参加者も，残り半分は推測しながら27個の単語を書き出します。これを10人続け，最終的にどのような「言語」が出来上がるかを見てみるのです。

　つまり，参加者一人ひとりは，単に示された言語を学習しようとしているだけであり，自ら規則を作り出す気はさらさらないのです。しかし単に学習するだけでなく，それを「書き出す」，つまりその言語を「使う」必要性があり，またその「使った」単語が次の参加者の「インプット」になることで言語が変容し，規則が作り出されていきます。これは親から子へと言語が自然と伝えられていく「継承（inheritance）」あるいは「伝播（transmission）」をミニチュア的に再現したものとされています。繰り返し学習のモデルでは，言語は世代間で継承されることを繰り返す中で，徐々に今のような規則的な文法を備えるに至った，と考えます（Kirby & Hurford, 2002）。

　これはあくまでも実験の中でのお話ですが，これに近い現象が現実世界でも

起きています。その最たる例と言えるのが，中米のニカラグアで1970〜80年代に生まれたニカラグア手話という言語の発生過程です。念のため先に述べておきますが，手話というのはれっきとした言語の一形態であり，単なるジェスチャーとは違って，日本語や英語などの音声言語と同様に多数の単語や複雑な文法を持つものです。またよく誤解されますが，日本では日本手話が使われ，アメリカではアメリカ手話が使われているように，世界共通ではなく，地域ごとに異なる手話が存在します。さてニカラグア手話ですが，背景としては，ニカラグアにはかつて聴覚に障害を持つ人々の通うろう学校が存在しませんでしたが，70年代末から80年代にかけて首都マナグアにろう学校が作られ，多くのろう児がそこに集りました。それまでろう児たちは家庭内で「ホームサイン」と呼ばれる独自のジェスチャー様式を用いて家族とコミュニケーションをとっていましたが，ろう学校に集ったろう児たちは自らのホームサインをいわば「収 斂」させていったのです。

　こうして家庭ごとにバラバラだった無数のホームサインが標準化され，かつある程度複雑な構造と豊富な「語彙」を持つに至りました。そうして生まれた「手話」がさらにそのろう学校に後から入ってきた後輩たちに受け継がれることで，繰り返し学習実験と同様にどんどんと規則化が進み，より「洗練された」言語となっていきました（たとえば Senghas, 1995）。

　ここで起きたことを筆者の解釈も多分に含めて整理すると，ろう学校に集った「ホームサイナー」たちは，お互いのホームサインを「学び合った」のだと考えられます。本章で見てきたように，ヒトは他者のふるまいに規則を見つけ，そしてそれが「正しいもの」だと勝手に考え，自らそれに従おうとする性質があります。仮にそこに確固たる「正解」のようなものがあれば，みながその「正解」を学ぶことで，あまり変化のない「文化」が維持されることになるでしょう。しかしニカラグア手話誕生時は，どこにも「正解」は存在しないにもかかわらず，互いが互いを「正解」だと「思い込む」ことになった。その結果，それぞれのホームサインは激しく変化し，そして学び合いによって徐々に1つにまとまっていった。言い換えれば，「互いが互いに合わせる」ことで，結果的に誰もが最初に持っていたものとは異なる，まったく新しい規則が出来上

がっていったということです。

5　規則のヒト「ホモ・レギュラリス」

　以上，本章では，人の持つ「規則を見つけ」「規則に従い」「規則を作り出す」という性質を見てきました。このように，ヒトというのは「規則」というものに敏感で，そして強く執着する生き物だと言えそうです。この性質が言語のような複雑な体系を作り出し，そして維持してきたのだと思いますし，貨幣経済や法治，政治システムなどの基本的な社会制度もおそらく同様で，ヒトの繁栄はこの性質様々だと言っていいかもしれません。筆者は，このようなヒトの性質に着目して，「知恵のヒト」を意味する「ホモ・サピエンス」をもじって，「規則のヒト」を意味する「ホモ・レギュラリス（Homo regularis）」という概念を提唱しています（Yoshikawa, 2022）。

　「他人に合わせる」というのは，時には自分の意思を曲げる必要があり，必要とわかっていても容易にはできないことがあると思います。ですが，「他人に合わせて」いるのではなく，「わたしとあなたで1つの同じ規則に従っているのだ」と思えば，少し気が楽になるかもしれません。

　誰のものでもない，「みんなの規則」に合わせる，という発想です。実際ホモ・レギュラリスとしての人類はそうして繁栄してきたのだと，筆者は強く信じています。

第IV部　合わさって影響を受けるあなたとわたし

あなたといると，引っ張られてしまうわたし

坂田千文

1 はじめに

　本書の他章で紹介されているように，協力して共通の目標を達成する状況において，ヒトがどのようにお互いに力を合わせるのか（もしくは合わせないのか）については様々な研究が行われています。これらの多くは，共通の目標のために意図的にお互いの考えや行為を合わせるふるまいに注目して研究されてきました。

　一方，共通の目標がなくても，他者と一緒に作業をしている際に，思わずお互いに影響を受けてしまうことが多々あります。知らず知らずのうちに2人で似たようなことを行っていた，などということがありますが，わたしたちは自分たちが思うよりも他者と合ったふるまいをしていて，まるで協力しているかのような状態になっているのかもしれません。また，見方を変えれば，思わず他者と合ってしまうことは，時として，それまで自分が独自に行っていた作業を妨害してしまうこともあります。したがって，他者を気にする必要がないはずなのに受けてしまう影響について詳しく調べていくことは，「なぜなのかわからないけどあの人とは波長が合わない」といったような，理由が言語化しづらい他者との行き違いを減らす助けにもなるかもしれません。

　2人が影響を与え合いながら行う行為は，共同行為（joint action）と呼ばれます（Sebanz et al., 2006）。特に前述のように，他者から思わず受ける影響を研究することは，ヒト間のコミュニケーションを深く考えることにつながるということもあり，世界中の研究者たちが精力的に研究をしています。本章では，

そのような，他者を気にする必要がないはずなのに，つい他者から影響を受けてしまうヒトの特性について，魅力的ないくつかの研究を例に概説します。

　　具体的には，共同行為研究の中で着目されている２つのトピック，「共同知覚」と「共同記憶効果」について説明したいと思います。「共同知覚」を一言で説明しますと，他者とともに何かを経験することで，１人の時とは変わる知覚のことです。ここでは代表的な「共同知覚」の例として，何かを観察する時に，そこにいる他者の視点の影響を思わず受けるという興味深い知見について紹介します。もう１つの「共同記憶効果」とは，２人で異なる課題を行っている際に，他者の課題にとって重要である一方，自分の課題にとってはまったく重要ではない情報を非意図的に記憶してしまう現象を指します。上記の２つの事例は，どちらも他者を気にする必要がないはずなのに思わず受ける影響について調べているものです。

2　共同知覚

　　図13-1のように，他者と机をはさんで座り，机の上に数字が見える状態の時，図中の数字はこちらから見ると「9」ですが，他者から見ると「6」に見えます。このように，物を見る向きは，自分と他者の間で異なることがあります。数字が他者から見ると「6」であるといった，ある物体に関する他者の知覚を考慮することで，１人の時とは違った知覚が生じます。このような状況を例として，中央ヨーロッパ大学のノブリック教授は，他者といる時に変化する知覚を共同知覚（joint perception）と呼びました（Knoblich et al., 2011）。共同知覚の明確な定義については，後にロンドン大学のリチャードソン教授が，「他者とともに何かを経験することで変化する知覚」と定義しています（Richardson et al., 2012）。

　　バーミンガム大学のサーティース博士らは，図13-1のような状況を実験室で構築し，共同知覚が生起することを実証的に示しました（Surtees et al., 2016）。図13-2のように，机の上にパソコン画面を水平に設置し，その両端に２人の参加者が座りました。パソコンから音が２回鳴った後に，画面に数字の5，6，

８，９からいずれか１つが１秒間提示されます。その後，数字が消え，また新たに２回音が鳴ってから数字が提示される，という流れが繰り返されます。サーティース博士は２人の参加者が「ともに」数字を見ている感覚を高めるために，１回目の音が鳴った時にお互いに見つめ合い，２回目の音が鳴った時に２人とも画面を見るように求めました。２人の手元には２つのボタンがあり，提示された数字が自分の向きから見て，７よりも大きいのか小さいのかを判断し，なるべく速くボタンを押して反応しなければなりません。数字の

図13-1　共同知覚が生起する状況の例

６または９は，２人にとって異なる数字に見えています。それに対して，数字の５または８は，双方にとって同じ数字に見えています。数字の６と９が提示される時を不整合試行，数字の５と８が提示される時を整合試行と呼び，それらの試行の反応における成績が調べられました。さらに，その実験に参加していない参加者を新たに集めて，参加者が１人で同じ実験を行うこともしました。

　各数字が提示されてからボタンを押すまでの時間である反応時間と，反応の正答率を調べた結果，２人で実験を行った参加者は，整合試行よりも不整合試行の反応時間が長く，正答率も低いことがわかりました。一方で，１人で実験を行った参加者は，整合試行と不整合試行の間に反応時間と正答率の差は観察されませんでした。

　このことから，参加者が数字の大小を判断してボタンを押す際に，他者から見た数字の向きを考慮していたことが考えられます。あくまでも参加者は，自分自身から見た向きで数字を判断することを求められていました。さらにできるだけ速くボタンを押すように求められており，反応時間は概ね１秒以下でした。ごくわずかな時間の中でできるだけ速く反応する実験で，他者を無視して自分の向きだけを考えればよい実験であったにもかかわらず，思わず他者のことが考慮されたと考えられます。この実験から，わたしたちヒトにとって他者

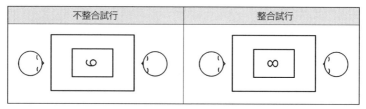

図13−2　Surtees et al.（2016）の実験デザイン

を無視することは難しいとわかります。

　さらにサーティース博士は，共同知覚が生起する条件について調べました（Surtees et al., 2016）。具体的には，ただ他者が数字を見ていることで共同知覚は生起するのか，あるいは他者が自分と同様に数字の大小を判断しようとして数字を見ることが必要なのかを調べました。つまり，他者が自分と同じ目標を持っている必要があるのかを検討しました。そこでサーティース博士は，提示する数字のフォントを2種類作成し，デジタル時計のドットの数字のようなフォントと，通常の線画のフォントのいずれかが提示されるようにしました。そして先の実験に参加していない2人組を集めて，新たに実験を行いました。2人のうち一方には，先と同様に数字の大小を判断してボタンを押すように求め，もう一方にはフォントの種類を判断してボタンを押すように求めました。その結果，数字の大小を判断していた参加者の反応時間を調べると，先の実験と同様に，不整合試行の方が整合試行よりも長くなることがわかりました。この結果から，他者が自分と同じ目標を持っていなくても共同知覚は生じることがわかりました。

　後に，様々な研究者が共同知覚はどのような条件下で生じるのかを検討しています。前述のサーティース博士の実験では，参加者はお互いに見つめ合ってから数字を見ていましたが，見つめ合わなくても共同知覚は生じることが示されています（Elekes et al., 2016）。一方で，そのように見つめ合わない状況で，かつ他者が自分と異なる目標を持つ場合，共同知覚は観察されませんでした（Elekes et al., 2016）。

　この研究結果と，他の様々な研究者によって行われた研究結果から，上記のような共同知覚では，他者が物体を現在どのように見ているのかといった詳細

が考慮されるというよりもむしろ，
自分が物体を知覚する際の手がか
りに他者が用いられるのではない
か，と主張されるようになりまし
た（Cole & Millett, 2019; Cole et al.,
2020）。これは，目の前に提示さ
れた数字を即座に判断しようとす
る際に，判断する向きについて，
自分の座り位置からの視点だけで

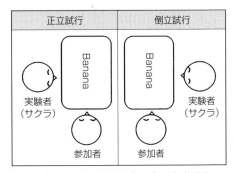

図13‐3 Freundlieb et al.（2018）の実験デザイン

なく，他者の座り位置からの視点もいったん参照しようとするということを意
味しています。確かに，6や9といった向きが曖昧な数字は，判断の向きを迷
いやすく，迷いやすい時には他者を判断の手がかりとしやすいのかもしれませ
ん。それでは文字のような，読む向きが決まったものについてはどうでしょう
か。

　中央ヨーロッパ大学のフロイントリーブ博士が，文字を使って次のようにし
て共同知覚の生起を検討しました（Freundlieb et al., 2018）。実験には2人が1組
で参加しましたが，一方は本当の参加者であり，もう一方はサクラである実験
者でした。図13‐3のように，2人の前にはパソコン画面が水平に設置され，
動物の名前または果物・野菜が1つずつ提示されました。参加者の一方にはそ
の2つカテゴリのいずれかが割り当てられ，割り当てられたカテゴリの名前が
提示された時に，できるだけ速くボタンを押すように求められました。もう一
方（実験者）は，ただ提示される文字を読むようにと教示されました。実験は
ブロックに分かれており，あるブロックでは図13‐3の正立試行のような位置
に座り，他者（実験者）にとって文字が読みやすい状況でした。別のブロック
では図13‐3の倒立試行のような位置に座り，他者（実験者）にとって文字が
読みにくい状況でした。両試行とも，参加者自身にとっては文字の向きは変わ
らないため，読みやすさも変わらないはずでした。しかし，実験の結果，倒立
試行の方が正立試行よりも反応時間が長いことがわかりました。

　この結果から，他者にとって文字が読みやすい時の方が，読みにくい時より

も，自分にとっても文字が読みやすいことが考えられます。他者と一緒に文字を読むと自分の知覚が変化するという，共同知覚が生起したことが示唆されます。

　さらに別の実験において，他者（実験者）からは文字が読めないように他者が目隠しをした場合には，正立試行と倒立試行の間に参加者の反応時間の差が見られないこともわかりました（Freundlieb et al., 2018）。したがって，やはり他者と「ともに読んでいる」ことが，共同知覚を生じさせることがわかります。

　他者に対する援助や協力の目標がある時に，他者がものを見る向きが考慮されるのは想像がつきやすいと思います。たとえば，他者に道を尋ねられた際，自分の持っている地図を他者にとってわかりやすいように向きを調整しながら広げて経路を説明する人は多いと思います。しかしながら，フロイントリーブ博士の研究からは，そのような目標を意識していなくても，思わず考慮されることがわかります。そしてさらに，文字の読みやすさまで変わることが示唆されます。

3　共同記憶効果

　次に，共同知覚の他に思わず受けてしまう他者からの影響として，偶発記憶を紹介します。偶発記憶とは，意図的に憶えようとして憶えた記憶ではなく，憶えようと思わないうちに憶えていた記憶を指します。たとえば，スーパーで買い物中にどのような商品が並んでいるかを憶えようとしていなくても，買い物の後で，棚にどのような商品があったかをある程度思い出すことができると思います。特に，自分が手に取った商品は思い出しやすいでしょう。偶発記憶は自分が行為したものに関して生じやすいことがわかっています（Makovski et al., 2013）。

　この偶発記憶を，上記の実験のように2人が同時に物を見る場面で検討した，中央ヨーロッパ大学のエスケナジ博士が行った実験を紹介します（Eskenazi et al., 2013）。実験では図13 - 4のように，2人の参加者がパソコン画面の前に座りました。画面には，動物カテゴリ，果物・野菜カテゴリ，家具カテゴリの中

から，文字が１つずつ1.5秒間提示されまし
た。実験の冒頭で，２人の参加者にはそれぞ
れ１つのカテゴリが割り当てられました。参
加者は自分に割り当てられたカテゴリの文字
が提示された時に，ボタンを押すように求め
られました。たとえば一方は動物の名前が提
示された際にボタンを押し，もう一方は果
物・野菜の名前が提示された際にボタンを押

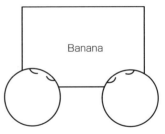

図13−4　Eskenazi et al.（2013）の
実験デザイン

しました。残った家具の名前については，２人ともボタンを押しませんでした。
２人は一緒に実験者から実験の説明を受けるため，お互いが何のカテゴリに対
してボタンを押すのかを知っていました。そうして文字の判断課題を行った後
で，今度は参加者に記憶課題を行いました。記憶課題では，判断課題で提示さ
れた文字のうち，思い出せるものをできるだけ多く紙に書いてもらいました。
この記憶課題が行われることは，参加者が判断課題を行う前には予告されてい
なかったため，記憶課題の成績は非意図的な記憶，すなわち偶発記憶を反映す
ることになります。

　実験の結果，参加者は自分が割り当てられていたカテゴリについて提示され
た文字をよく憶えており，それは誰にも割り当てられなかったカテゴリよりも
記憶成績が高いことがわかりました。さらに興味深いことに，他者が割り当て
られていたカテゴリについても，誰にも割り当てられなかったカテゴリより成
績が高かったことがわかりました。このことから，エスケナジ博士は，判断課
題において，他者が行うべきことに関して参加者が何かしらを意識しており，
それが記憶に影響を与えたと考えました。

　この実験結果から，２人で同じものを見ながら交互に行為をすると，お互い
の行為が気になり，まるで自分も他者の行為をしているかのように感じながら
文字を読んでいたことで，他者の行為をしたものが記憶されていった，という
解釈は可能です。しかし，他者の行為についてそこまで意識していたとは言い
切れません。なぜなら，判断課題において他者がボタンを押した時に，多少の
指の運動や音が生まれ，記憶の際にそのようなノイズが提示された文字情報と

結びつけられることで，文字が記憶されやすくなった可能性，またノイズが思い出す際の手がかりになった可能性が考えられるからです。

　そこで，中央ヨーロッパ大学と同じハンガリーにあるエトヴェシュ・ロラーンド大学で，エレケシュ博士が運動を求めない課題を用いて再度実験を行いました（Elekes et al., 2016）。2人の参加者に，自分に割り当てられたカテゴリの文字が提示された際，ボタンを押すのではなくそれを数え上げ，カテゴリの文字が全部で何回提示されたかを頭の中で数えることを求めました。その後，先の実験と同様に，予告なしの記憶課題を行いました。また別の参加者に対して，先の実験と同様にボタンを使う課題も実施しました。その結果，文字を数え上げる場合でも，ボタンを押す場合でも，お互いの課題に関連する文字の偶発記憶が観察されました。この結果から，お互いの課題に関連する文字の偶発記憶は運動をしない課題でも生じることが示され，単なるボタン押しのノイズによるものではないこともわかりました。よって，2人が同じものを同時に見ながら課題を行うと，他者の課題について考慮されやすく，他者の課題に関連するものが記憶されやすいことが示唆されました。このように，お互いの課題に関連するものが記憶されることを，エレケシュ博士は共同記憶効果（joint memory effect）と名づけました（Elekes et al., 2016）。

　さらにエレケシュ博士は，2人の参加者が別室でそれぞれ文字を読む実験も行いました（Elekes et al., 2016）。別室にある2台の画面をケーブルでつなげて，2人が異なる画面から同時に同じ文字を見て課題を行う状況にしました。その結果，文字を数え上げた参加者については共同記憶効果が観察されたのに対して，ボタンを押した参加者については観察されませんでした。エレケシュ博士は，自分の課題負荷や課題の種類によって，他者の課題を考慮する傾向に違いがあるのではないかと考察しています。ボタンを押す課題の時には，他者の動きや音が感知されず，他者の課題が想起されにくいのかもしれません。その後も共同記憶効果は様々な状況で検討されており（たとえば Elekes & Sebanz, 2020; Sakata et al., 2021; Wagner et al., 2017），どのような要因によって他者の行為が自分の記憶に影響を与えるのかについて引き続き調べられています。

　カメラなどの機械はあらゆる情報を長期間保存することができますが，ヒト

は目に映るすべての情報を憶えて思い出すことはできません。ヒトには記憶の制限があります。そのため，記憶において，目に映る情報の中から，何らかの選択がなされると考えられます。筆者は，どのような選択がなされているのかを調べることで，機械とは違う「ヒトらしさ」とは何かを考えるヒントが得られるのではないかと思っています。

4　気にする必要がないのに引っ張られてしまう

　これまでに述べた研究知見から，他者を気にする必要がないのに，思わず物を見る向きや記憶が影響されてしまう，いわば引っ張られてしまうことがわかります。本章で紹介した共同知覚の実験では，数字や文字を自分から見た向きだけで判断すればよいにもかかわらず，他者から見た向きが考慮されることがわかりました。同様に共同記憶効果の実験でも，自分の課題のみを遂行すればよいにもかかわらず，他者の課題が考慮され，他者との偶発記憶が合っていくことがわかりました。先行研究では，我々は状況に応じて他者に関する様々な側面から潜在的な影響を受けると考えられています（Milward & Carpenter, 2018）。
　興味深いこととして，このような潜在的な他者からの影響は，多くの場合，課題を円滑に遂行するうえでは必要ないことが多いです。たとえば共同知覚の実験では，なるべく早く反応する必要があるため，他者のことはできるだけ無視することが望まれるはずです。数字や文字を見る向きを他者に合わせようと意図的に思うことはなさそうに思えます。また共同記憶効果は，文字の判断課題とは関係なく，偶発的に憶えられた記憶において他者と合うことを示しています。
　では，このような他者から思わず影響を受けるメカニズムが我々に備わっていることで，何が起こるでしょうか。もし，我々が他者から受ける影響を完全に意図的にコントロールすることができるとしたら，どうなるか想像してみましょう。そのような状況においては，協力あるいは競争の時など，他者を気にすることが自分にとって都合の良い時にのみ，他者から情報を受け取るようになります。しかし意図とは関係なく，どんな時でも様々な他者の情報を受け取

ると，そこからもし何かしらのきっかけで協力や競争の必要が生じた時に，コミュニケーションがしやすいかもしれません。今は不要に思える目の前の他者の情報も，未来で働く可能性があります。すなわち本章で述べたような，他者から非意図的に受ける影響が存在するということは，わたしたちは自分たちが意識するよりも常に，コミュニケーションの下地を準備していることを意味するのかもしれません。

あなたと目が合うと，
ちゃんとしてしまうわたし

小林佳世子

1　はじめに

　みなさんは，ヒトの目が気になる，と感じたことはないでしょうか。きっと，多くの人が経験ありますよね。本章では，そんな「見られている」という感覚に関係する研究を紹介しながら，ヒトが持つ認知の傾向について考えたいと思います。

2　見られていると，気になって……

　では早速，どんな研究が行われているのか見てみましょう。

　これは，あるスーパーマーケット・チェーンの6店舗にある370台のレジにおける2年間のすべての取引データを用い，一緒に働く人が生産性に与える影響を調べたものです（Mas & Moretti, 2009）。ここでは，「レジ打ちの早い優秀な人」がすぐ隣で働いている時とそうでない時で，レジ係のレジ打ちのスピードがどう変わるのかを調べました（図14-1）。すると結果は明白で，隣に仕事の早いレジ係がつくと，レジ打ちのスピードは上がっていました。では，なぜこうなったのでしょうか。仕事の早い同僚に見られているから「ちゃんとやらないと……」となったのでしょうか。それとも，同僚の手際の良い仕事ぶりを見て触発されたのでしょうか。

　そのヒントは，データの中にありました。「仕事の早い優秀な同僚」が，自

図14-1　隣の人の影響で仕事の早さが
　　　　変わる？

分の前後どちら側にいるのかで，結果は変わっていたのです。仕事の早い優秀な同僚が，自分を（後ろから）見る側の隣にいる時にのみ，仕事が早くなっていたのです。仕事の早い優秀な同僚を，自分が（後ろから）見ている形になっている時には，仕事は早くなってはいませんでした。

　ここから，仕事の早い優秀な同僚の様子を見て「触発されて」仕事が早くなったわけではなく，仕事の早い優秀な同僚に「見られているかも！」と感じた時に，普段よりも仕事が早くなっていたのであろうことがわかります。つまり「監視」という社会的プレッシャーによる影響だろうと，その研究者たちは結論づけています。

見られていないのなら……

　次に，こんな実験も見てみましょう。トレーディング・カードの展示即売会で行われた実験です（Levitt & List, 2008; Levitt & Dubner, 2009）。

　ここでは，買い手が金額を提示し，1枚のカードをこの値段で売ってくださいという取引を持ちかけます（図14-2）。この時に，売り手は，提示された金額に見合う「良い」カードを出してきたのか，金額には見合わない「悪い」カードを出してきたのか，提供されたカードの質を評価します。すると結果は明白で，「これは実験です」とあらかじめはっきりと告げた場合には，売り手が渡してきたカードの質は，提示された金額に概ね見合うものでした。しかし実験であることを告げず，あたかも「普通の」買い物として取引した場合には，売り手が渡してきたカードの質は，提示された金額に関わりなく，ほぼ常に質の悪いものでした。しかもこの傾向は，即売会の行われた会場の地元ではない，外から来た売り手の場合により顕著でした。

　つまり，実験であること，言い換えればその行動が「見られている」ことを

告げたり，地元の売り手であったりした場合には，売り手は比較的きちんとした対応をしていました。しかし逆に，実験であることが告げられていない時や，今回限りの取引となる可能性が高くなる「外から来た売り手」の場合には，買い手をだますような行動が見られた，という結果が報告されたのです。

図14-2　売り手は金額に見合うカードを提供するか？

3　ニセモノの目でも……？

ラボ（実験室）実験

　ここまでで，ヒトは「誰かに見られている」と思うと，思わずちゃんとしてしまう，そんなヒトの心をほんの少しだけ垣間見てきました。とはいえ，誰かに見られているならちゃんとするなど，当たり前のように思えます。そこで次に，こうしたヒトの心は，もしかしたら，思っているよりは「強い」ものなのかもしれない，という可能性を少し考えてみたいと思います。

　たとえば，こんな実験を想像してみてください。あなたは，突然実験者と言われる人から1000円をもらい，隣の部屋にいる見知らぬ人と分けてくださいと言われます。その時，いったいあなたはいくらの金額をその見知らぬ人に渡すでしょうか。もちろん，全額すべてを自分のものにしてしまうことも可能です。実は，この実験は「独裁者ゲーム」と呼ばれるもので，世界中で繰り返し行われているものです。

　もし，自分ができるだけ得をしようとするならば，答えは簡単です。そんな見知らぬ人にお金を渡すことなどせず，その1000円すべてを自分のものにしてしまえばよいのです。しかし実際にこの実験を行ってみると，平均的には，ヒトは概ね2～3割程度をその見知らぬ人に渡そうとすることが知られています（Camerer, 2003; Engel, 2011; 小林, 2021）。

　直観的には当たり前にも感じられるこの結果ですが，被験者の目の前にコン

図14-3　見知らぬ人とどう分ける？

ピュータの画面を置き，そこに人の顔のような模様がある状態で同じ質問をされると，相手に渡す金額が，3割以上も増えていたと報告されました（Haley & Fessler, 2005）（図14-3）。

人の顔に見える模様，つまり「ニセモノの目」があるだけでヒトの行動が変わってしまうなど，とても信じがたい報告でしたが，その後も，ニセモノの目があると，気前が良くなる（Baillon et al., 2013; Fenzl & Brudermann, 2021; Fathi et al., 2014; Keller & Pfattheicher, 2011; Mifune et al., 2010; Nettle et al., 2013; Oda et al., 2011; Rigdon et al., 2009），協力的に行動する（Burnham & Hare, 2007），嘘をつかなくなる（Oda et al., 2015），規範を破るものに厳しくなる（Bourrat et al., 2011; Li, et al., 2021）などの結果が報告されました。また，逆三角形に並んだ3つの点（∵）も，「目」として効果があったという結果もあります（Rigdon et al., 2009; Xin et al., 2016）。顔に見える3つの点に反応したというのは，赤ちゃん（たとえば Farroni et al., 2005）やさらには胎児（Reid et al., 2017）でも報告があります。

フィールド（現場での）実験

コンピュータの画面や壁のポスターなどに，目の写真や顔に見える模様があるというだけで，ヒトの行動が変わってしまうかもしれないというこれらの結果は，大きな注目を集めました。

しかし，ここで1つ問題が出てきます。「誰かに見られているかも！」という感覚がこうした結果をもたらしているのだとしたら，そもそも実験というやり方自体が問題かもしれません。つまり，「これから実験をします！」と宣言をして人を集めて行う実験では，あなたの行動が，「実験者」と呼ばれる人に観察されていることは明白です。それ自体が，そもそも実験でのふるまいに影

響を与えているかもしれないのです。

　そこで，こんな実験が行われました。ある大学のコーヒールームでは，コーヒーや紅茶を自分で淹れ，料金箱に所定のお金を自分で入れることになっていました。つまり，飲み物を手に入れた人は，料金を支払わなかったり，少ない金額のお金を入れたりしても，誰にもわからない状態になっていました。

図14-4　ポスターの模様によって
支払い率が変わる？

　そこでその料金表の隣にポスターを張り，そのポスターの写真が変わるごとに料金の支払い率の変化を調べたのです（Bateson et al., 2006）（図14-4）。ポスターには，風景（花）の写真と人間の目の写真が交互に使われました。ポスターが変わっただけで，料金の支払い率が変わるなどありえないとも思えますが，実験をしてみると，人間の目の写真が貼られた時には，風景の写真の時と比べて，料金の支払い率が約3倍にまで増えたと報告されました。

　この結果は大きな注目を集め，その後も，ニセモノの目があると，カフェテリアのテーブルにゴミを残さない（Ernest-Jones et al., 2011），ゴミを散らかさない（Bateson et al., 2015），ゴミをきちんと分別する（Francey & Bergmüller, 2012）といったゴミ捨てに関する行動や，寄付が増える（Powell et al., 2012; Kelsey et al., 2018; Oda & Ichihashi, 2016; Krupka & Croson, 2016），選挙に行くようになる（Panagopoulos, 2014），手の清潔をより保つようになる（Beyfus et al., 2016; Pfattheicher et al., 2018），自転車の盗難が減る（Nettle et al., 2012）など，多数の結果が報告されました。近年のメタ研究からも，「目」の効果があったことが報告されています。ただし，この効果は決して大きくはなかったことには，注意が必要です（Wang et al., 2023）。またたとえば，自転車の盗難の実験（Nettle et al., 2012）は，ある大学のキャンパスで行われましたが，ポスターを張った場所での自転車の盗難は確かに減ったとはいえ，キャンパス全体の自転車の盗難は減ってはいなかったそうです。つまり，自転車を盗った人は，おそらく「場所

図14-5　赤ちゃんも視線を
感じ取っている？

を変えただけ」だったと思われます。

「目」や「顔」への敏感さ

　人は，こちらを真っすぐに見ている視線にはすぐ
に気がつくという結果は以前から知られ（von
Grünau & Anston, 1995），「見つめる視線（stare in the
crowd）効果」などとも言われますが，同様の効果
は，子どもでも報告されています（Senju et al., 2005）。
自分に向いた視線から注意をそらすことは難しいこ
と（Senju & Hasegawa 2005）や，相手がこちらに注
目している時に，こちらも相手に着目するという報
告もあります（Colombatto & Scholl, 2022）。

　「目」には，「見られている」という感覚を作り出すこと（Pfattheicher &
Keller, 2015）や，「こちらを見ている目」は，強い不安や懸念，落ち着かなさと
いったネガティブな感情を引き起こすこと（Panagopoulos & van der Linden, 2017）
も報告されています。「自分に向けられた視線の処理は，意識的な処理や注意
を必要としない」（千住，2022）とされますが，確かに，見知らぬ人がじっと自
分を見ているとしたら，「……な，何？」という，落ち着かない気持ちを抱く
ことは，素朴な実感としてもすぐにわかるのではないかと思います。

　「目」や「顔」というものに特別な敏感さを持つのは，大人だけではありま
せん。たとえば生まれて数日の赤ちゃんであっても，自分に向けられた視線を
よそを向いた視線より好んで見ること（Farroni et al., 2002）や，生後4カ月の赤
ちゃんは，自分に向けられた視線を見た時によそを向いた視線よりも強い脳活
動が見られること（Grossmann et al., 2008）なども報告されています（図14-5）。
生後すぐの赤ちゃんが，顔のような図形を他の物よりもよく見ることなど，ご
く幼い赤ちゃんが，誰かに教わったとも考えにくい「目」や「顔」というもの
に対する特別な感受性を持っているという報告は，これまでにも繰り返しなさ
れています（板倉，2012；遠藤，2012；千住，2012 など）。

　なお，「自分に向けられた視線は様々な社会的認知に影響を与える」として，

「相手に見られていることによって認知や行動が変化すること」を，「アイコンタクト効果」と発達社会神経科学者の千住淳氏は名づけています（Senju & Johnson, 2009；千住，2013）。

動物だって……

　「目」に対する特別な反応は，動物でも報告されています。カラスなどの鳥を追い払うために，目の模様のついた案山子のようなものを置くことはよく知られていますが，目の模様を避ける行動は，カラスなどの鳥類のみならず，チンパンジーやヒヒなどの霊長類にも見られると言われています（小林，2019）。羽に「目」のような模様があると，天敵に襲われにくく，その結果として生き残りやすかったというチョウの事例も報告されています（Kodandaramaiah et al., 2009）。

　最近の研究でとても面白いと思ったのが，家畜のウシのお尻に目を描く実験です（Radford et al., 2020）。アフリカのボツワナ北部では，家畜のウシが，ライオンやヒョウなどに襲われる被害が報告されていました。そこで14の農場の協力をあおぎ，4年間もの時間をかけて，合計で2000頭以上のウシを使って，そのお尻に「目」に見える模様があるかどうかで，襲われる回数に違いが生まれるかどうかを調べたのです。なお「見慣れぬ変な模様」を警戒してライオンなどがウシを襲うことをためらう可能性も考えて，ウシのお尻には，「目」に見える模様を描くケース（683頭）と，バツ印を描くケース（543頭），そして何も描かないケース（835頭）の3種類が用意されました（図14-6）。

　すると，お尻にバツ印を書いた牛は4頭が襲われ，何もない牛は15頭が襲われました。しかし，目を描いてあった牛は，1頭も襲われませんでした。お尻に目があることは，ライオンやヒョウなど，待ち伏せをして背後から襲うタイプの肉食獣には有効なのではないかと指摘されています（小林，2022）。

　こうした研究を見ていると，「目」や「顔」に対する特別な感受性は，潜在的な捕食者に対応するための仕組みとして，進化の中で組み込まれたものがはじまりなのではないかと筆者自身は考えています。

(a)「目」に見える模様を
　描くケース

(b) バツ印を描くケース

(c) 何も描かないケース

  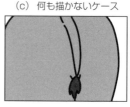

図14-6　Radford et al.（2020）の実験のイメージ

4　でもやっぱり，ニセモノの目には効果がない？

ニセモノの目は効果がない

　さてここまでで，ヒト（や一部の動物）は他者の「目」に敏感であり，ニセモノの目にすら反応してしまう可能性があることを議論してきました。ただし，これらのニセモノの目に関する研究は，「再現されなかった」，つまりニセモノの目のポスターなどを貼ってもヒトの行動等に影響はなかったという報告も多数あり（たとえば Fehr & Schneider, 2010；Matsugasaki et al., 2015；Saunders et al., 2016；Northover et al., 2017a；2017b；Rotella et al., 2021；Otsubo et al. 2023），十分な注意が必要です。

　しかし，多数の「ニセモノの目の効果の再現に失敗した」という報告は，本当にすべて再現に失敗したものかというと，必ずしもそうでもないようにも思っています（Kobayashi, n.d.）。いったい，どういうことでしょうか。

　たとえば，実験現場に多数の人がいた時には，ニセモノの目の効果が薄いという報告がされています（Ernest-Jones et al., 2011；Powell et al., 2012；Ekström, 2012；Oda & Ichihashi, 2016；Oda, 2019）。これらは，大学のカフェテリアでのごみ捨ての様子や，スーパーマーケット，あるいは居酒屋での寄付の金額などを調べた研究です（図14-7）。ニセモノの目の効果が，人に見られているという感覚から生じているのならば，リアルな人間の目がすでに多数あるところに，ポスターなどのニセモノの目を追加したところで，「目」の効果が表れにくいということは，むしろとても素直な結果と思われます。

　また，ニセモノの目であっても，「閉じた目や，よそを向いている目」では効果が薄く，効果が高いのは「まっすぐにこちらを見ている目」の時であったという報告があります（Manesi et al., 2016）。「目」の効果が表れるためには，「見られている」という明確な感覚が必要であるとすれば，目ならば何でも良いわけではなく，「き

図14-7　本物の目があるところでは……

ちんと開いていてこちらをまっすぐに見ている目」でなければならないということもまた，とても納得のできる結果です。

　誰かの存在を音で感じることができたり（Haley & Fessler, 2005），他者の存在を思い出させたりする実験でも（Baillon et al., 2013），「目」のような効果は生じませんでした。ヒトの体のパーツ，つまり「誰か人がいる」ことを示唆するはずのヒトの体の部分を使った実験でも，目以外では効果はあまり見られなかったという報告もあります（Kelsey et al., 2018）。そこに誰かがいる，というだけでは効果は薄く，その誰かが，「自分を見ている」という明確な感覚が，「目」の効果を生み出すためには必要なのかもしれません。音のしない暗闇では効果がなかったという報告もありますが（Tane & Takezawa, 2011），暗闇では「見られている」という感覚を持ちにくいであろうことを思えば，これも自然な結果なのかもしれません。

　また，比較の対象となる刺激のつくり方も影響する可能性があります。たとえば，「目」に含まれる感情が，ポジティブではなくてネガティブなものの時により強い効果があったという報告もあります（Li et al., 2021）。考えてみれば，「温かく見守るポジティブな目」と「厳しく監視するネガティブな目」では，受ける印象はずいぶん違いそうです。

　第3節で紹介したコーヒールームでのニセモノの目の効果の再現に，失敗したと主張する論文を見てみましょう（Carbon & Hesslinger, 2011）。ここでは，オ

図14-8　Carbon & Hesslinger（2011）
の実験のイメージ

リジナルの実験と同じように，「目」と「風景（花）」の写真が使われました（図14-8）。しかし，「両方の写真の構造や複雑さをできるだけそろえるため」として，「風景（花）」の写真は，大きく開いた花を，2つ並べた写真を使っています。そして，「2つの大きく開いた花」と，「2つの開いた目」が並んだ写真が貼られた時に，実験室での調査票の回答に差がなかったことから，ニセモノの目の効果の再現に失敗したと結論づけています。

　しかし，顔のように並んだ3つの点の実験を思い出してください。「目」のように見えるものには，ヒトは「目」として反応してしまう可能性があります。「大きく開いた花が2つ並んだ写真」は，むしろニセモノの目と似た効果をもたらした可能性はないでしょうか。「目」の写真ならば，その目が開いていようが閉じていようが横を向いていようが何でもよかったわけではないように，「風景（花）」の写真ならば，どんなものでもよいというわけではないはずです。

　さらに，実験で相手にする人たちがどのような人たちか，ということが影響する可能性も指摘されています（Mifune et al., 2010）。この実験では，与えられたお金を相手にどれだけ分けようとするのかを調べています。しかし，この分ける相手が，「自分の仲間（内集団成員）」なのか「仲間でない（外集団成員）」のかによって，ニセモノの目の効果が異なることが示されています。つまり，ニセモノの目の効果は，自分の仲間の時により強く出て，「仲間でない者」に対する時にはその効果は薄い，という結果がここでは報告されています。

　ヒトはなぜ他者の目を気にするのかと考えると，それはおそらく「自らの評判」を気にかけてしまうからだと考えられています。変なことをしてしまえば，「あいつ，あんな奴だったのか！」と思われて，仲間からの評判を落とすかもしれません。あるいは，人の前で何か良いことをしておけば，「あいつ，こんないい奴だったのか！」と，評判が上がるかもしれません。

　しかしもしそうだとすれば，「仲間でない人」，つまり，今後二度と関係しな
いであろうまったくの赤の他人であれば，そこまで自分の評判を気にする意味
はないかもしれません。旅の恥はかき捨て，などとも言いますが，仲間内では
色々と細かく気を遣っていても，見知らぬ人の前ではそんなことまでしていら
れない，そんな心の動きに心当たりはないでしょうか。つまり，ニセモノの目
の効果が発揮されるかどうかは，「今自分が関わっている相手が，自分とどん
な関係にある人間なのか」と参加者が感じているのかという点も，実験の結果
に影響する可能性があるということです。

　さらに，「刺激にさらされている時間」の問題もあります。一般に，ヒトは，
どんな刺激であっても「慣れる」という性質を持ちます（「馴化」などと言いま
す）。ニセモノの目のポスターを見ている時間が長くなると，「目」の効果は薄
くなるという報告がされています（Sparks & Barclay, 2013）。つまり，ニセモノ
の目のポスターを見た直後には思わずちゃんとふるまってしまうといった効果
があったとしても，そのポスターの写真をずっと見ていた後では，その効果は
ほとんどなくなってしまう可能性があるということです。しかも効果がなくな
るまでの時間はごく短いもので，数分以上ニセモノの目を見てから意思決定を
するタイプの実験では，効果がとても薄くなる可能性が指摘されました。また
そもそも，実験の参加者が目の刺激にどの程度着目していたのかという点も，
影響をもたらす可能性があります（Vaish et al., 2017）。

人間そんなに単純じゃない

　こうした一連の研究をふりかえると，いわゆる「認知バイアス」あるいは
「アノマリー」などと呼ばれるヒトが持つ認知の傾向は，「ある」とか「ない」
とか，簡単な二元論で議論できるものではない，という可能性が見えてきます。

　ニセモノの目による効果も，「ある」のか「ない」のか，と言った議論が今
までは中心だったように思います。しかし本当は，ニセモノの目も含めたヒト
の認知の傾向は，ある状況ではより強くなり，また別の状況ではより弱くなる
というように，連続的に変化するものではないでしょうか。それも，ニセモノ
の目の効果に影響を与えるものには，実験現場の人数や視線の向き，その場の

明るさや実験相手の属性，さらには刺激にさらされる時間の長さであったりと，複数の要素がありました。同じように，ヒトの認知バイアスを強くしたり弱くしたりする要素には，おそらく，一般に複数のものがあると考えられます。

　これらのことから考えると「ニセモノの目の効果の再現に失敗」という研究は，必ずしもすべてが文字通り再現に失敗したというわけではなく，むしろ「ニセモノの目の効果の境界条件を明らかにした」と言える研究が，一定程度含まれているのではないかと考えています。

　行動経済学の用語であった「ナッジ（nudge）」という言葉は，実世界にもずいぶん浸透したように思います。この言葉は，もともとは，「肘でそっとつつく」という意味の英語でした。2017年にノーベル経済学賞を受賞したリチャード・セイラーは，ナッジを「選択を禁じることも，経済的なインセンティブ（動機付け）を大きく変えることもなく，人々の行動を予測可能な形で変える選択アーキテクチャーのあらゆる要素を意味する」（セイラー・サンスティーン，2009：17）と定義しました。簡単に言えば，「これはやっちゃダメ」とは言わず，また「損だからやめておこう」とか「得だからやってみよう」といった，損得ともほとんど関係なしに，「ある行動を，ついとってしまう仕掛けをうまく作ってやることで，人々が，自分自身にとってより良い選択を自発的にとれるように手助けする手法」と言えばよいかもしれません。

　しかしナッジが広がるにつれて，「思ったほど効果がない」という声もあちこちから聞くようになりました。それは，効果が「ある」か「ない」かという二元論の考え方に立ち，こうした「境界条件」への目配りがなかった，という側面もあったのではないでしょうか。

　もちろん，再現に失敗した研究のすべてが，現時点で，境界条件として説明し尽くせているわけではありません。再現性の問題は，学問の根幹にも関わる，重要な問題を提起していることも間違いないと思っています（三浦，2015；平石，2023）。しかしだからこそ，その意味でも，ニセモノの目の効果が（少なくともある条件下では本当に）あるのかどうかも含めて，いつどのような時に効果が表れ，いつどのような時に効果が表れないのか，まだまだ詳細な検討が必要です。

　ただし大切なことは，「いつ」効果があって「いつ」効果がないのか，その

境界条件を明確にすることだけではありません。そもそも「なぜ」ヒトはそのような認知の傾向を持つのかを明らかにしていくことも，同時にとても重要だと考えています（「究極要因の問い」と言います）。それを理解することこそが，「境界条件」を知るのみならず，その根底にあるメカニズムへの理解を深めるために必須だと考えているからです。

　なお念のためですが，ニセモノの目の研究結果が知られるようになった頃は，「目のポスターさえ張っておけば，お手軽にズルを防止できます！」とでも言いたげな主張をよく見聞きしたように思います。筆者自身は，膨大な研究結果を見ていると，ニセモノの目の効果自体は，「ある」か「ない」かと言われれば，「ある」可能性は高いと現時点では思ってはいますが，その境界条件はそれなりに厳しいうえに，その効果自体もさほど強いとは限らず，少なくとも当初言われていたような，万能薬のような効果はないだろうと思っています。

　先にも書きましたが，「ニセモノの目が自分をまっすぐと見つめている」状態では，何とも言えない落ち着かない感じや不安な感じを受けるという報告があります（Panagopoulos & van der Linden, 2017）。その効果は，ニセモノの目が行動を変える効果よりも，長期に残るような気もします。もしそうだとすると，あちらこちらに，やたらベタベタとニセモノの目のポスターを貼ることは，ズルを防ぐといった効果はすぐになくなるにもかかわらず，イヤな感じを与え続けることになり，その意味ではむしろ望ましくない可能性すらあるかもしれません（もちろん，これらはすべて現段階では単なる仮説です。これらも含めて，今後，すべて実験などを通じて検証すべき事柄です）。

　本章を読んで，人間行動の不思議さについて，少しでも感じてもらえたら幸いです。

［＊本章は，2022年度南山大学パッへ研究奨励金 I-A-2 の助成を受けています。］

合わせたいけれど，ちょっとだけ
特別でもいたいわたし

小林佳世子

1 はじめに

　他の人と違う，ということに，不安を感じたことはないでしょうか。みんながフォーマルな装いをしている中で，1人Tシャツとジーンズという出で立ちでは落ち着かないとか，みんなが同じアニメの話で盛り上がっていたら，その仲間に入るためだけに好きでもないアニメを観てみようとか，そんな気持ちは誰にでもあるのではないでしょうか。

　本章では，そんな「みんなに合わせたい」という心と，でも「他の人と一緒くたではイヤ」という心について考えてみたいと思います。

2 合わせてしまうヒトの心

アッシュの同調実験

　最初に，超古典とも言える，とても有名な実験をご紹介したいと思います。アッシュという人が行った，他の人に「合わせてしまう」，ヒトの心を教えてくれる，とても有名な実験です（Asch, 1951; 1955）。

　ここでは，最初に1本の線が示されます。次に，3本の長さの違う線が示され，「最初の線と同じ長さのものはどれですか？」と質問をされます（図15-1）。正直，あまりに簡単すぎて，ばかにされているのではないかと感じた方すらいるのではないでしょうか。答えは，もちろん2となります。しかし，こ

の実験に参加をした人は，多くの人
が，次々と1と答えていきました。
いったい何が起きたのでしょうか。

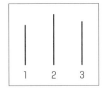

　その答えを探るために，実験の参
加者になったつもりで，もう一度，
実験の手順をふりかえってみたいと

図15-1　実験で使われた線分
出所：Asch（1955）.

思います。今，あなたはある実験に参加する予定で，大きな部屋に通されまし
た。同じ部屋には7人の参加者がいて，順番にこの答えを発表することになっ
ています。あなたの順番は，6番目です。ここで，先の質問をされます。きっ
とあなたは，簡単すぎる質問に驚きながら，心の中で，そんなもの2に決まっ
ているとつぶやいたのではないでしょうか。

　ところが驚いたことに，1番目の参加者は，1と答えました。あなたが内心
とても驚いているところに，2番目の参加者も，当たり前の顔をして1と答え
ています。3番目の参加者も4番目の参加者も5番目の参加者もみな1と答え
ました。そしてとうとう，6番目の参加者であるあなたの番になりました。あ
なたは，何と答えるでしょう。

　この実験では，集められた参加者は，冒頭で説明した通り，示された線と同
じ長さの線はどれかという質問をされるのですが，実は，自分以外の参加者は
みんな実験の協力者で，いわゆる「サクラ」でした。つまり，あなた自身と同
じ単なる実験の参加者のようにふるまいながら，あらかじめ，必ず1と答える
ように指示をされていたのです。自分以外の参加者が「明らかに間違った答
え」を言っている時に，ヒトはいったいどう答えるのかを見るのが，この実験
の目的でした。ちょっと意地悪な実験ですね。

　通常ならばこの問題を間違える人は1％もいないのに，集団による同調圧力
がある状態では，36.8％の人が多数派の間違った選択を受け入れたと，アッ
シュは論文で報告しています（Asch, 1955）。ただしその後の実験では，同調率
は比較的低くなり，近年は同調率が優位に低くなったともされます（この実験
のその後については，詳しくは，スミス・ハスラム〔2017〕を参照してください）。

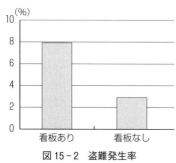

図 15 - 2　盗難発生率

出所：ゴールドスタイン他（2019）をもとに
　　　筆者作成。

フィールド実験

　アッシュの実験はかなり古典的なものでしたが，筆者自身がとても驚いた実験として，こんなものがあります。これはアメリカにある化石の森国立公園という所で行われた実験です（Cialdini et al., 2006; ゴールドスタイン他，2019）。

　この公園では，化石の盗難を防ぐために，看板が立てられていました。そこには，「貴重な遺産が毎日破壊されています。一人ひとりが取っていく化石木はわずかでも，合わせると１年間で14トンにもなるのです」と書かれていました。これを見た人が「私たちも今のうちに取っておいたほうがいいわよ」と言ったことから，この看板自体が盗難を誘発している可能性を考え，実験が行われました。

　実験では，「これまでに公園を訪れた多くの人が化石木を持ち出したため，化石の森の環境が変わってしまいました」と書かれた看板に，木を持ち出そうとしている数人の来訪者の写真をつけました。すると，この看板がある時には，看板が何もなかった時と比べて，盗難発生率が約３倍に増えていたという結果が報告されました（図15 - 2）。実験を行った心理学者のチャルディーニは，先のメッセージは，結果的に「みんな盗っています」という情報を伝えてしまったからではないかとしています。

　同様の研究として，たとえば約17万世帯という膨大な数を対象としたフィールド実験では，近所の似たような世帯があなたよりも節電を頑張っていますよと言われると，自分自身も節電をもっと頑張るようになったという報告などがあります（Ayres et al., 2013）。

脳の反応

　では他者に同調している時，ヒトの脳の中ではどんなことが起きているのでしょうか。この実験では，男性の参加者たちが，180枚の女性の顔写真を評価し，１枚ごとに，その写真に対する「他の男性たちの平均評価点」とされるも

のが示されました（Zaki et al., 2011）。次いで30分後に，参加者たちはもう一度
180枚すべての写真の評価を行いました。他の人の「平均的な評価」を知った
ことで，同じ写真に対する評価をどう変化させるのかを調べたのです。

　すると実験参加者たちは，他者の平均評価点が高い時には自分の評価も上げ，
平均評価点が低い時には自分の評価も下げました。つまり，「他の人の評価」
に合わせて，自分の評価を変えたのです。

　また，他者に合わせて自分の評価を動かした時の脳の活動は，おいしいもの
を食べたりお金をもらったりといった，報酬の処理に関わるとされる，脳の側
坐核や眼窩前頭皮質で強い反応が見られることがわかりました。同様の結果は，
ワインや音楽の好みなどでも報告され，ヒトは，他者に同調して自分の評価を
変えると，脳内報酬系が活性化されるようだと言われています（Henrich, 2015）。

　逆に，自分の評価と他者（友人・専門家）の評価とがずれていることを知っ
た時には，前部帯状回・島皮質といった，「痛み」と関係しているとされる部
位が反応していると報告されました（Berns et al., 2010）。同様の結果は他にもあ
り，他者と意見が相容れない時には，ヒトは脳の中で痛みや葛藤を感じている
のではないかと考えられるようになりました（川合，2015）。

　なおちょっと面白いことに，他者と行動が同調していると，「痛みを感じに
くい」なんていう報告もあります（Cohen et al., 2010）。一見不思議にも思える結
果ですが，でもたとえば，高校の文化祭で，みんなで一緒に同じ踊りを踊って
いる時や，何かをともに作り上げている時などを思い出すと，たとえその時に
怪我をしていたとしても，不思議な高揚感や一体感とともに，「痛みなんて忘
れてた！」という感覚を持つことがあることは，みなさんもなんとなくわかる
のではないでしょうか。

3　でも，特別でもいたいわたし

あなたと同じは嫌なの

　さてここまでで，ヒトには，「他の人に合わせてしまう」傾向があるらしい
ことがわかりました。同様の傾向は，高校生や子どもでも報告されています

（チャルディーニ，2014）。でも，ちょっと考えてみてください。確かにそういう側面はありそうですが，それでも，いつもいつも，誰彼かまわず他者に合わせてばかりいるのが人間でしょうか……。

　たとえば，「どんな人に合わせるのか？」を調べる，こんな実験があります（Lauring et al., 2016）。そこでの参加者は絵の評価をしますが，その時に「大学の友人」と「専門家」，さらに「社会的地位の低い人」（論文では，無職の低学歴者）という 3 つのグループからの評価を知らされました。すると，「友人」と「専門家」が行ったとされる評価には，先の結果と同様に同調が起こりました。つまり彼らが高い評価をしたものは評価が高くなり，低い評価をしたものは評価が低くなりました。しかし「社会的地位の低い人」に対しては，むしろ逆の結果が起こりました。つまり彼らが高い評価をしたと言われたものには低い評価をつけ，低い評価をしたと言われた場合には高い評価をつけていました。単なる同調ではなく，「どういう人と同じでありたいか」「どういう人とは同じだと見られたくないか」という点が，判断に影響を与えているようです。

　さらに，人間は，「他の（ある種の）人たちと（ある程度は）同じでいたい」と思うと同時に，「他の人とちょっと違う自分でありたい」という気持ちもあるようです。たとえば，こんな実験を見てください。著名な行動経済学者である，アリエリーが行った実験です（Ariely & Levav, 2000; アリエリー，2013）。

　これは，お店にビールを飲みに来たお客さんを対象とした実験です。グループで来ているお客のもとにウェイターが訪れ，4 種類のビールの中から，無料試飲として各自が好きなものを注文できることを告げます。

　この時，ウェイターは 2 種類の方法で注文をとります。半数のテーブルではウェイターが客にカードを配り，一人ひとりにどのビールがいいのか印をつけてもらいました。この場合，他の人が何を選んだのかを知らずに，それぞれが自分の選択をすることになります。一方で残りの半数のテーブルでは，ウェイターは一人ひとりに順番に注文を聞いて回りました。この場合では，自分より前の人が何を選んだのかを知ったうえで，自分の選択をすることになります。さてこのやり方で，何がわかったでしょうか。

　カードを使った場合では，順番に注文を受ける方法と比べて，客が同じビー

ルを注文することが多くなりました。一方で順番に注文を受ける方法では，カードを使った方法と比べて，同じビールを注文する人が減り，注文されるビールの種類がずっと多くなりました。つまり他の人の選択を知ったうえでビールを注文するようになると，他の人のまねをしなくなった，ということです。まるで，できるだけ「他の人とは違うものを選ぼう」としているかのようでもあり，先の「同調効果」とは，まるっきり反対のことが起こっているようにすら見えます。

　さらに，面白いことも報告されています。ビールの試飲の後，各自にビールの評価をしてもらったところ，順番に注文をした客は，カードで注文した客と比べて，選んだビールに満足せず，違うビールにすれば良かったと答えていました。一方でカードを使って選んだ客は，選んだビールに対する満足度はずっと高かったそうです。ただし，順番に選んだ客でも，最初に選んだ1人だけは，カードで注文した時と同程度に満足度が高かったのです。

　この結果から，順番に注文をした客たちは，自分が本当に飲みたいビールではなく，「他の人がまだ注文をしてないビール」であることを優先したらしいことがわかります。その結果，注文されるビールの種類は増え，同じビールを注文する人の数もぐっと減りました。しかし，本当に自分がほしいものを注文したわけではなかったために，最初に注文した人を除いて，自分の選択に満足ができなくなっていた，というのです。「他の人と違うということ」を，そこまでして優先しているようだ，というのがこの研究の結論です（なおこの実験は，アメリカで行われました。その後，同様の実験を香港で行ったところ，一人ひとりが注文する時と，順番に人前で注文する時とでは，注文するものが異なるという点は同じ結果が出ましたが，どのように異なるかという点には大きく違いが表れ，むしろ「前の人が選んだものと同じものを注文する」という傾向が見られたそうです。さて，この実験を日本で行ったら，どんな結果になるのでしょうか）。

その他大勢扱いしないでね！

　さらに，こんな実験もあります（Leonardelli & Brewer, 2001; アイエンガー 2014）。ここでは，無意識の知覚を調べるという名目で，小さな点を多数散り

ばめた画像を見せ，その点の個数を推測してもらいました。そして，「この実験では，大多数の人（75〜80％の人）は点の数を多めに見積もり，実際よりも少なく見積もる人は少数派（20〜25％）」という情報を与えました。同時に，実験の参加者を，実際の答えとはまったく無関係にランダムに分けて，半数のグループには，「過大評価をする多数派に属する」と伝え，残りの半数のグループには，「過小評価をする少数派に属する」と伝えました。

　たったこれだけのことですが，「多数派」と言われた人たちは，ひどく自尊心が傷つき，逆に「少数派」だと言われた人は自尊心が高まったそうです。ランダムに配置された点の数を見積もるという，意味のよくわからない課題で，「多くの人と同じ」と言われただけで，自分に対する気持ちに傷がつき，一方で「人と違う」と言われただけで，自分はすごいと感じられた，というのです。

　この実験には，さらに続きがあります。一部の人たちには「あまりに変わった結果だったために，過大評価なのか過小評価なのか分類ができません」という，さらに意味のわからない結果を伝えました。少数派の中の少数派ですから，先の結果から想像すると，そう言われた人たちの自尊心は大きく高まったのではないかとも予想できます。しかし，実際は違いました。「あまりにも変わった結果だった」と言われてしまったこれらの人は，自尊心が急低下したそうです。

　イギリスで行われた約20万人を対象とした大規模な納税の実験では，単に「みんな払っていること」や「税金の社会的サービス」について強調した時よりも，「あなたは税金をまだ払っていない非常に少数に属している」ことを強調した時に，納税率が最も上がったという報告があります（Hallsworth et al., 2017）（詳しくは経済協力開発機構〔OECD〕〔2018〕を参照）。こうした結果を見ると，「同調したい」というよりも，「極端な少数派ではいたくはない」ということとの表れなのかもしれません。

自分（だけ）は個性的

　ここで，もう1つ実験を紹介しておきましょう。ヒトは，どのくらい個性的なものを選ぶか，という実験です（アイエンガー，2014）。

　この実験では，40種類の人の名前（男女20種類ずつ），30種類のネクタイ，30

種類の女性用の靴，30種類のサングラスを実験参加者に見せた後，それぞれを
どのくらい好きか，他の実験参加者はそれをどのくらい好きだと答えると思う
か，またそれがどのくらい個性的だと思うかを評価してもらいました。これら
の選択肢には，とても平凡なものから，かなり個性的なものまで様々な選択肢
が混ざっていました。

　すると，この実験に参加した「全員」が，「自分は他の人よりも個性的で，
個性的なものに対する許容度が他の人よりも高い」と答えました。ところが，
実際に多くの人が選んだものは，とてもよく似ていました。それは，少し個性
的なものを最も高く評価する一方で，極端に変わったものには低い評価をつけ
ているというものでした。

　最近の研究からも，貴重な機会を争っている場合には，「少数派でいられる
環境を選択」する，という結果も報告されています（Kirgios et al., 2020）。この
実験では，同じグループの中で競争が起こることが予想できる時には，女性が
男性だけのグループを選んだり，黒人が白人だけのグループを選んだりするよ
うになりました。自分を目立たせることができるなど，少数派でいることが
「得」である時には，ヒトは少数派を選ぶと解釈できそうです。

　このように，ヒトは，「他者から完全に外れている」ことは好まないようだ
けれども，一方で，「人と完全に同じ」も好まず，むしろ，「人よりも（少し）変
わっている」ことを，みなが同じように好む傾向がある可能性が見えてきます。

　なおその時に，「どんな風に人と違いたいと思うのか」については，個人差
もあるようです。保守的な人は，「他の人よりも優れていることを示すことの
できる違い（垂直方向の差別化）」を好み，リベラルな人は「ユニークさを示す
ことのできる違い（水平方向の差別化）」を好むという報告もあります
（Ordabayeva & Fernandes, 2018）。

4　自信過剰なわたしたち

わたしって結構すごい！

　さらにわたしたちは，自分自身のことを，単に「他の人とちょっと違う」とい

うだけではなく，「他の人よりちょっとすごい」と思っているようでもあります。

　たとえば，男女178名のドライバーを対象に，8つの観点から自身の運転技術を評価させた研究からは，参加者の約80％が，自分を平均より優れたドライバーだと考えていることがわかりました（McCormick et al., 1986）。約100万人の高校生を対象とした調査からは，同級生と比べて自分は平均以上と答えた人の割合は，指導力で約70％，運動能力で約60％，他人とうまくやっていける能力では約85％でした（Alicke & Govorun, 2005）。最近の研究では，80％の人が自分の知能は平均以上だと評価していました（Atmaca & Baloğlu, 2023）（なおこの傾向は男性の方が強かったようですが，自分自身の賢さの評価は，実際のテストの結果とはほとんど関係なかったそうです）。

　こうした，「自分は平均的な人よりもすごい」と感じる傾向は，「平均以上効果」などとして知られていますが，メタ研究という，多くの研究をまとめたものからも報告されています（Zell et al., 2020）。その研究によると，能力よりも性格特性において，ネガティブなものよりもポジティブなものにおいて，さらに東アジア人よりもヨーロッパ系アメリカ人で出やすいようです。

　また，知能や誠実さ，社交性といった年齢による変化が少ない項目では，若年層から高齢者まで，幅広い年齢でこうした平均以上効果が見られました。しかし，健康や身体的魅力，運動能力など年齢によって低下する項目では，若年層から中年層はこれまでと同様の平均以上効果が示された一方で，高齢者は，むしろ自分は「平均以下」と感じる傾向が報告されています（Zell & Alicke, 2011）。

　またこうした自信過剰は，どうやら初心者ほど強いらしいという結果も知られています（Sanchez & Dunning, 2018; Xiang et al., 2021）。なお，能力の低い人ほど過大評価していたという，同様の結果は過去にもありましたが（Kruger & Dunning, 1999），そこでは，優秀な人は，むしろ自分を少し過小評価していたと報告されています（なおこうした自信過剰は，「平均よりはマシ」ではあっても，「自分はグループのトップクラス」とまで信じる強いものでないことは，ヒトってちょっと控え目だなと思ったりもしています）。

自信があると……

　ではなぜヒトは，こうした「根拠のない自信」を持つのでしょうか。これは，自分の潜在能力を信じて前に進むための，原動力の1つとなっているのではないかと考えています。

　もちろん，自信過剰には危険も伴います。間違った意思決定を誘発しかねないからです。しかし，「適度な」自信過剰，つまり，グループのトップとまでは言わないけれど，ほどほどに「自分は優れている」と思えることは，未来の可能性を信じて日々を生き抜き，さらには新しいことにチャレンジする力と勇気を与えているのではないかと考えています。

　実際に，「あなたは優秀だ」と（偽の）情報を与えられた人は，自信を持った態度をとり，結果としてグループのリーダーとしてふるまったという報告があります（Williams & DeSteno, 2009）。「自信を持って話をしている」人の話は，信頼されやすいという報告もあります（Jiang et al., 2018）。

　（重度でない）うつ病の人は，世界の認識がより「正確」で，うつ病でない健康な人は，世界を「ポジティブに」歪んで認識しているという報告もあります（Feltham, 2016）。これは，「抑うつレアリズム」とも言われます。「自分はそこそこやれている」というポジティブな幻想を持てなくなる時，ヒトは，精神的な健康を保てなくなるのかもしれません。

5　生存と繁殖の戦略——適応合理性

社会の中で生きるということ

　ここまでで，何がわかったでしょうか。ヒトは，確かに「同調」したがる傾向があると思われます。しかし，誰に対してもいつでも完全に同調してしまうわけではなく，「悪い」と見なすグループには同調せず，さらにそもそも「集団から外れない程度」には同調しても，集団の中に完全に埋没してしまうことのないように，「ちょっとだけ特別でいたい」という心も同時に持っているようだということが，ここまでに見えてきたことです。

　ヒトは，「社会的生物である」といった表現はしばしば耳にします。世界中

のヒトの文化について研究を行った著名な人類学者のブラウンは，ヒト社会に共通して存在する性質を，「普遍特性」と呼びました（Brown, 1991）。そしてブラウンは，ヒトはその生活の大部分を集団で過ごす生き物であるとして，「単独では生活しないこと」を，ヒトの普遍特性の1つとして挙げています。集団をつくることは，ヒトという生き物にとって，生きのびるための重要な戦略だったと考えられます。

　「群れ」という集団で生きる動物は，群れからはぐれるとすぐに敵に狙われて，命を落としかねません。仲間の動きに注意を払い，群れから外れないようにすることは，非常に役に立つ性質だったと考えられます。同調性の重要性を，著名な動物行動学者のドゥ・ヴァールは以下のように説明しています。「（同調性）の生存上の価値は，容易に見て取れる。もしあなたが鳥で，群れの1羽が急に飛び立ったとしよう。何が起きたのか，のんびり考えている暇などない。あなたも一緒に飛び立つ。そうしなければ，誰かのランチにされてしまう」（ドゥ・ヴァール，2010）。

　一方で，群れの中を見渡せば，集団の中で完全に埋没してしまうことは，必ずしも喜ばしいことではありません。食料を確保したり異性を獲得したりするためには，群れの中では，むしろ，「あいつはすごい奴だ」と目立っている方が有利です。おそらくこの両者の兼ね合いの中で，「敵から襲われない程度には群れの中にいたい（同調したい）」けれども，「群れの中に完全に埋没してしまわない程度」には，「自分はちょっと違う」，それも「自分は他のやつよりちょっとすごい！」と思いたいのではないかと考えています。

　そんな「生き残りと繁殖という視点からみて合理的」なヒトの心を，筆者は「適応合理性」と呼んでいます（小林，2021）。当たり前ではありますが，ヒトの心は，どうやら，そう簡単ではないようです。

［＊本章は，2023年度南山大学パッヘ研究奨励金Ｉ-Ａ-1 の助成を受けています。］

あなたと協調すると，絆を感じるわたし

栗原勇人

1　はじめに

　わたしたちは他者と何かしらの社会的な関係性を持ちます。たとえば，親，兄弟姉妹，親友，友達，恋人，配偶者，学校の先生，親戚のおじさん，近所のおばさん，顔見知り，初対面など様々な社会的な関係性が挙げられます。それらの社会的な関係性において，お互いの信頼関係や友情などといった「絆」が重要な要素となります。

　お互いの絆が強いと，心身に対して大きなメリットがあります。たとえば，社会的なつながりを持つと，うつや孤独感，不安感に陥りにくくなることが言われています（Lee & Robbins, 1998; 2000; Williams & Galliher, 2006）。加えて，死亡率も低下することが指摘されています（Holt-Lunstad et al., 2017）。一方，他者と絆が十分に築けていない人（孤独感を強く感じている人）は，心身の健康が悪化します（Steptoe, 1991）。たとえば，相手と社会的な関係性をうまく築けていない人は，うつやうつ状態などネガティブな心理状態に陥りやすくなります（Adams et al., 2004; Alpass & Neville, 2003; Kiecolt-Glaser & Newton, 2001）。これは，人間関係における葛藤やストレスによる免疫機能の変化が原因と指摘されています（Jaremka et al., 2013; Kiecolt-Glaser et al., 2010; Kiecolt-Glaser & Newton, 2001）。

　このような社会的関係の悪化による孤独感の増加は，社会で問題視されています。実際，イギリスの保健大臣が孤独の解消を健康の優先事項として定め，2018年1月に，世界で初めて「孤独担当大臣」（2023年現在はダイアナ・バラン氏が担当）を設けました。日本でも2021年2月に「孤独・孤立対策担当大臣」が

設置されました（2023年9月現在，加藤鮎子氏が担当）。設置された背景として，新型コロナウイルス（COVID-19）による孤独の増加が挙げられます。

　このように，社会的な関係性を良好に築いたり，保ったりすることは心身の健康を保つうえで重要なことです。したがって，どのようにしたら相手と良好な関係性を築いたり，保ったりすることができるのかを探求していくことが必要です。本章では，協調する相手に着目して，「どのような相手だと協調することができるのか」「相手と協調すると絆が生まれるのか」の2つの問いについて考えていこうと思います。まずはじめに，協調について解説していきます。

2　相手と協調するとはどういうことか

協調とは？

　わたしたちは，日常における様々な場面で相手と動きを合わせたり，まねをしたりします。たとえば，好きな芸能人のモノマネをすることは，典型的なまねです。あるいは，複数人でダンスをする時，相手と動きを合わせようとすることも，意識的なまねになります。これらの例は，意識的（あるいは意図的）にまねをする行為です。一方，無意識的（あるいは非意図的）にまねをしてしまう場合もしばしばあります。たとえば，相手と会話をしていると，ふと自分が相手の動きと合ってしまうような，無意識的なまねが挙げられます。

　このように，コミュニケーションやインタラクション（相互作用，交流）において相手との行動が合うことを，学術用語で対人協調（interpersonal coordination）と呼びます（Bernieri et al., 1994）。「対人協調」は，社会的なインタラクション中のパターン化された行動を記述する包括的な用語として定義されています（Vicaria & Dickens, 2016）。ここでいう「協調」は，相手と協力する意味もありますが，自分と相手の動作パターンをお互いに調整し合うという意味になります。対人協調は主に「行動の一致（behavior matching）」と「相互的な同調（interactional synchrony）」に分類することができます（Bernieri, 1988; Chartrand & Lakin, 2013; Vicaria & Dickens, 2016）。

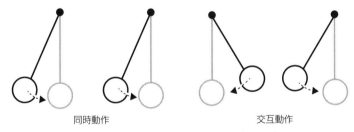

同時動作　　　　　　　　　　交互動作

図16-1　同時動作と交互動作の例（振り子）

「行動の一致」とは，相手との模倣に関した行動のことです。たとえば，相手が髪にふれたので，自分自身もそれをまねして髪を触る行為や，相手と食事をしている時，相手と同じタイミングで食べ物を口に運ぶ行為などが模倣になります。行動の一致・模倣は，動作の他にも，表情（Hess & Blairy, 2001）や言葉（Cappella & Planalp, 1981；Kulesza et al., 2014）の場合もあります。

　一方，「相互的な同調」とは，お互いの行動の正確なタイミングに着目した動きのことを指します。たとえば，2人でドラムを同じテンポで叩く行為をするためには，お互いの叩くタイミングの調整が必要です。相互的な同調に着目した協調の研究では，自分と相手のふるまいを同期（シンクロ）させる課題をすることが多いです。同期には，同じ動作を行う動作（同時動作）と互い違いで行う動作（交互動作）の2種類があります（図16-1）。物理学の「波・波動」の分野において，同時動作は波形の同位相，交互動作は波形の逆位相となります（Marsh et al., 2009）。

　シュミットら（Schmidt et al., 1990）は，2人が片方の脚を使って，指定されたテンポで脚を振るリズム課題を，様々なテンポ（遅いテンポ，速いテンポ）で実施しました（図16-2）。脚は図16-1の同時動作と交互動作で行われ，動作のリズムの安定性に着目しました。すると，交互動作かつ速いテンポの時，2人のリズムが不安定になることが観察されました。加えて，このことは，ボート漕ぎ（Cohen et al., 2010），ロッキングチェアの揺れ（Richardson et al., 2007）などの方法でも検討されています。このように，「相互的な同調」は先ほどの「行動の一致」と比べて，身体のリズミカルな動作や運動に着目しています。

　相手と協調する仕組みについて検討した研究の中には，「行動の一致」（＝模

図16-2　Schmidt et al.（1990）の実験の
　　　　イメージ

倣）に着目した研究と「相互的な同調」に着目した研究があることを述べてきました。ただし，使用される用語が一貫していないため，必ずしも上記のような分類をしないことがあります。つまり，協調に関連した用語が十分に精緻されていないのが現状です。協調についてさらに学びたい場合，児玉ら（2021）の日本語のレビュー論文が大変読みやすく勉強になります。興味がある読者のみなさんはぜひ読んでみてください。本章では，「行動の一致」と「相互的な同調」を特に区別せず，原則「協調」という単語で一括りにして説明していきます。それでは，まず1つ目の問い「どのような相手だと協調することができるのか」について詳しく考えていきましょう。

3　誰と協調する／できるのか

親密な関係性だと協調する

　2021年に開催された2020年東京オリンピックでの卓球混合ダブルスにおいて，水谷隼選手と伊藤美誠選手ペアは，見事な阿吽の呼吸を見せ，金メダルを獲得しました。伊藤選手が幼少期の頃から，2人は知り合い同士（2人の年齢差は12歳であり，水谷選手の方が年上）であり，「お互いにどんな小さいことも話ができる仲」だったそうです（BBCNEWS JAPAN, 2021；磯部，2021）。このような親密な関係性を持つ者同士だと，高頻度で協調することが実験的に示されています。

　ヴェルニエリら（Bernieri et al., 1988）は，母親と子どもとのコミュニケーション中の動作の協調に着目しました。この研究は，評価者に母親と子どもがコミュニケーションをしている場面（本物のコミュニケーション映像）を視聴してもらい，どの程度協調しているかを評価してもらいました。さらに，評価者は実際のビデオから作られた擬似的な母親と子どものコミュニケーション場面

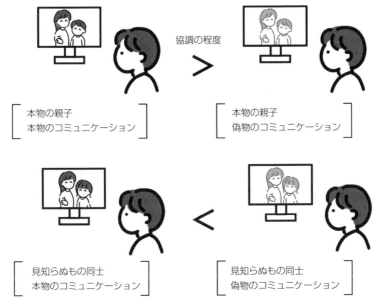

協調の程度

> 本物の親子
> 本物のコミュニケーション

本物の親子
偽物のコミュニケーション

見知らぬもの同士
本物のコミュニケーション

見知らぬもの同士
偽物のコミュニケーション

図16-3 Bernier et al.（1988）の実験の概要図

（偽物のコミュニケーション映像）についても協調の程度を評価しました。その結果，評価者は，本物のコミュニケーション映像の方が偽物のコミュニケーション映像より協調していると評価しました（図16-3上段）。しかし，映像の母親と子どもが見知らぬ大人と子ども同士の場合，本物の映像における協調程度は，偽物の映像の協調程度より高くはなく，むしろ非協調的な動作が確認されました（図16-3下段）。

　ラティフら（Latif et al., 2014）は，友人ペアと初対面ペアにおける会話中の身体の協調程度の違いを検討するため，映像データから，身体の同調程度を相関マップ解析という手法を用いて推定しました。その結果，お互いよく知っている相手であるほど，頻繁に互いに動作が同調していることが確認されました。同様に，藤原ら（Fujiwara et al., 2020）も友人同士と初対面同士の会話場面における身体同調の違いについて検討しています。彼らは，会話場面を映像で記録し，映像から身体の様々な同調リズム（周波数）を抽出しました。結果は，友人同士の方が初対面同士より同調の程度が高いことが示されました。さらに，

初対面同士における同調の程度と信頼関係に正の相関を示されました（友人同士では有意な相関が確認されませんでした）。

　以上の研究結果から，親密な関係であるペアだと，お互いの動作が協調することがわかりました。このような会話場面において，自分と相手は意識せず（意図せず）協調します。

　上記の研究では，主に会話場面でのお互い意識していない（意図していない）身体の協調について扱いました。では，お互い意識して協調する場合はどうでしょうか。マイルズら（Miles et al., 2009）は，2人で歩行を同時動作および交互動作で合わせる課題を，視覚的な合図で合わせる場合と聴覚的な合図で合わせる場合の2つのパターンで検討しました。結果はどちらの合図でも，お互いの信頼度が高いペアだと，同時動作および交互動作の動きがより安定して合わさりました。このように，信頼度が高いペア（親密度が高いペア）だと，そうでないペアより意識的な協調を上手に行えることが言えます。

　上記のマイルズらの結果は，逆に言えば，相手があまり信用できない人とは協調することができない，ということになります。信用できない人と協調することができるかどうかを検討した研究もあります。具体的には，実験に遅刻してきた人とは協調することができるのかが検証されました。実際，初めて仕事の打ち合わせをする時，打ち合わせの相手が遅刻してきたら，その人のことをあまり信用することができないことは想像しやすいと思います。

　マイルズら（Miles et al., 2010）は，参加者とサクラ（参加者のフリをしている実験者）が踏み台の昇り降りを行い，参加者はサクラの動きに合わせる実験をしました。実験者が実験開始のピッタリの時間で来室する場合と，15分遅れて来室する場合の2パターンの協調の度合いを比較しました。結果，15分遅れて来室した実験者と協調する方が，時間ピッタリに来室した実験者と協調する時よりもパフォーマンスが悪いことが明らかになりました。したがって，ある社会的状況下において信用がない相手だと，相手と協調するのが難しいということが言えます。

　以上より，親しい相手とコミュニケーションやインタラクションをすると，無意識的につい相手と協調してしまいます。同様に，意識的に相手と協調する

場合，親密度や信頼度の高い相手の方が，そうでない相手よりも上手に協調することができます。

社会性が似ていない人同士の方が協調できる

「コミュ力が高い／低い」や「社交性がある／ない」などコミュニケーション能力の高さを表す用語があるように，相手とコミュニケーションをしていくうえで，個人の特性や個性が協調に影響する可能性があります。直感的には，人類みんながコミュ力や社交性があった方がうまく協調ができるように思えるかもしれません。しかし，お互いのコミュ力や社交性といった社会的なスキル（以下，社会性）が高いからといって，上手に協調するとは限らないことがわかっています。

　先行研究では，社会性が類似した相手より，異なる相手の方がうまく協調できることが報告されています。シュミットら（Schmidt et al., 1994）は2人ペアとなって，振り子をリズムよく振る実験（振り子課題）を実施しました（図16-4）。第1節で説明した脚を振る課題と同様に，2人で同時動作と交互動作の動きをしてもらいました。実験参加者には，社会性に関する質問紙（Social Skills Inventory）（Riggio, 1986）にも回答してもらいました。その社会性の得点が高い人同士，低い人同士，高い人と低い人同士の3つのペア群で，振り子課題の成績を比較しました。結果として，社会性が高い人と低い人同士の方が，高い人同士および低い人同士より，振り子課題の成績が高いことが示されました。類似した研究として，向井ら（Mukai et al., 2018）は，自閉スペクトラム症の傾向が高い人と低い人同士の方が，傾向が似ている人同士よりも，リズミカルに協調する課題（相互的な同調を行う課題）が上手に行えることを示しました。

　なぜ似ていないペア（社会性が異なるペア）の方がうまく協調できるのでしょうか。これは，社会性の高い人と低い人とのペアの方が，協調する際の役割を明確にしやすいからです。先の2つ（Schmidt et al.〔1994〕やMukai et al.〔2018〕）で扱ったリズミカルな協調課題では，暗黙的にどちらがリードするか，あるいはフォローするかが決まります。個人の性格や特性，社会性が似ていると，役割が被りやすく競合しますが，違えば役割は被りにくいでしょう。このように，

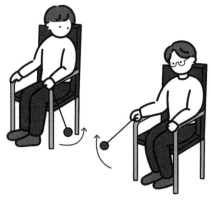

図16-4　Schmidt et al.（1994）の実験の
　　　　　イメージ

自分と相手の特性や個性が似ている人よりも，むしろ似てない人同士の方が，上手に協調ができることが言えます。

　本節では，どのような相手だと協調する（あるいは，できる）のかを検討してきました。2人の親密度や好感度，信頼度が高いとお互い協調する（できる）ことが多くの先行研究から明らかになりました。一方，わたしたちはコミュニケーションやインタラクションをしていく中で，他者との信頼関係や友人関係を築くことができます。次節では，2つ目の問い「相手と協調すると絆が生まれるのか」について扱い，協調することがお互いの関係性に与える影響について考えていきます。

4　相手と協調すると絆が深まる

　気になる相手がいる場合，「あの人とどうしたら仲良くなれるだろう」と考えることがあると思います。通常，対人関係は初対面から始まります。わたしたちは初対面同士から徐々に絆を深め，親友や恋人といった親密度の高い関係性を築いていきます。この絆は，対人協調をしていく中で深まっていくことがわかっています。ラフランスとブロードベント（LaFrance & Broadbent, 1976）は，大学のゼミを行っている時の学生と先生のふるまいに着目し，その合致度と彼ら／彼女らの信頼関係に正の相関が見られることを明らかにしました。同様に，ヴェルニエリら（Bernieri et al., 1988）も，高校の先生と生徒とのふるまいの合致度とお互いの信頼関係との関連について示唆しました。

　実験室実験における協調でも，お互いの信頼関係などの関係性に影響を及ぼすことが明らかになっています。ホーヴとライゼン（Hove & Risen, 2009）は，

実験参加者2人に対しタッピング課題を実施しました。ここでのタッピング課題とは，人差し指で，ある一定のリズムでタップすることです。タッピング課題後，親和性に関する質問（「非常に嫌い」を1，「非常に好感が持てた」を9としたリッカード尺度）を実験参加者の2人に尋ねました。結果として，うまくタッピングができたペアでは，ペア間の高い親和性が確認されました。さらに，相手とタッピングが同期する条件と同期しない条件を実験的に操作した時，同期する条件の方が，相手に対する好感度が高いことを示しました。

　ラムズデンら（Lumsden et al., 2014）は，腕の屈曲伸展運動を2人ペアで実施しました。腕の屈曲伸展運動を同期させる（同時動作）条件と同期させない（同時動作でも交互動作でもない）条件の2条件を実施し，その後の自尊心（Rosenberg, 1965）や，自己と相手との重なり度合い（Inclusion of Other in the Self Scale; IOS）（Aron et al., 1992）を質問紙で測りました。その結果，同期させる条件の時，自尊心やIOSが高くなることが明らかになりました。

　さらに，ウィルテルムスとヒース（Wiltermuth & Heath, 2009）は，参加者3人グループで大学のキャンパスを散歩させ，相手とのつながりを主観的に聞きました。すると，歩調を合わせたペアの方が，合わせないペアより，相手との強いつながりを感じることが示されました。さらに，他者と協調することで，その後の協力的な行動（自分の犠牲を必要とする状況下でも）を促進することを主張しました。

　協調によるお互いの関係性に変化をもたらすのに，エンドルフィンという神経伝達物質（脳内のホルモン物質）が関与していることが言われています。エンドルフィンは運動をすることで，脳内で放出され，痛みの閾値（いきち）を上げたり，幸福感をもたらすと言われています。コーヘンら（Cohen et al., 2010）は，ボート部員に対し，6人グループでボートを漕ぐ練習をする方が，単独で練習する時よりも，エンドルフィンの放出をより促進することを明らかにしました。そして，コーヘンらはグループ練習と単独練習で運動量が同じにもかかわらず，グループ練習の方が，エンドルフィンの放出量が多かった要因として，社会的な要因（向社会的な効果）が関与する可能性を示しました。

　加えて，サリヴァンら（Sullivan et al., 2014）はローイングマシン（スポーツジ

ムなどにある，ボードを漕ぐような動きをするトレーニングマシン）を使用して，相手と同時動作および交互動作で動きを合わせる課題を実施しました。お互いの協調が同位相である方が，交互動作よりエンドルフィンの放出量が多くなり，痛みに対する閾値が上がりました（痛みを感じにくくなりました）。さらにサリヴァンらは，このような同時動作による協調によって，絆が強くなることを示唆しました。

　以上より，相手と協調することで，親密度や好感度が上昇することが実験的に示されています。つまり，相手とうまく協調することができると，絆が生まれると言えます。

　本章では，他者に動作を合わせたり，他者を模倣したりするといった協調と，他者との絆との関連に着目して，「どのような相手だと協調することができるのか」「相手と協調すると絆が生まれるのか」の2つの問いについて考えてきました。1つ目の問いに関連する先行研究から，親密度が高いペア（親子や友人など）同士だと，相手と協調する（できる）ことがわかりました。2つ目の問いに関連する先行研究から，相手と協調することで絆が深まることがわかりました。人間は社会的な動物ですので，他者との絆を深める行為は，生きていくうえで必要不可欠なことです。本章冒頭で説明したように，他者と強い絆を持つことは心身に対して大きなメリットがありますので，今後さらに協調と絆に関連性を追求していくことが望まれるでしょう。

あなたとともに，愛を誓うわたし

阪口幸駿

1　はじめに

　病める時も健やかなる時も，富める時も貧しき時も，あなたは妻／夫を愛し，敬い，慈しむことを誓いますか？

　教会での結婚式で，神父の前で交わされる誓いの言葉です。楽しい時も苦しい時も，どんな時にも変わらずともに愛し続けることを約束し，2人が永遠の愛を誓い合う，感動的な瞬間です。そこで，本章では，人と人とが愛し合い，永遠を誓い合うことの裏に隠された心理について，考察していきたいと思います。

2　愛とは何か？

　ここでまずはじめに，愛のメカニズムへと迫るためのヒントとして，そもそもまず「愛」とは何なのか，という前提について考えてみましょう。愛についてふと考えをめぐらせてみると，そこから連想される言葉としては，信頼，親しみ，思いやり，優しさ，真心，恋慕，かけがえのない，などが思い浮かびます。心理学者の大野（2021）は，愛に関するフロム（Fromm, 1956）の論考をもとに，これらのイメージをさらに一般化させて，愛の本質的特徴を「無条件性」と「相互性」の2つであると提案しています。

　1つ目の無条件性は，愛する対象に対して条件を求めない傾向を表しています。熟年夫婦が互いの老いてゆく姿を目の当たりにしつつも，愛情の継続にお

いてそれをまったく問題とすることなく，「長年連れ添った相手はこの人しか
いないのだから」とすべてを受け入れ，老いた姿を含めてパートナーのすべて
を愛する様子などに象徴されます。また，親が子に対して何の特別な条件も求
めず，「ただただあなたが健康に生きていてくれるだけで嬉しい」と，その子
の存在を全面的に肯定する態度などにも表れています。これは親が子をテスト
で良い点がとれた時にだけ褒めてあげるような，条件つきの愛情とは対照的で
す。この場合には，子は，愛されるのは「課されたノルマが達成できた自分」
だけなのであって，それは自分の中の理想化された一側面でしかない，と孤独
を感じてしまうことでしょう。条件という名の検閲を受けた後に残るその子の
一面だけを「愛する」ということは，一面しか認めてあげられていないどころ
か，それはその子にとってはむしろ「存在全体の否認」として，心の目に映る
ことになってしまうのです（小野，2020）。このため無条件性は，愛の成立のた
めの最も重要なファクターだと言えます。

　また，2つ目の相互性は「相互の肯定」のことであり，相手を想って相手が
幸せになるように努める態度には，相手の肯定，自分とその人との関係の肯定，
ひいてはその関係性における自己の肯定があり，肯定に基づいた互いの活性化
が見られるとされています。大野（2021）はこれら2つの特徴をまとめて，
「愛は単なる好き嫌いではなく，愛の根本は相手を気にかけ，あるがままを受
け入れ，相手の幸せに責任を持つこと」であると論じています。

　次に，考えを広げる1つの思考実験として，逆に，「愛とは何でないか？」
も考えてみましょう。まず，愛は目的的ではなさそうです。「30歳までには結
婚しなきゃ」などと個人的な目的意識を持つことは多少あるかもしれませんが，
基本的には何かを目的（＝条件）として愛し合うわけではなく，愛は自然発生
的に芽生えてくるものでしょう。また，愛はその対象が誰でも良いというわけ
でもなさそうです。最愛の人や家族，親友などといった，ある一定以上の仲に
ある相手にこそ，人は特別な愛を感じることでしょう。さらに，愛は一過性の
ものでもなさそうです。今日あなたに愛を感じて，けれども明日にはもう愛を
感じられない，などといった不安定なものではなく，一度愛する状態に達すれ
ば持続的で，たとえ愛する人に多少欠点が見つかったとしても，些細なことで

は解消されません。ここまでの特徴を表現豊かに
描写したマンガに，萩原ケイクさんの『それでも
愛を誓いますか？』（萩原，2020）という作品があ
ります（図17－1）。

　完全なネタバレにはなりますが，最終巻までの
一部始終をかいつまんでご紹介します。本作は，
結婚8年目を迎えた30代後半の夫婦が主人公です。
2人は長い間のセックスレスに陥っており，女と
して求められて子どもを授かりたいと願う純に対
し，愛情はあるものの精神的な面でどうしても身
体がその気にならない武頼との間で，ストーリー
が展開されます。夫婦の会話はぎこちなく，その

**図17－1　『それでも愛を誓い
　　　　　ますか？』第1巻**
出所：萩原（2020）。

心の穴を埋めるかのように，互いに（一部不可抗力的に）会社の同僚や元カノと
浮気に近い状態となり，それぞれ夫婦としての形から逸脱する自分に葛藤する
様子が描かれます。特に純は，年下の同僚である真山から積極的なアプローチ
をもらい，その真剣な心意気に，気持ちが揺れ動きます。しかし純が最終的に
選んだのは夫の武頼であり，「ときめきが消えても，愛が無くなるわけではな
い」との決意のもと，夫婦関係の再構築を経て幸せな生活をリスタートさせま
す。

　ちょうどこの直前のシーンで印象深い場面があり，純は真山と最初で最後の
キスをした後，真山に対して「私のことを好きな真山くんが好き」であり，
「一緒にいるのは楽しい」とは言うものの，しかし「真山くんは私の生活じゃ
ないから」と続けて，真山との関係を終えます（萩原，2022）。これはあくまで
筆者の個人的な解釈にはなりますが，純は真山からの熱心なアプローチに，武
頼からは得られないものを感じて，そこに純自身も相応の好意を抱いていたも
のの，それは純にとっては「純のことが好きな真山」（求めてくれる人）が好き
なだけであって，武頼との間に構築されているような生活（＝愛）ではないの
だと悟ったことを表しているのだと思います。つまり純から真山に向けるかり
そめの愛は，「純のことが好きな真山」であるから好きであるという条件性の

愛のカタチでしかなく，真山のありのまますべて，真山の存在すべてを受容したいというわけではなかったのでしょう。このような理由から，相手が武頼であってこそ得られる「生活」としての愛のカタチではないことを，純は自身の心の中で納得し，無条件性と相互性に通ずる「かけがえのない代わりのきかない相手」（大野，2023）は，まさに武頼である，との決断を下したということなのだと思います。

　ただし作中では，純が「彼に（＝真山に）私って余韻がずっと残っていればいいなぁって思ったの」「もう二度とあんなキスはしないから」と策士的に回想する場面も描かれており，真山に対する，女としての（情愛としての）愛情は決して嘘ではなかったようです。フロム（Fromm, 1956）は，「性愛的な愛はどうしても長続きしない。親しくなるにつれ親密めいた奇跡めいたところがなくなり，やがて反感，失望，倦怠が最初の興奮のなごりを消し去ってしまう。しかし最初は2人ともそんなことは夢にも思わず，たがいに夢中になった状態，頭に血がのぼった状態を，愛の強さの証拠だと思い込む。だが，実はそれは，それまでの2人がどれほど孤独であったかを示しているにすぎないかもしれない」と述べています。これは実に，純の心の内を的確に表しているように感じます。このように考えると，愛と性愛（情愛）とは，どちらも人間にとって崇高なものではあるものの，両者の間には何かしら決定的なメカニズムの違いがあるように思われます。

　それでは，愛に見られる，無条件で相互性のある，特定の相手との間で持続的に結ばれる心的な関係性は，どのようにしてつくられるのでしょうか。以降では，「共同コミットメント」と「交感的コミュニケーション」という2つのユニークな概念を導入しながら，2人の愛の間で動き出す心理メカニズムについて，迫っていきたいと思います。

3　共同コミットメントの魔力

　共同コミットメントとは，哲学者であるギルバート（Gilbert, 1989; 2013）によって初めて提唱された概念で，「2人以上の人がコミットメントすること」

と定義しています。このままでは同語反復的であまり説明になっていませんので，もう少し例を加えて説明してみます。ギルバートは，「これから毎朝ジョギングしよう」と自分1人で決意して，それを約束事として実行するよう努めるといった規範的意識を，個人的コミットメントと呼んでいます。これに対し，2人以上の間で「これから毎朝一緒にジョギングしよう」と取り決めて約束事として実行するようなパターンを，共同（的）コミットメントと呼んで区別しています。特に後者の場合には，メンバーに義務が発生するという点が，両者の最も顕著な違いとなります（三木，2022）。個人的コミットメントでは，たとえそれを破ったとしても，自分だけで決めた個人的な約束事であるため，誰からも責められるいわれはありません。一方で，共同コミットメントはすなわち共同の約束事であるため，これを破れば，約束を交わしたメンバーはそれを非難する権利を得ることとなります。これゆえ，共同コミットメントでは他者に対する義務や責任を負っているのだと言われています（三木，2019；2022）。本章冒頭に添えた結婚式での誓いの様子は，まさに結婚という名の共同コミットメントを交わしているのだ，と考えることができるでしょう。

　それでは，愛自体も共同コミットメントと関連づけて考えることはできるでしょうか。以降では，少し遠回りにはなりますが，自分と相手の心を共有するための認知発達プロセスの観点から，愛の萌芽を眺めていきたいと思います。

　ギルバート（Gilbert, 2020）自身は，共同コミットメントを「心理的というより規範的」なものとして捉えて主に論じていますが，心理面や認知面から社会的な規範化までの流れを一気通貫して，非常に鋭く議論を展開している研究者に発達心理学者のトマセロ（Tomasello, 2010；2014；2018）がいます。トマセロによれば，共同コミットメント成立までのプロセスではいくつかの発達段階を経ることとなり，その内の1つに共同注意があります。ヒトは発達の過程で，次第に他者の視線の先に対して敏感になり，一緒に同じものを見るという「共同注意」ができるようになります。そして「一緒に」見るためには，自分があるものを見ながら，相手もまた同じものを見ていることを直接見て，自分と相手が同じものに注意を向けていることを理解する必要があります（浜田，1999）。このように，自分が見ると同時に，相手もまた同じものを見ているのだと気づ

く時，単に相手がそのものを見ているということを知るだけではなくて，その
ものをどのような見方で見ているのか，それを見てどう思っているのかなどと
いった，他者の視点取得のための足場かけともなります（浜田，1996）。

　この過程を通して，たとえば幼児は，お母さんと人形遊びをしていて一緒に
目の前の人形を見つめる時，単に自分が人形を見たり，お母さんが人形を見て
いることを理解すること以上に，お母さんが人形を可愛い可愛いとあやすよう
なふりをしたり，毛布をかけて寝かしつけるふりをしたりする様子から，お母
さんがその人形をどのように見て（見立てて）いるのかを，理解できるように
なります（大藪，2020；浜田，1996；高橋，1989）。このようにして，ヒトは自分
ではない他者が志向性（何らかの対象に心が向く作用）を持つこと，さらに志向
性の対象に対して自分とは異なる見方をしている可能性があることを理解でき
るようになります。

　ここからさらに成長すると，コミュニケーションを介して自分の志向性と他
者の志向性とをめぐり合わせる，志向性の接続ためのスキルと動機づけを獲得
し，互いの意図を共有し，共同の目標を立て，相手と協力した共同行為を行う
ことができるようになります。この心理作用のことをトマセロ（Tomasello,
2014）は，共同志向性と呼んでいます。もしこのような共同の目標を構築する
スキルや動機づけを持ち合わせていなければ，たとえば 2 人で大きな机を運ぼ
うとしたとしても，互いの意図をうまく合わせられずにスムーズな運搬ができ
ないかもしれません（Sebanz et al., 2006）。

　あるいは，狩りの場面でそれぞれ「空腹を満たしたい」という欲求のもと，
ターゲットとなる獲物を 2 人で並行して追いやって捕まえたとします。しかし
ここで両者は「一緒に狩りをして捕まえる」という共同目標を構築しているわ
けではないので，捕えた獲物を分け合わず，結果的にどちらか一方だけが総ど
りしてしまうこともあるかもしれません（Tomasello, 2014）。トマセロは，「一
人ひとりが獲物を捕まえたいと個別に臨んでいるのであれば，2 人が並行して
狩りをしているのであって，『共同』ということにはならない」と述べており，
つまり個々の「わたし」の意図の集合ではあるものの，「わたしたち」の意図
としては互いに認識できておらず，共同行為に十分にコミットできていない，

ということになります（Becchio & Bertone, 2004; Tomasello, 2014; 古畑・板倉,
2016）。

　トマセロは，これに重ねてさらにもう１つ重要なことに，「一人ひとりの
ゴールあるいは意図に関する行為内容——わたしたちは一緒に行為する——と，
わたしたちどちらもがそれを意図しているということをわたしたちどちらもが
理解しているという相互知識」が必要だと述べています（Tomasello, 2014）。

　ややこしい表現ですが，狩りの例で言えば，これから狩りをする２人が互い
に個々に「相手と協力して一緒に狩りを行おう」と考えていたとしても，しか
しまだこれでは「共同」であるとは言えません。２人で何かしらのコミュニ
ケーションを取り合って，２人が互いに「互いが『相手と協力して一緒に狩り
を行おうと考えている』ことを了解し合っている」状態となる必要があります。
簡単に言えば，「相手と協力して一緒に狩りを行う」ことがわたしたちの間で
の相互知識もしくは共通了解となっていなければならない，ということです。
もし仮に共通了解が成立していなければ，「相手と協力して一緒に狩りを行お
う」とそれぞれが個別に考えてはいるものの，けれどそれを相手と確認し合っ
たわけではないため，相手とちゃんと約束できているのかわからず，疑心暗鬼
となってしまいます。共通了解（約束事）となって初めて，「相手と協力して一
緒に狩りを行おう」とする意図が，２人の間で公のものとなって共同の約束事
と見なされるようになり，その結果，もちろん互いに協力して狩りを行おうと
もするし，途中で相手が怪我をすればその手当もするし，得た獲物を２人で仲
良く分け合うことにもなります。

　これは，共同コミットメントによって２人の間で互いに対する思いやりや，
約束事を最後まで完遂しようとする責任感といった道徳心が発生していること
を示しています。そして，一度共同コミットメントが構築されれば，そこには
自分と相手との間に等価性（同じ価値があるものと見なす）が生じ，共同体の一
員として理想的な役割を果たそうとします（Tomasello, 2018）。これは，大野
（2021）の言う相互性に通ずるものと言えるでしょう。

　このような共通了解に基づく協力は，人類進化の過程で得てきたヒト固有な
能力であると考えられており，共同目標の構築やそれに伴う規範的な傾向は，

図17-2　一緒にしようと個別に意図している様子（A）と，一緒にしようと意図して　いることが共通了解となっている様子（B）

ヒトの幼児でも見られるものの，チンパンジーなどの他の動物種では見られません（Hamann et al., 2012; Tomasello, 2020; 2022; Warneken et al., 2006）。

　幼児においては，たとえば集団遊びの場面で，紙を固めて作った偽の焼きいもを「熱い熱い」と言って本物のように見立てて，みんなで共犯的にウソッコを演じるごっこ遊び（岩田，2001）や，みんなで共有されたルールを守って鬼ごっこやハンカチ落としを楽しむルール遊び（田中，2014）ができるようになります。ウソッコやルールといった共同コミットメントは，いったんそれを引き受けてしまえば，そう簡単には反故にすることはできません（Searle, 2010）。それゆえみんなで約束したはずの共同幻想を，「それ，ただの紙じゃん」などと冷やかすようなマネは許されません。したがって，共同コミットメントは自分1人の都合で一方的に終えることはできず，終えてよいかどうかメンバーに相談して受け入れてもらう（約束事を破棄することを約束してもらう）プロセスを経る必要があり，このことから，共同コミットメントは，最初から終わりまで共同的な行為であると言われます（Tomasello, 2018）。

　ここまでをまとめて一般化すると，わたしたちが何か共同コミットメントを構築する際，心の中では，「わたしたちが『わたしたちが一緒に○○をする』ことを了解し合っている」といった心理状態を伴うことが想定されます。言葉ではややこしいですので，イラストで見てみましょう（図17-2）。

　図17-2Aではまだ共通了解とはなっておらず，それぞれが単に，「一緒に○○したい」と考えているだけの状態です。これに対して図17-2Bでは，そ

れぞれの「一緒に○○したい」という意図は，さらに外側から2人がともに知っている状態となり，共通了解となっています。このような，「わたしたち」を主語とする二重の入れ子構造的な心理状態となって初めて，「一緒にする」ことが「相互に顕在化された状態」（林，2016）となり，2人の間で公のものとして格上げされ，ここに共同コミットメントが構築されることとなります。そしてひとたび共同コミットメントが構築されれば，そこには2人だけの幻想空間が誕生し，そこでの共同の約束事を叶えるべく相互性が発揮されるというわけです。

　愛の話に戻りましょう。「わたしたち」を主語とした二重の入れ子構造的心理をもとに愛を考えてみると，「わたしたちが『わたしたちが互いに愛し合っている』ことを了解し合っている」といった具合に表現できそうです。また結婚式での誓いの場面では，2人の愛を2人だけの幻想空間から解き放ち，式場の牧師やたくさんの参列者たちの面前で了解する行為となり，晴れてその愛を広く公のものとして昇華させることができるのだとも考えられそうです。この行為はまさに，2人の間に深い愛情と強い決意があることの証左ともなり，このような背景から，新郎新婦にとって結婚の誓いは格別の感動をもたらすのかもしれません。

　しかし，ここで1つ疑問が残ります。当初の考察では，愛は無条件であり，目的のないものだと考えていました。ところがここでの見解では，「一緒に狩りをする」という共通了解を構築するからこそ，そこに共同コミットメントが締結されるがごとく，「互いに愛する」という共通了解を構築するからこそ，共同コミットメントが締結されて愛が芽生える，こととなってしまいます。愛を了解し合うから愛が生まれる，となるとそれは因果が矛盾していて，それに，いささか条件的にも感じます。真に無条件の愛であるのならば，もはや愛しているとかいないとかに関わらず，そんな次元をゆうに超越して，いついかなる時にも無意識のうちに愛が成立しているものと考える方が，より自然のような気がします。特にこのことは，純が言う「ときめきが消えても，愛が無くなるわけじゃない」との言葉にもよく表れています。それではこの超越した次元を，どのように考えれば良いのでしょうか。この問題をクリアするために2つ目と

して導入したい概念が，交感的コミュニケーションになります。

4　交感的コミュニケーションの魔力

　交感的コミュニケーション（phatic communication）とは，人類学者のマリノ
フスキー（Malinowski, 1923）が提唱した概念であり，「自由で，目的のない社会
的交際で使用される言葉」のことを指します。代表的なものはあいさつ行為で
あり，「いいお天気で」―「ほんとにねえ」や，「お出かけですか？」―「ええ，
ちょっとそこまで」といった，情報伝達機能をほとんど持たないような言葉の
やりとりがこれに当てはまります。これは情報の交換を目的とせず，親和的な
仲間意識を形成したり，維持したりするために行われる，感情的な交流表現で
あるとされます（宇佐美，1999；肖，2019）。端的にまとめると，あいさつは
「社交性があり」「情報性が低く」「目的性が弱い」という３つの特徴を持つと
され（肖，2019），あいさつ以外にも，雑談やおしゃべり，井戸端会議なども共
同体の一体感を高める波長合わせの働きを持っており，言葉を交わすことそれ
自体が，社会的絆を維持し強化することに役立っていると考えられています
（菅原，2010）。このような波長合わせの会話は，むしろ内容が希薄である方が，
交話機能に特化させられて都合が良いとも言えます（鈴木，1996）。また重要な
ことに，言葉を贈り，言葉が返ってくるその往還の中で，自分がコミュニケー
ションネットワークの中にいるということが実感され，自分の存在が承認され
たように感じる存在承認の機能も有するのではないか，と指摘されています
（丹木，2014）。ここまでのことを，図17-2にならってイラストにして考えて
みます（図17-3）。

　図17-3上では，２人が互いに「こんにちは」とあいさつを交わしている様
子を示しています。これだけでは表面上の味気ない言葉のやりとりのように感
じられますが，心理面を見てみると，図17-3下のようにリッチな構造をして
いることが想定されます。まず，互いに相手を認識してあいさつを行っている
ため，互いに「一緒にあいさつ行為をしていること」を理解しています。ここ
でさらに，互い目と目を合わせたりして，「あなたのことをちゃんと認識して

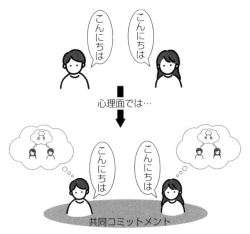

図17-3　交感的コミュニケーションの心理

るよ！」と伝えるシグナルを送り合って，２人によるあいさつ行為が２人の間で公のものとなっている時，互いに，互いが一緒にあいさつしていることを理解していることを，了解し合っていることにもなります。したがって，ここでも二重の入れ子構造的心理が形成されています。

　しかし図17-2と１つ異なる点は，あいさつは情報性が低くて目的性も弱く，あいさつをしようと思ってしているというよりもむしろ，自然に社交のためのコミュニケーションが誘発されているといったところになります。すなわち「一緒に○○をしよう」とするための「○○」に入るべき目的は特に存在せず（最も内側の吹き出しの中身は空白），そこには交感作用（社交作用）があるのみです。逆に考えれば，目的がないために，そこにあるのは入れ子の構造だけであり，交感作用は「空っぽの二重の入れ子構造」それ自体をトリガーとして機能していることが示唆されます。こう考えて，入れ子構造自体に注目すると，相手の心の構造の中に自分という存在が登場することに気づくこととなります。

　またさらに，二重の入れ子構造であるがために，「相手の心の中に自分が登場すること」を自分が知ることにもなります。これはちょうど社会心理学者のミード（Mead, 1934）が言う，「他者を通して自己を知る」ことにもつながります。他者の中に自己を発見することは，自己に対する強固な存在承認ともなり，

ここが，あいさつや雑談などの交感的コミュニケーションにおける最大の醍醐味となっているのでしょう。人と会った時にあいさつがないと，どこかソワソワしてしまうものですが，これは，あいさつがないことで互いの存在を否定しているかのように感じ，それが心の痛みとなって湧き上がってくる結果なのかもしれません。だから人は，あいさつせず沈黙をしている人を見かけると，自分の存在を否定してくる悪い人だと見なしてしまうのでしょう（肖，2019）。

　また，あいさつは共同体のウチとソトとをはっきりとさせる行為でもあり，ウチを結束させる一方で，ソトを排除することにもつながります（澤田，2015）。いじめにおけるあいさつ無視のような負の側面にはきわめて慎重な対応が要請されますが，「あなたとだからこそ」といった特別な幻想空間（ウチ）を創り出すためには，本来的に避けられない作業なのかもしれません。

　これで材料はそろいました。最後の第5節では，ここまでの議論をまとめて，筆者が考える愛の姿を描いてみたいと思います。

5　真実の愛

　ここまで，共同コミットメントと交感的コミュニケーションという2つのアイデアを導入しながら，愛の心理メカニズムについて考えてきました。第3節では，相互性が共同コミットメントの枠組みの中で立ち現れてくること，そしてそれが，「わたしたちが『わたしたちが互いに愛し合っている』ことを了解し合っている」といった，二重の入れ子構造的心理を伴うことを見てきました。次に第4節では，無条件性（無目的性）が交感的コミュニケーションの中に備わり，さらにこれが無目的であるからこそ，コミュニケーションそのものが互いの存在承認となっていることを見てきました。

　ここからが結論となります。以上の考察をまとめて愛の真の姿を想像してみると，相互性と無条件性に特徴づけられる愛においては，共同コミットメントの形成に伴う二重の入れ子構造的心理が構築され，かつ，一重目の入れ子の中身は，空っぽのまま目的性が極限まで薄らいだ状態，と考えることができるかもしれません。「空っぽで何も入らない」ことをもう少し厳密に言えば，何も

図17-4　真実の愛の構造（筆者案）

入れないのではなく，むしろそこに何でも入れることができて，いかなるもの
でも「あなた」と一緒に共同の目標や共同の約束事とすることができる，まさ
にそのような潜在的余地が用意されていることを表しているのだと思います。
だからこそ，「あなたがたとえどんな姿であってもどんな状態であったとして
も，あなたであればなんでも，わたしは無条件で受け入れたい。そしてあなた
のためなら，どんなことだって個人の問題をわたしたちの問題として2人のも
のとして共同で責任を負い，協力して取り組みたい」と思う。これが夫婦愛や
親子愛，友人愛，神からの愛などすべての愛に通ずる心理となって，どんなこ
とがあっても互いの存在承認と愛情を反故にされない，そのような強固で非目
的的な共同コミットメントが，心に芽生えているということなのだろうと思い
ます（図17-4）。

　本章第2節で登場した作品『それでも愛を誓いますか？』では，最終巻のラ
ストにこんな一幕があります。それまで会話がぎこちなかった純と武頼でした
が，めでたく関係を修復して幸せな夫婦生活を再スタートさせ，そこでふと，
「いってきます」―「いってらっしゃい」，「ただいま」―「おかえり」，「いた
だきます」―「ごちそうさま」，といったあいさつの言葉たちが，「全部つがい
の言葉だった」ことに気づきます（萩原，2022）（図17-5）。

　あいさつは何の目的も持たず，何の情報も持ちません。しかし目的も情報も
持たないからこそ，2人の間で愛を感じさせる特別な心の構造が，ほんのりと

213

図 17-5　最終巻のラストでの一幕

出所：© 『それでも愛を誓いますか?』／萩原ケイク／双葉社

浮かび上がってきます。ここで「いってきます」―「いってらっしゃい」と，つがいの言葉を交わすやりとりを通して，純と武頼という互いにとってかけがえのないつがいの存在が，互いの心の中でスポットライトを浴びることとなります。そして大好きなあなたの心の中に，「ああ，ちゃんとそこにわたしがいるんだな」と安心して感じられ，なぜだか無性に笑顔がこぼれてくる，そんな2人だけの温かな空間が，ひっそりとたたずんでいることでしょう。

　これが「愛」の正体なのだと思います。

おわりに
——相互理解と相互尊重のはざまで——

阪口幸駿・富田健太

1　あなたの「合う」とわたしの「合う」は，はたして合うのだろうか？

　ここまでお読みいただき，誠にありがとうございました。いかがでしたでしょうか。面白い発見や，新しい発想との出会いなどはございましたでしょうか。1つでも読者のみなさんの心に残る章がありましたら，執筆者一同，大変嬉しく思います。

　さて，本書は4つのテーマから構成されていました。具体的には，第Ⅰ部「合う／合わないとはどういうことか？」，第Ⅱ部「意識的に合わせるとはどういうことか？」，第Ⅲ部「自然に合わさるとはどういうことか？」，第Ⅳ部「合わせる・合わさることに付随した影響には，どんなものがあるのか？」について，順にご紹介してきました。これらのテーマを通して，わたしたち人間には潜在的に多様な「合う」の形が用意されていること，また，「合う」ことが人間関係にポジティブな影響を及ぼすことがわかりました。しかしながらその一方で，個人個人の求める理想形が微妙に異なることで，時として望まぬ影響も受けうる可能性があることもわかりました。そこで，ここでは章全体をふまえた締めのパートとして，これらの論点をもとに，執筆後に著者数名で実施したオンライン座談会の様子を，お届けしたいと思います。

　座談会のテーマはずばり，「合わせるのか，合わさるのか，そこが問題だ」です。互いの理想の「合う」の形を話し合い，そのうえで，あなたの「合う」とわたしの「合う」がいかに合うのか，それとも合わないのか，議論します。

2 座談会——合わせるのか，合わさるのか，そこが問題だ

【阪口】 それではさっそく，始めていきましょう。普段，富田先生とよく議論しているテーマの1つに，「ぼくたち人間にとって，最も理想的なコミュニケーションって，なんだろう？」という問いがあります。今日はこれについて，みなさんと一緒に楽しい議論ができればと思っています。最初に何か議論の種があった方が話しやすいかと思ったので，スライドを用意しています。これをちょっと見てみてください（下図）。

① あなたはどんな人なの？　② あなたはあなた

 VS.

≒ 相互理解(協調？協在？)　≒ 相互尊重(共調？共在？)

相互理解派　VS.　相互尊重派

【阪口】 これは，コミュニケーションに対する傾向を示したイメージ図です。非常に大雑把で恐縮ですが，わたしたちには大きく分けて，なんとなくこのような2つの派閥があるように考えています。そしてこれら2つのグループは，互いになかなかうまく合わないよなあとも，感じています。僕は①の相互理解派なので，まず僕から①について説明していきますね。ちなみに，相互理解派と相互尊重派という名称は，便宜上勝手にそう呼んでいるだけですので，専門用語というわけではありません。

　①の図で表される相互理解派は，何か

2人以上で協力して一緒にやらないといけない作業がある時に，互いに積極的に相手に合わせようとしたり，積極的に相手のことを理解しようとしたりして，どんどん協調していくイメージです。たとえば2人で一緒に遊園地に行ったとして，相手が「あれに乗りたい！」と言った際に，自分はそんなに乗りたくないなあと思っていたとしても，まあいっか，と相手に合わせる感じです。次に富田先生，②の説明をお願いします。

【富田】 私は阪口先生とは逆で，②の相互尊重派です。相互尊重は，自分と異なる価値観を持った人々とは積極的には関わらずに，同じ価値観を持つ人々との中でのみ，小さな村を形成して生きていくような感じです。一見すると，この考え方は排他的にも見えるかもしれません。私の真意としては，異なる価値観を持っている他者を尊重して多様性を認め，積極的に放置を実施したいということです。対比して言えば，阪口先生の相互理解は，「人類皆兄弟」なのだし，せっかくなら協力して合わせ合っていこうという考え方に近く，私の相互尊重では，価値観や目的がもとから合わさっている人同士で集まって，世界に小さな村やコミュニティが無数に形成されているイメージです。

【阪口】 ありがとうございます。とてもわかりやすいです。さてここで難しいのは，①も②もどちらも良いところと悪い

ところがあって，一長一短だということです。①の相互理解派としては，結局①と②の2つの異なる価値観があるのだから，しっかり互いに理解し合って話し合いをしなければ，いつか争いが生まれてしまうのではないかと危惧しています。そしてそれが功を奏す場面もありそうではあるのですが，しかし②の相互尊重派としては，結構この，「理解し合おう」という姿勢の圧がしんどい。一方で，②の相互尊重派は，異なる価値観の他者とはむやみに関わらずに，互いに無関心であるおかげで不必要な衝突が避けられ，それに気を使わなくて良い分，ストレスもなく自由に生きられそうです。しかし，いざ価値観の異なる他者との協力が必要な場面を迎えてしまった時，うまく他者と関係性を構築できないおそれがあります。

さてここからが本題ですが，コミュニケーションの専門家であるみなさまは，このような独自の「合う」の思想を掲げる2つのグループについて，どのような感想を持たれるでしょうか。また，わたしたち人間の間で交わされるべき，理想の「合う」の形とは，どのようなものだとお考えになりますでしょうか。本書でご執筆された内容もふまえて，それぞれご意見をお聞きしたいと思います。まずは私と同じ①相互理解派だという先生，お願いできますでしょうか。

【小林】　私自身は，基本的には相互理解派かなと思っていますが，そうは言っても，相互理解も相互尊重も，最後はどちらも必要だと考えています。「理解」の

まったくないところに尊重は生まれないでしょうし，同時に，一定の理解はしたうえで，「尊重」するという姿勢もやはりとても重要です。ただその際に，「尊重」という美しい言葉の陰で，「弱い人」を放置するようなことにつながってはいけないようには思っています。

【石塚】　私もまずは相互理解が良いと考える立場です。ただし，相互理解をしようと試みてコミュニケーションを行った結果，わかり合うことができず相互尊重に移行するというステップがあっても良いように思えます。また，これは，一律的に相互理解or相互尊重のどちらかに固定されるのではなく，どのような関係性の相手，文脈，コミュニケーションを想定するのかによって変わってくるのではないでしょうか。たとえば，パートナーと映画の話は理解し合い，一緒に楽しめるが，車の話やファッションの話は一緒に楽しめず，その趣味に関しては互いに尊重するということもあるかもしれません。

【栗原】　私の性格的には相互尊重派ですが，理想的なのは相互理解ではないかと思います。ただ，強制的に相互理解をするのではなく，自然と気持ちが合うという状態が心理的にも楽であり，理想ではないかと思います。

【阪口】　みなさん，ありがとうございます。では，次は②相互尊重派の意見を聞いてみたいと思います。

【富田】　一昔前であれば，確かに他者に合わせないと生きていけない社会だったでしょう。ただし，現在は，スマホが1

つあれば1人で世界中どこでも仕事ができますし，合わない人と無理に合わせなくても，生きていける世界になってきているということです。そのため，価値観の合う人たちと小さい村・コミュニティを作る方が良いのではないでしょうか。また，研究においても，2者間のコミュニケーションには理想的なペアがあるということも報告されています。裏を返せば，気質的に合わない人同士もいるということです。

【坂田】　私は，多様性を認めるうえでは相互尊重の考え方が重要になってくると考えます。ただ，これも石塚先生と同様に，状況によって相互理解にも相互尊重にもなりうると思います。実際，社会心理学では，人の意思決定はその行動のトピックによって大きく変動することも知られています。

【谷本】　私も状況によって相互理解と相互尊重を使い分けるのが良いと思っていますが，ムラ社会や学校生活などにおいて，相互理解が過度に求められているような気がするので，自分自身を含めて個々人を大切にする相互尊重のコミュニケーションのあり方が望ましいと考えました。自分の意見を主張したうえで相手の意見も聞き，双方にとってベストな対策を考えられる人たちにとっては相互理解も良いと思いますが，お互いが積極的に相手に合わせようとしすぎるあまり，相手の本音を聞き出すために，お互いに自分の本当の意見を飲み込んでしまうという人たちも一定数いるのではないかと考えます。そうすると，誰にとっても嬉

しくない行動が選択されうるので本末転倒だと思いました。

【阪口】　みなさん，ありがとうございます。それでは各々の立場が出揃ったところで，議論を前に進めるために，ここで1つ質問をさせてください。小林先生の意見の中に，相互尊重の世界での，「弱い人を置き去りにする危険性」についての指摘がありました。たとえば相互尊重派の人が，「自分には今の職しか仕事がない。この職を失ったら食べていけない」となった場合に，その職を解雇されずに続けるために，相互理解の精神で，無理にでも他者と合わせなければいけない状況に陥っているとします。さてこのような場面では，この方は，相互理解派へ身売りして苦しい思いをする他ないのでしょうか？　もう少し一般化して言ってみると，社会の中で生きていると，気の合わない他者とも意思を合わせなければいけない状況が，必ず生じてきます。このような状況においては，どのような条件があれば，相互尊重派も他者と心地良く合わせようと思えるのでしょうか？本書の内容を加味するなら，たとえばあらかじめダンスを一緒に踊るなどすれば，2人の意思が自然に合わさる下地が作られるようなことは，あったりしそうでしょうか？

【栗原】　うーん，これは難しいですね。ダンスによって，他者に強く寄り添いたくなる人もいるでしょうし，そうでない人もいると思います。さらに，富田先生の「気質」の話と同じで，たとえば，自閉スペクトラム症（ASD）の人は同じ

ASD の人とコミュニケーションがとりやすく，彼らは定型発達の人とはコミュニケーションがとりづらいという報告もあります。やはり，その人それぞれの「気質」に大きく依存するように思えます。ただ，脳に電気刺激が与えられることで，脳活動が変容され，行動が変わることはあります。たとえば実際，2 人の脳活動を特殊な機器によって同期させると，その 2 人のリズムが合う，つまり息が合うようになるという報告もあります。

【阪口】 脳の同期によって息が合うことで，集団凝集性が高まり，相互理解的な行動が生じやすくなるイメージでしょうか。なるほど，これはなかなか SF チックな話で面白いですね。ただ，電気刺激はなかなかチャレンジングだと思うので，もう少し他の方法も探ってみたいところです（笑）。谷本先生，「笑い」の力はいかがでしょうか？

【谷本】 「笑い」というのは，ある程度，遺伝子レベルで誰にでも効果があるものだと思います。ただ，富田先生や栗原先生の「気質」の話に近く，仲の良い人同士で「笑い」を共有することはより親密度を高めますが，全員に一律に同じように効果的とは限りません。むしろ，グラグラと揺れる吊り橋を一緒に渡ることで他者への好感度が上がる吊り橋効果などのような，体験の共有の方がより効果的なのではないかとも思ったりします。

【富田】 すみません，今の議論は相互尊重派の私からすると少々，作為的，または非倫理的にも思えます。最初のお題は，そもそもが，「異なる価値観を持ってい

る人たち」が，どのようにして寄り添うことができるかというものだったと思います。そしてその手段として，ダンスや笑い，吊り橋効果などが挙げられました。ただ，そのような行為を介在させなければ仲良くなれない人たちと，本当に仲良くする必要はあるのでしょうか？ また，恋愛においても，「自分は相手と付き合いたい」と思っているが，「相手はあなたと付き合いたくない」とした時に，そのような状況で吊り橋効果を使って，どうにかしてでも付き合おうとするのは，これもまた性格が少々悪いと思います（笑）。

【小林】 確かに，富田先生の今の話は近年，経済学の世界で大問題となっています。本人が気づかないようなレベルで，人の行動・心理をコントロールして良いのかということです。たとえば，企業などは，消費者の行動をコントロールする手法をマーケティングの中に組み込んでいる場合があります。結果として，消費者は本当に自らの意思で商品を購入しているのだろうかという問題が起きています。また，このコントロールによって，結果的には本人も幸せになるという場合でも，それは倫理的にどうなのかという問題や，さらにもし，結果的に「間違った選択」に誘導していた場合の責任をどうとるのかといった問題もあります。

【阪口】 なるほど。そう言われてみると，今考えていたダンスや笑いによる「自然に合わさる」作戦は，どうしても作為的な意図が見え隠れしてしまって，むしろ不自然な印象もありますね。では，何か

他に良い案などはあるでしょうか？

【富田】　この話を日頃していると，どういった日常場面を想定しているのかという具体がおざなりになり，抽象的な話に固執するきらいがある気がします。すでに，他の先生方もおっしゃっているように，行動にはいくつものレイヤーがあり，状況依存的に相互理解なのか相互尊重なのかが遷移することは，相互尊重派の私も賛同します。なので一度，少し具体例を出してみませんか？

【阪口】　それでは冒頭で例に出した遊園地のケースで，「仕事の同僚みんなで遊園地に遊びに行くことが決まったが，あなたは行きたくない」といった場面を考えてみましょうか。あ，けどあんまりこの例は良くないのかな？　現実的には仕方なく行くという人が多い気がしますよね，特に日本人だと。つまり，相互理解的なふるまいをしそうな……。

【小林】　集団主義文化と個人主義文化の違いを話しているような気がしていますが，理解は合っていますでしょうか？

【阪口】　概ね，それに近い理解で良いと思います。つまり，集団主義文化圏では相互理解が是認されやすい傾向にあるだろうし，個人主義文化圏では相互尊重が是認されやすい傾向にあったりするのかもしれません。

【富田】　もしそうであるのなら，相互理解多数派のコミュニティにいる相互尊重派の人は，相互尊重多数派のコミュニティへ移動する，という方法はどうでしょうか。遊園地に行く判断をする人が多数派であるコミュニティから，そうで

ないコミュニティへと旅立つ，といったように。

【阪口】　まさに相互尊重派ならではの発想のように感じました。目から鱗です！僕は，そのままのコミュニティのままで，相互理解派と相互尊重派が共存するための，新しいコミュニケーションの枠組みができないものかなあとばかり，考えていました。これはこれで，まさにどっぷり相互理解派に染まった発想ですね。ちなみに富田先生の案だと，やはりなお，そのコミュニティから逃れることができるほどの，１人で生きられるような強い相互尊重派の人しか報われない，という点は懸念として残りませんか？

【富田】　そうですね。そういう意味では確かに，共存できる枠組みが構築できたら理想ですね。うーん，たとえば，税金の累進課税など，社会制度で調整ができたら良いのかなと政治・経済の素人的にはパッと思ってしまいますが，難しい点ですよね。

【小林】　お話をうかがっていて，貨幣，つまりコインにまつわる議論を思い出しました。コインが出現する以前の社会，たとえば狩猟採集社会では，人は集団から外れては生きていけないので，いわば「相互理解」を強いられていたと言えるかもしれません。しかし「コイン」というものが出現し，腐らずに価値を保ち，しかも持ち歩くことができる便利なものが生まれたことで，コインさえあれば，個人が集団から独立して生きていけるようになった。独立は裏を返せば孤立ですから，個人の孤独を描く文学作品は，貨

幣の出現によって生まれたとする人もいます。

【阪口】 社会レベルからの非常に重要なご指摘ですね。相互理解と相互尊重のシーソーゲームにおいて，貨幣がゲームチェンジャーとなった可能性，大変興味深いです。その他には近年のスマホやSNSの普及に代表されるデジタル化なんかも，個人化と多様化に拍車がかかることとなって，相互尊重の後押しに一役買ってそうですね。ちょっと話は変わりますが，同じ社会レベルという意味では，近年注目されるようになった，ASDの方々の特異なコミュニケーション様式や，それに起因する生きづらさも，何か議論のヒントとなるようなことがあるかもしれません。石塚先生，このあたりいかがでしょうか。

【石塚】 おっしゃるように，ASDは定型発達とは異なる表現の仕方，コミュニケーションのとり方が見られます。現代の社会では，ASDは少数派になりやすく，多数派を作る定型発達が考える「普通・当たり前」とASDが思うそれが異なるため，特に学校や職場等の集団生活で生きづらさを感じることは多くなります。しかしそれはASDに限らず，所属する集団コミュニティによって，誰もに起こりうることだと感じています。そのように考えると，誰もが，富田先生が提案するコミュニティを移動する選択と，阪口先生が提案するコミュニティの中でうまくやっていこうとする選択のどちらも選べる，ということが大事なのかなと思いました。実際にASDの子どもたち

やその保護者の方々と関わる時には，状況に合わせながらどちらの選択肢も提案します。

【富田】 ASDと定型発達がいた場合，ASDしかいないコミュニティを作るというのはどうなのでしょうか？ 実際，栗原先生もおっしゃったように，ASDはASD同士ではコミュニケーションがうまくいくという研究もありますし，ASDというのは，あくまで大多数からズレるからASDと定義されるわけじゃないですか。つまり，ASDしかいないコミュニティができたら，ASDはASDではなく「定型」発達になりますよね。

【石塚】 富田先生がおっしゃったことは，社会モデルの話だと思いました。コミュニティが変われば，ASDという定義がなくなるということですよね。現在の社会では，たまたまASDが少数派ですが，ASDが多数派な社会では，定型発達が生きづらさを感じ，「ASDを理解できない障害」になるのだろうと思っています。コミュニティを作るというアイデアには部分的に賛成です。部分的という意味は，ASDと定型発達という括りではなく，考え方や趣味趣向でコミュニティを作る方が良いと思ったからです。ASDと定型発達という言い方をしますが，ASDの定義の考え方はスペクトラム（連続体）なので，そこの間に明確な境界線があるわけではないのと，個人個人も異なります。そのため，ASDと定型発達という区切り方は現実的にはうまくいかないのではと思いました。

【富田】 そうすると逆に言えば，科学・

テクノロジーを用いて，何かしらの特性で厳密に区切れるのであれば，相互尊重の方が良いということにもなりますか？

【石塚】 特性で厳密に区切れるかはわからないのですが，確かに私の今言った意見は，相互尊重ですね（笑）。ただ，私自身がASDの子どもたちと関わる時には，「あなたのことが知りたいです。教えてくれませんか？」というスタンスなので，相互理解的な関わり方をしているように思います。

【阪口】 ここまでの議論をまとめると，なんとなくもはや，時代的には相互尊重の方がマッチしている気もしてきましたね。自分に合うコミュニティの中でまず生きてみて，違うと思えばさっと別のコミュニティに移る。そしてどうしても異なる他者や異なる外集団とのコミュニケーションが必要となった際には，デジタルツールを活用して間接的に意思疎通を図り，負担の少ない形で合わせていく。ただ，そうは言ってもわたしたち相互理解派は，合わせることを相手に求めたがってしまう生来の性があるので，それを抑えきれずにデジタルツールの中でも積極的にアプローチをかけちゃうかもしれませんが。

【富田】 それ，めちゃくちゃ嫌なやつ（笑）。

【谷本】 さっきの遊園地の例に戻りますが，相互理解派の人はAさん（相互尊重派の人）が「遊園地に行かない」という選択肢を尊重する（それがAさんを理解したということになるから）ことで相互理解派多数の集団の中にAさんを受け入

れるということにはならないのでしょうか？ 一方で，相互尊重派の人たちも，遊園地に行くこと自体に楽しみを見つけられる場合は，誰と行くのであっても遊園地に行こうと考えると思います。もしその集団の人たちが，全員でどこかに行かなければならないという強い意識を持っている場合は，相互尊重派の人たちの趣味に合わせた場所に行くという手段もあるのかなと思いました。

【阪口】 そこが難しいところで（笑）。相互尊重派の人の意思を理解して，それに寄り添うところまではOKなんです。けど，「相互」理解派なので，じゃあこっちは理解したんだからそっちも私のことを理解して，私に合わせてくれてもいいじゃない，とか思っちゃうんですよね，きっと（笑）。自分が相手の意思を理解して尊重するばかりだと，一方通行なので疲れちゃうんです。「私のこともわかってよ！」って。

　そういえば，富田先生は家族に対してであれば，相互理解派のふるまいをすると以前聞いた覚えがあります。それを考えると，普段のプライバシーの意識は高いけれども，本当に心を許せる仲の相手であれば，その相互尊重の傾向がやや薄らぐみたいな感じなのでしょうか。

【富田】 相互尊重派の私としては，本当に心を許せる人となっている時点で，価値観が合う他者なので，相互尊重が薄らぐというイメージとは異なります。ただ，これが家族，その中でも血縁関係のある者同士ならば，相互尊重だけでなく相互理解的なコミュニケーションをとるかも

しれません。相互尊重派全員がそうかはわからないですが，私に関してはその通りですね。

【阪口】　家族と家族でない者との間の違いには，どんな要素がありそうですか？

【富田】　いわゆる，「無償の愛」ではないでしょうか？　私は，血のつながりが重要だと感じています。血のつながらない恋人同士の2人が，誤解を恐れずに言えば，相手に何かしらのメリットを感じているからこそ，交際関係が生じているのだと言えると思います。しかし，その利害関係が崩壊すれば，2人の交際関係も崩壊するでしょう。道徳的に褒められるかどうかは置いておいて，「今の恋人よりも良い条件の人ができたから別れる」「お金がなくなったから離婚」「カッコよく／綺麗ではなくなったから離婚」といった実例はたくさんあります。一方で，血のつながりを持った関係である母親から子どもへの関係を見ると，自分の遺伝子を残す目的を超越した愛情があるように思えます。そして子ども側も，本来は年老いた親のことを気遣ったり世話をしたりしても何のメリットもないはずなのに，なぜか手を差し伸べます。これは，何となく，親から子への無償の愛が注がれたがゆえに，子から親への相互理解や無償の愛に近いコミュニケーションが生じているような気がします。

【阪口】　鋭い指摘ですね。しかしそうなると，血のつながりがないことになる恋人や夫婦の間には一生，「無償の愛」は芽生えないことになるのでしょうか？

【富田】　恋人と付き合う時には，外見・年収・性格・子ども希望の有無など，様々な条件を考慮して付き合うのではないかと思います。各項目をどの程度重視するかは個人によって異なるでしょうが，私はすべての条件が自分の中の一定基準に達していなければお付き合いはしません。つまり，わかり合おうとか，一緒に成長していこうなんて考えません。一定程度は成熟し合った2人がお付き合いするのがベストだと考えます。これはまさに，相互尊重的な考えかと思います。

【阪口】　互いに無理に合わせようとはせずに，それぞれが本当に求めるところにいる相手が偶然現れた場合に，お付き合いするということなんですね。そうすると，相互理解と相互尊重の違いは，「無償の愛」の適用範囲の広さを指標とすることができるでしょうか。前者は，夫婦はもちろんとして恋人や親友など，ある一定以上の親密性にある他者に対して広く発動し，後者は，その対象となる範囲がより狭いと。僕の第17章の話で言えば，2人の愛が構築される共同コミットメントの適応範囲が広いか狭いか，とも言えそうですね。

【富田】　そうだと思います。

【阪口】　ありがとうございます。そろそろ時間ですので，何か結論がほしい頃合いになってきました。どうしましょうか？　相互理解派の理想の「合う」の形と，相互尊重派の理想の「合う」の形は，果たしてうまく合うのでしょうか？

【富田】　面白いことに，私と阪口先生は普段から「合って」るんですよね。合ってなければ，こうやって一緒に書籍を作

ることもなかったでしょうし。

【阪口】　まあ，言われてみれば（笑）。結構いつもバチバチやり合ってるんで，この座談会を読んでいる読者も，もしかしたら僕と富田先生の仲が悪いのではないかと心配する声も聞こえてきそうではありますが。それは杞憂でして……。

【富田】　私と阪口先生の関係性の中にすでに，2つの「合う」が溶け込み合った理想形が，出来上がっているのかもしれませんね。

【阪口】　そんな気もしますね。なぜなんでしょうね，それは。まあけど，そしたら答えはもう，この座談会の中で表現されていたとも言えそうで！　やや強引な締めで恐縮ですが，ここでいったんの幕引きといたしましょう。またこうやって，話し合える機会ができたらいいですね。次回はもっとうまく言語化して，しっくりくる結論が導き出せそうです。それではみなさん，本日は座談会にご参加いただき，どうもありがとうございました。

3　みんなで幸せになれる，理想の「合う」を目指して

　今回の座談会では，相互理解と相互尊重という2つの「合う」の形に焦点を当てて，議論しました。しかしながら実際のところ，「合う」の理想は人によってバラバラで，人の数だけ多様な好みがあることでしょう。そこで大事なのは，先入観を持たずに，その人その人の理想を互いにまずよく知ることです。私自身も，自分の知らない「合う」の形が，まだまだたくさんあるのだろうと思っています。答えのない問いではありますが，コミュニケーションの多様化が急速に進む現代社会を生き抜き，将来の社会を迎えるうえで，少しでも何か気づきをご提供できましたら幸いです。

　ぜひ，みなさんの理想の「合う」を教えてください。みんなの理想の「合う」が集まれば，きっと未来は愛に満たされて，幸せな世界が広がっていくことでしょう。このことを願ってまた次回，どうぞご期待いただければと思います。

引用・参考文献一覧

【第 1 章】

Pouw, W., & Holler, J. (2022). Timing in conversation is dynamically adjusted turn by turn in dyadic telephone conversations. *Cognition, 222*, 105015.

天野薫・西田眞也 (2020). 反応時間および同時性知覚の神経基盤　基礎心理学研究, *38*(2), 232-236.

Anshel, A., & Kipper, D. A. (1988). The influence of group singing on trust and cooperation. *Journal of Music Therapy, 25*(3), 145-155.

Hove, M. J., & Risen, J. L. (2009). It's all in the timing: Interpersonal synchrony increases affiliation. *Social Cognition, 27*(6), 949-961.

Takamizawa, K., & Kawasaki, M. (2019). Transfer entropy for synchronized behavior estimation of interpersonal relationships in human communication: Identifying leaders or followers. *Scientific Reports, 9*, 10960.

Tomyta, K., Saito, N., & Ohira, H. (under revision). The physiological basis of leader-follower roles in the dyadic alternating tapping task.

Bowling, D. L., Herbst, C. T., & Fitch, W. T. (2013). Social origins of rhythm? Synchrony and temporal regularity in human vocalization. *PLOS ONE, 8*(11), e80402.

Repp, B. H. (2006). Does an auditory distractor sequence affect self-paced tapping? *Acta Psychologica, 121*(1), 81-107.

Tomyta, K., & Seki, Y. (2020). Effects of motor style on timing control and EEG waveforms in self-paced and synchronization tapping tasks. *Neuroscience Letters, 739*, 135410.

Sabu, H., Morita, T., Takahashi, H., Naito, E., & Asada, M. (2019). Being a leader in a rhythmic interaction activates reward-related brain regions. *Neuroscience Research, 145*, 39-45.

Kokal, I., Engel, A., Kirschner, S., & Keysers, C. (2011). Synchronized drumming enhances activity in the caudate and facilitates prosocial commitment-if the rhythm comes easily. *PLoS ONE, 6*(11), e27272.

【第 2 章】

Montague, P. R., Berns, G. S., Cohen, J. D., McClure, S. M., Pagnoni, G., Dhamala, M.,

Wiest, M. C., Karpov, I., King, R. D., Apple, N., & Fisher, R. E. (2002). Hyperscanning: Simultaneous fMRI during linked social interactions. *Neuroimage, 16* (4), 1159-1164.

Hasson, U., Nir, Y., Levy, I., Fuhrmann, G., & Malach, R. (2004). Intersubject synchronization of cortical activity during natural vision. *Science, 303* (5664), 1634-1640.

Aguirre, G. K., Zarahn, E., & D'Esposito, M. (1998). An area within human ventral cortex sensitive to "building" stimuli: Evidence and implications. *Neuron, 21* (2), 373-383.

Epstein, R., & Kanwisher, N. (1998). A cortical representation of the local visual environment. *Nature, 392* (6676), 598-601.

Haxby, J. V., Hoffman, E. A., & Gobbini, M. I. (2000). The distributed human neural system for face perception. *Trends in Cognitive Sciences, 4* (6), 223-233.

Kanwisher, N., McDermott, J., & Chun, M. M. (1997). The fusiform face area: A module in human extrastriate cortex specialized for face perception. *Journal of Neuroscience: The Official Journal of the Society for Neuroscience, 17* (11), 4302-4311.

Pérez, A., Carreiras, M., & Duñabeitia, J. A. (2017). Brain-to-brain entrainment: EEG interbrain synchronization while speaking and listening. *Scientific Reports, 7,* 4190.

Dumas, G., Nadel, J., Soussignan, R., Martinerie, J., & Garnero, L. (2010). Inter-brain synchronization during social interaction. *PLoS ONE, 5* (8), e12166.

Kawasaki, M., Yamada, Y., Ushiku, Y., Miyauchi, E., & Yamaguchi, Y. (2013). Inter-brain synchronization during coordination of speech rhythm in human-to-human social interaction. *Scientific Reports, 3,* 1-8.

Koike, T., Tanabe, H. C., Okazaki, S., Nakagawa, E., Sasaki, A. T., Shimada, K., Sugawara, S. K., Takahashi, H. K., Yoshihara, K., Bosch-Bayard, J., & Sadato, N. (2016). Neural substrates of shared attention as social memory: A hyperscanning functional magnetic resonance imaging study. *NeuroImage, 125,* 401-412.

Balconi, M., & Vanutelli, M. E. (2017). Brains in competition: Improved cognitive performance and inter-brain coupling by hyperscanning paradigm with functional near-infrared spectroscopy. *Frontiers in Behavioral Neuroscience, 11,* 163.

Cui, X., Bryant, D. M., & Reiss, A. L. (2012). NIRS-based hyperscanning reveals increased interpersonal coherence in superior frontal cortex during cooperation. *NeuroImage, 59* (3), 2430-2437.

Hamilton, A. F. de C. (2021). Hyperscanning: Beyond the hype. *Neuron, 109* (3), 404-407.

Kingsbury, L., Huang, S., Wang, J., Gu, K., Golshani, P., Wu, Y. E., & Hong, W. (2019).

Correlated neural activity and encoding of behavior across brains of socially interacting animals. *Cell, 178*(2), 429-446, e16.

Kurihara, Y., Takahashi, T., & Osu, R. (2022). The relationship between stability of interpersonal coordination and inter-brain EEG synchronization during anti-phase tapping. *Scientific Reports, 12*, 1-13.

Schmidt, R. C., Carello, C., & Turvey, M. T. (1990). Phase transitions and critical fluctuations in the visual coordination of rhythmic movements between people. *Journal of Experimental Psychology: Human Perception and Performance, 16*(2), 227-247.

Pan, Y., Cheng, X., Zhang, Z., Li, X., & Hu, Y. (2017). Cooperation in lovers: An fNIRS-based hyperscanning study. *Human Brain Mapping, 38*(2), 831-841.

Kinreich, S., Djalovski, A., Kraus, L., Louzoun, Y., & Feldman, R. (2017). Brain-to-brain synchrony during naturalistic social interactions. *Scientific Reports, 7*, 17060.

Long, Y., Zheng, L., Zhao, H., Zhou, S., Zhai, Y., & Lu, C. (2021). Interpersonal neural synchronization during interpersonal touch underlies affiliative pair bonding between romantic couples. *Cerebral Cortex, 31*(3), 1647-1659.

Reindl, V., Gerloff, C., Scharke, W., & Konrad, K. (2018). Brain-to-brain synchrony in parent-child dyads and the relationship with emotion regulation revealed by fNIRS-based hyperscanning. *NeuroImage, 178*, 493-502.

Miller, J. G., Vrtička, P., Cui, X., Shrestha, S., Hosseini, S. M. H., Baker, J. M., & Reiss, A. L. (2019). Inter-brain synchrony in mother-child dyads during cooperation: An fNIRS hyperscanning study. *Neuropsychologia, 124*, 117-124.

Nguyen, T., Schleihauf, H., Kungl, M., Kayhan, E., Hoehl, S., & Vrtička, P. (2021). Interpersonal neural synchrony during father-child problem solving: An fNIRS hyperscanning study. *Child Development, 92*(4), e565-e580.

Azhari, A., Leck, W. Q., Gabrieli, G., Bizzego, A., Rigo, P., Setoh, P., Bornstein, M. H., & Esposito, G. (2019). Parenting stress undermines mother-child brain-to-brain synchrony: A hyperscanning study. *Scientific Reports, 9*, 11407.

Acevedo, B. P., Aron, A., Fisher, H. E., & Brown, L. L. (2012). Neural correlates of long-term intense romantic love. *Social Cognitive and Affective Neuroscience, 7*(2), 145-159.

Kurihara, Y., Takahashi, T., & Osu, R. (2023). The topology of interpersonal neural network in weak social ties. *bioRxiv*.

Parkinson, C., Kleinbaum, A. M., & Wheatley, T. (2018). Similar neural responses predict friendship. *Nature Communications, 9*, 1-14.

Zhang, W., & Yartsev, M. M. (2019). Correlated neural activity across the brains of socially interacting bats. *Cell, 178*(2), 413-428, e22.

Tseng, P.-H., Rajangam, S., Lehew, G., Lebedev, M. A., & Nicolelis, M. A. L. (2018). Interbrain cortical synchronization encodes multiple aspects of social interactions in monkey pairs. *Scientific Reports, 8*, 1-15.

Novembre, G., & Iannetti, G. D. (2021). Proving causality in hyperscanning: multibrain stimulation and other approaches: Response to Moreau and Dumas. *Trends in Cognitive Sciences, 25*(7), 544-545.

Zaehle, T., Rach, S., & Herrmann, C. S. (2010). Transcranial alternating current stimulation enhances individual alpha activity in human EEG. *PLoS ONE, 5*(11), e13766.

Novembre, G., Knoblich, G., Dunne, L., & Keller, P. E. (2017). Interpersonal synchrony enhanced through 20Hz phase-coupled dual brain stimulation. *Social Cognitive and Affective Neuroscience, 12*(4), 662-670.

Szymanski, C., Müller, V., Brick, T. R., von Oertzen, T., & Lindenberger, U. (2017). Hyper-transcranial alternating current stimulation: Experimental manipulation of inter-brain synchrony. *Frontiers in Human Neuroscience, 11*, 539.

【第 3 章】

Masur, E. F. (2006). Vocal and action imitation by infants and toddlers during dyadic interactions: Development, causes and consequences. In S. J. Rogers & J. H. G Williams (Eds.), *Imitation and the social mind: Autism and typical development* (pp. 27-47). Guilford Press.

Pelaez, M., Borroto, A. R., & Carrow, J. (2018). Infant vocalizations and imitation as a result of adult contingent imitation. *Behavioral Development, 23*(1), 81-88.

Sanefuji, W., & Ohgami, H. (2011). Imitative behaviors facilitate communicative gaze in children with autism. *Infant Mental Health Journal, 32*(1), 134-142.

Berger, N. I., & Ingersoll, B. (2015). An evaluation of imitation recognition abilities in typically developing children and young children with autism spectrum disorder. *Autism Research, 8*(4), 442-453.

Sauciuc, G. A., Zlakowska, J., Persson, T., Lenninger, S., & Madsen, E. A. (2020). Imitation recognition and its prosocial effects in 6-month old infants. *PLOS ONE, 15*(5), e0232717.

Masur, E. F., & Olson, J. (2008). Mothers' and infants' responses to their partners' spontaneous action and vocal/verbal imitation. *Infant Behavior and Development, 31*(4), 704-715.

Pelaez, M., Virues-Ortega, J., & Gewirtz, J. L. (2011). Reinforcement of vocalizations through contingent vocal imitation. *Journal of Applied Behavior Analysis, 44*(1), 33-40.

Neimy, H., Pelaez, M., Carrow, J., Monlux, K., & Tarbox, J. (2017). Infants at risk of autism and developmental disorders: Establishing early social skills. *Behavioral Development Bulletin, 22*(1), 6-22.

van Baaren, B. R., Decety, J., Dijksterhuis, A., van der Leij, A., & van Leeuwen, L, M. (2010). Being-imitated: Consequence of nonconsciously showing empathy. In J. Decety & W. IcKes (Eds.), *The Social Neuroscience of Empathy* (pp. 31-42). MIT Press.

Hasumoto, R., Nakadai, K., & Imai, M. (2020). Reactive chameleon: A method to mimic conversation partner's body sway for a robot. *International Journal of Social Robotics, 12*, 239-258.

Reed, B. S. (2020). Reconceptualizing mirroring: Sound imitation and rapport in naturally occurring interaction. *Journal of Pragmatics, 167*, 131-151.

荻原稚佳子 (2015). 日中母語話者の繰り返しを含む会話の連鎖からみえる会話スタイル—質問——応答場面の連鎖を中心に—— 多文化関係学, *12*, 39-55.

Hale, J., & Hamilton, A. F. D. C. (2016). Testing the relationship between mimicry, trust and rapport in virtual reality conversations. *Scientific Reports, 6*, 35295.

Ishizuka, Y., & Yamamoto, J. (2016). Contingent imitation increases verbal interaction in children with autism spectrum disorders. *Autism: The International Journal of Research and Practice, 20*, 1011-1020

Ishizuka, Y., & Yamamoto, J. (2021). The effect of contingent imitation intervention on children with autism spectrum disorder and co-occurring intellectual disabilities. *Research in Autism Spectrum Disorder, 85*, 1-18.

青柳宏亮 (2013). 心理臨床場面でのノンバーバル・スキルに関する実験的検討——カウンセラーのミラーリングが共感の認知に与える影響について—— カウンセリング研究, *46*(2), 83-90.

【第4章】

則近千尋 (2021). 養育および親の情動の社会化と子どもの情動コンピテンスに関する近年の研究の動向 東京大学大学院教育学研究科紀要, *61*, 375-380.

Meins, E. (1997). Security of attachment and maternal tutoring strategies: Interaction within the zone of proximal development. *British Journal of Developmental Psychology, 15*(2), 129-144

Goren, C. C., Sarty, M., & Wu, P. Y. (1975). Visual following and pattern discrimination of face-like stimuli by newborn infants. *Pediatrics, 56*(4), 544-549.

Morton, J., & Johnson, M. H. (1991). CONSPEC and CONLERN: A two-process theory of infant face recognition. *Psychological Review, 98*(2), 164-181.

Mehrabian, A. (1971). Nonverbal communication. *Nebraska Symposium on Motivation,*

19, 107-161.

Ekman, P., & Friesen, W.V. (1975). *Unmasking the Face: A Guide to Recognizing Emotions from Facial Clues*. Prentice-Hall.

遠藤利彦（2000）．表情を解体する――構成的要素アプローチ―― 心理学評論, *43*(2), 177-198.

Ortony, A., & Turner, T. J. (1990). What's basic about basic emotions? *Psychological Review, 97*(3), 315-331.

【第5章】

Strauss, S., Ziv, M., & Stein, A. (2002). Teaching as a natural cognition and its relations to preschoolers' developing theory of mind. *Cognitive Development, 17*(3-4), 1473-1487.

赤木和重（2004）．1歳児は教えることができるか――他者の問題解決困難場面における積極的教示行為の生起―― 発達心理学研究, *15*(3), 366-375.

木下孝司（2015）．幼児期における教示行為の発達――学習者の熟達を意図した教え方に注目して―― 発達心理学研究, *26*(3), 248-257.

Csibra, G., & Gergely, G. (2009). Natural pedagogy. *Trends in Cognitive Sciences, 13*(4), 148-153.

Kobayashi, H., Yasuda, T., Ishizuka, Y., & Yamamoto, J. (2020). *Young children's active use of pedagogical cues when they teach object part names to others* [Poster session]. Budapest CEU Conference on Cognitive Development (BCCCD) 2020, Budapest, HUN.

田中亮佑・山本淳一・石塚祐香・久保田直行（2019）．自閉スペクトラム症児のための発達支援ロボティクス 日本知能情報ファジィ学会ファジィシステムシンポジウム講演論文集, *35*, 246-249.

American Psychiatric Association（APA）(2013). *Diagnostic and Statistical Manual of Mental Disorders (DSM-5)*. (5th ed.). American Psychiatric Association Publishing.

Bakare, J., & Orji, C. T. (2019). Effects of reciprocal peer tutoring and direct learning environment on sophomores' academic achievement in electronic and computer fundamentals. *Education and Information Technologies, 24*(2), 1035-1055.

Leung, K. C. (2019). Compare the moderator for pre-test-post-test design in peer tutoring with treatment-control/comparison design. *European Journal of Psychology of Education, 34*(4), 685-703.

Hrastinski, S. (2008). Asynchronous and synchronous e-learning. *Educause Quarterly, 31*(4), 51-55.

Ladyshewsky, R. K. (2000). Peer-assisted learning in clinical education: A review of terms and learning principles. *Journal of Physical Therapy Education, 14*(2),

15-22.

Bowman-Perrott, L., Burke, M. D., Zhang, N., & Zaini, S. (2014). Direct and collateral effects of peer tutoring on social and behavioral outcomes: A meta-analysis of single-case research. *School Psychology Review, 43*(3), 260-285.

Greene, I., Tiernan, A. M., & Holloway, J. (2018). Cross-age peer tutoring and fluency-based instruction to achieve fluency with mathematics computation skills: A randomized controlled trial. *Journal of Behavioral Education, 27*(2), 145-171.

Seo, E. H., & Kim, M. J. (2019). The effect of peer tutoring for college students: Who benefits more from peer tutoring, tutors or tutees? *The New Educational Review, 58*, 97-106.

Verdun, V. R., Fienup, D. M., Chiasson, B. A., & Greer, R. D. (2022). Arranging peer-tutoring instruction to promote inference-making. *Journal of Applied Behavior Analysis, 55*(2), 369-394.

Capp, G., Benbenishty, R., Astor, R. A., & Pineda, D. (2018). Learning together: Implementation of a peer-tutoring intervention targeting academic and social-emotional needs. *Children & Schools, 40*(3), 173-184.

Kamps, D. M., Dugan, E., Potucek, J., & Collins, A. (1999). Effects of cross-age peer tutoring networks among students with autism and general education students. *Journal of Behavioral Education, 9*(2), 97-115.

Astuti, B., Purnama, D. S., & Laksana, E. P. (2019). Stress reduction in thesis completion through peer tutoring method. *Psychology, Evaluation, and Technology in Educational Research, 1*(2), 73-80.

Gazula, S., McKenna, L., Cooper, S., & Paliadelis, P. (2017). A systematic review of reciprocal peer tutoring within tertiary health profession educational programs. *Health Professions Education, 3*(2), 64-78.

Egbochuku, E. O., & Obiunu, J. J. (2006). The effect of reciprocal peer counselling in the enhancement of self-concept among adolescents. *Education, 126*(3), 504-511.

Ayvazo, S., & Aljadeff-Abergel, E. (2019). Classwide peer tutoring in a martial arts alternative education program: Enhancing social and psychomotor skills. *Preventing School Failure: Alternative Education for Children and Youth, 63*(4), 359-368.

篠ヶ谷圭太 (2020). 教えあいにおけるモニタリングと発話の関連　心理学研究, *91*(3), 193-201.

伊藤貴昭・垣花真一郎 (2009). 説明はなぜ話者自身の理解を促すか――聞き手の有無が与える影響――　教育心理学研究, *57*(1), 86-98.

Bierman, K. L., & Furman, W. (1981). Effects of role and assignment rationale on attitudes formed during peer tutoring. *Journal of Educational Psychology, 73*(1),

33-40.

Backer, L., van Keer, H., & Valcke, M. (2015). Promoting university students' metacognitive regulation through peer learning: The potential of reciprocal peer tutoring. *Higher Education, 70*(3), 469-486.

【第6章】

向田邦子 (2011). 男どき女どき 新潮社

滝田洋二郎 (2008). おくりびと 松竹

深田博己 (1998). インターパーソナル・コミュニケーション――対人コミュニケーションの心理学―― 北大路書房

岡本夏木 (1982). 子どもとことば 岩波新書

von Frisch, K., & Seeley, D. T. (1967). *The Dance Language and Orientation of Bees.* Harvard University Press.

今井むつみ・佐治伸郎・山﨑由美子・浅野倫子・渡邊淳司・大槻美佳・松井智子・喜多壮太郎・安西祐一郎・岡田浩之・橋本敬・増田貴彦 (編) (2014). 言語と身体性 岩波書店

橋元良明 (編著) (1997). コミュニケーション学への招待 大修館書店

Hayes, S. C., Strosahl, K. D., & Wilson, K. G. (2011). *Acceptance and Commitment Therapy: The Process and Practice of Mindful Change* (2nd ed.). Guilford Press.
（ヘイズ, スティーブン・C, ストローサル, カーク・D, ウィルソン, ケリー・G 武藤崇・三田村仰・大月友 (訳) (2014). アクセプタンス＆コミットメント・セラピー (ACT) 第2版――マインドフルネスな変化のためのプロセスと実践―― 星和書店）

Törneke, N. (2010). *Learning RFT: An Introduction to Relational Frame Theory and Its Clinical Applications.* Context Press.
（トールネケ, ニコラス 山本淳一 (監修) 武藤崇・熊野宏昭 (監訳) (2013). 関係フレーム理論 (RFT) をまなぶ 言語行動理論・ACT 入門 星和書店）

Hayes, S. C., Barnes-Holmes, D., & Roche, B. (2001). *Relational Frame Theory: A Post-Skinnerian Account of Human Language and Cognition.* Springer.

ヨシタケシンスケ (2013). りんごかもしれない ブロンズ新社

小山正・神土陽子 (編) (2004). 自閉症スペクトラムの子どもの言語・象徴機能の発達 ナカニシヤ出版

Sperber, D. W. (1995). *Relevance: Communication and Cognition* (2nd ed.). Blackwell.

小山薫堂 (文)・黒田征太郎 (絵) (2008). いしぶみ 小学館

大藪泰 (2020). 共同注意の発達――情動・認知・関係―― 新曜社

小松孝至 (2022). 発達心理学の視点――「わたし」の成り立ちを考える―― サイエンス社

熊谷高幸（2006）. 自閉症――私とあなたが成り立つまで―― ミネルヴァ書房

岡本夏木（2005）. 幼児期――子どもは世界をどうつかむか―― 岩波書店

高橋たまき（1989）. 想像と現実――子供のふり遊びの世界―― ブレーン出版

Gilbert, M. (2015). *Joint Commitment: How We Make the Social World*. Oxford University Press.

【第7章】

Seed, A., & Byrne, R. (2010). Animal tool-use. *Current Biology, 20*(23), R1032-R1039.

Whiten, A., Goodall, J., McGrew, W. C., Nishida, T., Reynolds, V., Sugiyama, Y., Tutin, C. E. G., Wrangham, R. W., & Boesch, C. (1999). Cultures in chimpanzees. *Nature, 399* (6737), 682.

Jelbert, S. A., Hosking, R. J., Taylor, A. H., & Gray, R. D. (2018). Mental template matching is a potential cultural transmission mechanism for New Caledonian crow tool manufacturing traditions. *Scientific Reports, 8*, 1-8.

Herrmann, E., Call, J., Hernández-Lloreda, M. V., Hare, B., & Tomasello, M. (2007). Humans have evolved specialized skills of social cognition: The cultural intelligence hypothesis. *Science, 317*(5843), 1360-1366.

Boyd, R., & Richerson, P. J. (1996). Why culture is common, but cultural evolution is rare. *Proceedings of the British Academy, 88*, 77-93.

Tomasello, M. (1999). *The Cultural Origins of Human Cognition*. Harvard University Press.

Mesoudi, A. (2011). *Cultural Evolution: How Darwinian Theory Can Explain Human Culture and Synthesize the Social Sciences*. University of Chicago Press. （メスーディ, A. 野中香方子（訳）（2016）. 文化進化論――ダーウィン進化論は文化を説明できるか―― NTT出版）

Mesoudi, A., & Thornton, A. (2018). What is cumulative cultural evolution? *Proceedings of the Royal Society B: Biological Sciences, 285*(1880), 20180712.

Wasielewski, H. (2014). Imitation is necessary for cumulative cultural evolution in an unfamiliar, opaque task. *Human Nature, 25*(1), 161-179.

Castro, L., & Toro, M. A. (2014). Cumulative cultural evolution: The role of teaching. *Journal of Theoretical Biology, 347*, 74-83.

Fogarty, L., Strimling, P., & Laland, K. N. (2011). The evolution of teaching. *Evolution: International Journal of Organic Evolution, 65*(10), 2760-2770.

Zwirner, E., & Thornton, A. (2015). Cognitive requirements of cumulative culture: teaching is useful but not essential. *Scientific Reports, 5*, 16781.

Derex, M., Bonnefon, J. F., Boyd, R., & Mesoudi, A. (2019). Causal understanding is not necessary for the improvement of culturally evolving technology. *Nature Human*

Behaviour, 3(5), 446-452.

Henrich, J. (2016). *The Secret of Our Success: How Learning from Others Drove Human Evolution, Domesticated Our Species, and Made Us Smart.* Princeton University Press.

　（ヘンリック，J.　今西康子（訳）（2019）．文化がヒトを進化させた――人類の繁栄と「文化―遺伝子革命」――　白揚社）

Derex, M., & Boyd, R. (2016). Partial connectivity increases cultural accumulation within groups. *Proceedings of the National Academy of Sciences, 113* (11), 2982-2987.

【第 8 章】

Eisenberg, N., & Miller, P. A. (1987). The relation of empathy to prosocial and related behaviors. *Psychological Bulletin, 101,* 91-119.

Bloom, P. (2017). *Against Empathy: The Case for Rational Compassion.* Random House.

　（ブルーム，P.　高橋洋（訳）（2018）．反共感論――社会はいかに判断を誤るか――　白揚社）

Breithaupt, F. (2019). *The Dark Sides of Empathy.* Cornell University Press.

新村出（編）（2008）．広辞苑 第 6 版　岩波書店

Davis, M. H. (1983). The effects of dispositional empathy on emotional reactions and helping: A multidimensional approach. *Journal of Personality, 51*(2), 167-184.

Engen, H. G., & Singer, T. (2013). Empathy circuits. *Current Opinion in Neurobiology, 23*(2), 275-282.

Shamay-Tsoory, S. G., Aharon-Peretz, J., & Perry, D. (2009). Two systems for empathy: A double dissociation between emotional and cognitive empathy in inferior frontal gyrus versus ventromedial prefrontal lesions. *Brain, 132* (3), 617-627.

Eisenberg, N., Fabes, R. A., Miller, P. A., Fultz, J., Shell, R., Mathy, R. M., & Reno, R. R. (1989). Relation of sympathy and personal distress to prosocial behavior: A multimethod study. *Journal of Personality and Social Psychology, 57*(1), 55-66.

Hein, G., Lamm, C., Brodbeck, C., & Singer, T. (2011). Skin conductance response to the pain of others predicts later costly helping. *PLoS ONE, 6*(8), e22759.

Fonagy, P., & Allison, E. (2012). What is mentalization? The concept and its foundations in developmental research. In Midgley, N. & Vrouva, I. (Eds.), *Minding the Child* (pp. 11-34). Routledge.

Bird, G., & Viding, E. (2014). The self to other model of empathy: Providing a new framework for understanding empathy impairments in psychopathy, autism, and alexithymia. *Neuroscience & Biobehavioral Reviews, 47,* 520-532.

Zaki, J., & Ochsner, K. N. (2012). The neuroscience of empathy: Progress, pitfalls and promise. *Nature Neuroscience, 15*(5), 675-680.

Hoffman, M. L. (2001). *Empathy and Moral Development: Implications for Caring and Justice.* Cambridge University Press.

Rizzolatti, G., Luppino, G., & Matelli, M. (1998). The organization of the cortical motor system: New concepts. *Electroencephalography and Clinical Neurophysiology, 106* (4), 283-296.

Rizzolatti, G., & Craighero, L. (2004). The mirror-neuron system. *Annual Review of Neuroscience, 27,* 169-192.

渥美義賢 (2011). 自閉症の人は模倣が苦手？　ミラー・ニューロンと自閉症　国立特別支援教育総合研究所　Retrieved October 2, 2023 from http://www.nise.go.jp/cms/6,4932,13,257.html

Lamm, C., Decety, J., & Singer, T. (2011). Meta-analytic evidence for common and distinct neural networks associated with directly experienced pain and empathy for pain. *Neuroimage, 54*(3), 2492-2502.

Meyer, M. L., Masten, C. L., Ma, Y., Wang, C., Shi, Z., Eisenberger, N. I., & Han, S. (2013). Empathy for the social suffering of friends and strangers recruits distinct patterns of brain activation. *Social Cognitive and Affective Neuroscience, 8*(4), 446-454.

Masten, C. L., Morelli, S. A., & Eisenberger, N. I. (2011). An fMRI investigation of empathy for 'social pain' and subsequent prosocial behavior. *Neuroimage, 55*(1), 381-388.

Wimmer, H., & Perner, J. (1983). Beliefs about beliefs: Representation and constraining function of wrong beliefs in young children's understanding of deception. *Cognition, 13*(1), 103-128.

フリス，ウタ (2009). 新訂 自閉症の謎を解き明かす　冨田真紀・清水康夫・鈴木玲子 (訳)　東京書籍

Preston, S. D., & de Waal, F. B. M. (2002). Empathy: Its ultimate and proximate bases. *Behavioral and Brain Sciences, 25*(1), 1-20.

de Waal, F. B. M. (2008). Putting the altruism back into altruism: The evolution of empathy. *Annual Review of Psychology, 59,* 279-300.

de Waal, F. B. M., & Preston, S. D. (2017). Mammalian empathy: Behavioural manifestations and neural basis. *Nature Reviews Neuroscience, 18*(8), 498-509.

長谷川寿一 (2015). 共感性研究の意義と課題　心理学評論, *58*(3), 411-420.

Lamm, C., Meltzoff, A. N., & Decety, J. (2010). How do we empathize with someone who is not like us? A functional magnetic resonance imaging study. *Journal of*

Cognitive Neuroscience, 22(2), 362-376.

Kameda, T., Murata, A., Sasaki, C., Higuchi, S., & Inukai, K. (2012). Empathizing with a dissimilar other: The role of self-other distinction in sympathetic responding. *Personality and Social Psychology Bulletin, 38*(8), 997-1003.

Levenson, R. W., & Ruef, A. M. (1992). Empathy: A physiological substrate. *Journal of Personality and Social Psychology, 63*(2), 234-246.

Gilovich, T., Medvec, V. H., & Savitsky, K. (2000). The spotlight effect in social judgment: An egocentric bias in estimates of the salience of one's own actions and appearance. *Journal of Personality and Social Psychology, 78*(2), 211-222.

Vorauer, J. D., & Ross, M. (1999). Self-awareness and feeling transparent: Failing to suppress one's self. *Journal of Experimental Social Psychology, 35*(5), 415-440.

Jeon, D., Kim, S., Chetana, M., Jo, D., Ruley, H. E., Lin, S-Y., Rabah, D., Kinet, J. P., & Shin, H-S. (2010). Observational fear learning involves affective pain system and Cav1. 2 Ca2+ channels in ACC. *Nature Neuroscience, 13*(4), 482-488.

Bartal, I. B., Rodgers, D. A., Bernardez Sarria, M. S., Decety, J., & Mason, P. (2014). Pro-social behavior in rats is modulated by social experience. *eLife, 3*, e01385.

Hein, G., Silani, G., Preuschoff, K., Batson, C. D., & Singer, T. (2010). Neural responses to ingroup and outgroup members' suffering predict individual differences in costly helping. *Neuron, 68*(1), 149-160.

Cikara, M., & Fiske, S. T. (2012). Stereotypes and schadenfreude: Affective and physiological markers of pleasure at outgroup misfortunes. *Social Psychological and Personality Science, 3*(1), 63-71.

Djeriouat, H., & Trémolière, B. (2014). The Dark Triad of personality and utilitarian moral judgment: The mediating role of Honesty/Humility and Harm/Care. *Personality and Individual Differences, 67*, 11-16.

Patil, I., & Silani, G. (2014). Reduced empathic concern leads to utilitarian moral judgments in trait alexithymia. *Frontiers in Psychology, 5*, 501.

Harbaugh, W. T., Mayr, U., & Burghart, D. R. (2007). Neural responses to taxation and voluntary giving reveal motives for charitable donations. *Science, 316* (5831), 1622-1625.

Kawamichi, H., Tanabe, H. C., Takahashi, H. K., & Sadato, N. (2013). Activation of the reward system during sympathetic concern is mediated by two types of empathy in a familiarity-dependent manner. *Social Neuroscience, 8*(1), 90-100.

Izuma, K., Saito, D. N., & Sadato, N. (2010). Processing of the incentive for social approval in the ventral striatum during charitable donation. *Journal of Cognitive Neuroscience, 22*(4), 621-631.

Molenberghs, P., Bosworth, R., Nott, Z., Louis, W. R., Smith, J. R., Amiot, C. E., Vohs, K.

D., & Decety, J. (2014). The influence of group membership and individual differences in psychopathy and perspective taking on neural responses when punishing and rewarding others. *Human Brain Mapping, 35*(10), 4989-4999.

Hamilton, W. D. (1964). The genetical evolution of social behaviour. II. *Journal of Theoretical Biology, 7*(1), 17-52.

Lantos, D., & Molenberghs, P. (2021). The neuroscience of intergroup threat and violence. *Neuroscience & Biobehavioral Reviews, 131*, 77-87.

【第9章】

Provine, R. R., & Fischer, K. R. (1989). Laughing, smiling, and talking: Relation to sleeping and social context in humans. *Ethology, 83*, 295-305.

山口佳紀・神野志隆光（校注・訳）(1997). 古事記　新編日本古典文学全集 1　小学館

一般社団法人防府観光コンベンション協会（年不明）. 防府市観光情報ポータルたびたびほうふ　笑い講　Retrieved December 4, 2022 from https://visit-hofu.jp/event/%E7%AC%91%E3%81%84%E8%AC%9B/

ぐるわか事務局（年不明）. Groove Wakayama　笑い祭（丹生祭）Retrieved December 4, 2022 from https://www.guruwaka.com/warai-matsuri/

木村洋二（編）(2010). 笑いを科学する──ユーモア・サイエンスへの招待──　新曜社

Smadja, É. (2007). *Le rire.* Presses Universitaires de France.
　（スマジャ・E　高橋信良（訳）(2011) 笑い──その意味と仕組み──　白水社）

金小英 (2019). 平安時代の笑いと日本文化──『土佐日記』『竹取物語』『源氏物語』を中心に──　早稲田大学出版部

苧坂直行 (2010). 笑い脳──社会脳へのアプローチ──　岩波書店

中島隆信 (2019). 「笑い」の解剖──経済学者が解く50の疑問──　慶應義塾大学出版会

Suls, J. M. (1972). A two-stage model for the appreciation of jokes and cartoons: An information-processing analysis. In J. H. Goldstein & P. E. McGhee (Eds.), *The Psychology of Humor: Theoretical Perspectives and Empirical Issues* (pp. 81-100). Academic Press.

Moran, J. M., Wig, G. S., Adams, R. B., Janata, P., & Kelley, W. M. (2004). Neural correlates of humor detection and appreciation. *NeuroImage, 21*(3), 1055-1060.

志水彰・角辻豊・中村真 (1994) 人はなぜ笑うのか──笑いの精神生理学──　講談社

Cosentino, S., Sessa, S., & Takanishi, A. (2016). Quantitative laughter detection, measurement, and classification - A critical survey. *IEEE Reviews in Biomedical Engineering, 9*, 148-162.

Duchenne de Boulogne, G. B. (1862). *Mécanisme de la Physionomie Humaine, ou*

Analyse Électro-physiologique de L'expression des Passions. Ve Jules Renouard.

Ekman, P., & Friesen, W. V. (1975). *Unmasking the Face.* Prentice-Hall.

（エクマン・P, フリーセン・W・V　工藤力（訳編）(1987). 表情分析入門――表情に隠された意味をさぐる――　誠信書房)

Panksepp, J. (2007). Neuroevolutionary sources of laughter and social joy: Modeling primal human laughter in laboratory rats. *Behavioural Brain Research, 182*(2), 231-244.

Panksepp, J., & Burgdorf, J. (2000). 50-kHz chirping (laughter?) in response to conditioned and unconditioned tickle-induced reward in rats: Effects of social housing and genetic variables. *Behavioural Brain Research, 115*(1), 25-38.

Ishiyama, S., & Brecht, M. (2016). Neural correlates of ticklishness in the rat somatosensory cortex. *Science, 354*(6313), 757-760.

Kaufmann, L. V., Brecht, M., & Ishiyama, S. (2022). Tickle contagion in the somatosensory cortex. *iScience, 25,* 12.

van Hooff, J. A. (1972). A comparative approach to the phylogeny of laughter and smiling. In R. A. Hinde (Ed.), *Non-verbal Communication* (pp. 209-241). Cambridge University Press.

Matsusaka, T. (2008). Origins and evolution of laughter. *Japanese Psychological Review, 51*(3), 431-446.

Gervais, M., & Wilson, D. S. (2005). The evolution and functions of laughter and humor: A synthetic approach. *Quarterly Review of Biology, 80*(4), 395-430.

Dimberg, U., Thunberg, M., & Elmehed, K. (2000). Unconscious facial reactions to emotional facial expressions. *Psychological Science, 11*(1), 86-89.

Berridge, K. C., & Winkielman, P. (2003). What is an unconscious emotion? (The case for unconscious "liking"). *Cognition & Emotion, 17*(2), 181-211.

Cai, Q., Chen, S., White, S. J., & Scott, S. K. (2019). Modulation of humor ratings of bad jokes by other people's laughter. *Current Biology, 29*(14), R677-R678.

大森慈子・千秋紀子 (2011). 他者の存在が映像に対する面白さと笑い表情の表出に与える影響　仁愛大学研究紀要, 人間学部篇(10), 25-31.

Billing, A. D. N., Cooper, R. J., & Scott, S. K. (2021). Pre-SMA activation and the perception of contagiousness and authenticity in laughter sounds. *Cortex, 143,* 57-68.

McGettigan, C., Walsh, E., Jessop, R., Agnew, Z. K., Sauter, D. A., Warren, J. E., & Scott, S. K. (2015). Individual differences in laughter perception reveal roles for mentalizing and sensorimotor systems in the evaluation of emotional authenticity. *Cerebral Cortex, 25*(1), 246-257.

Osaka, N., & Osaka, M. (2005). Striatal reward areas activated by implicit laughter induced by mimic words in humans: A functional magnetic resonance imaging study. *NeuroReport*, *16*(15), 1621-1624.

Carrillo, M., Han, Y., Migliorati, F., Liu, M., Gazzola, V., & Keysers, C. (2019). Emotional mirror neurons in the rat's anterior cingulate cortex. *Current Biology*, *29*(8), 1301-1312.

Caruana, F. (2020). Mirroring other's laughter: Cingulate, opercular and temporal contributions to laughter expression and observation. *Cortex*, *128*, 35-48.

Dunbar, R. I. M., Baron, R., Frangou, A., Pearce, E., van Leeuwen, E. J. C., Stow, J., Partridge, G., MacDonald, I., Barra, V., & van Vugt, M. (2012). Social laughter is correlated with an elevated pain threshold. *Proceedings of the Royal Society B: Biological Sciences*, *279*(1731), 1161-1167.

Manninen, S., Tuominen, L., Dunbar, R. I., Karjalainen, T., Hirvonen, J., Arponen, E., Hari, R., Jääskeläinen, I. P., Sams, M., & Nummenmaa, L. (2017). Social laughter triggers endogenous opioid release in humans. *Journal of Neuroscience*, *37*(25), 6125-6131.

森田亜矢子（2019）．おかしみと可笑しみ――共生と笑いに関する試論―― 笑い学研究，*26*, 41-64.

山本東次郎（2002）．狂言のことだま 玉川大学出版部

長島平洋（2016）．狂言の笑いを取り出す 笑い学研究，*23*, 3-17.

【第10章】

James, W. (1884). What is an emotion? *Mind*, *9*(34), 188-205.

寺澤悠理（2017）．感情認識と内受容感覚――感情関連疾患と内受容感覚の下位概念について―― バイオフィードバック研究，*44*(2), 97-101.

Proust, M. (1913). *À la recherche du temps perdu. Du côté de chez Swann*. Bernard Grasset.

（プルースト，M. 鈴木道彦（訳）（1996）．失われた時を求めて1 第一篇スワン家の方へ 集英社）

山本晃輔・野村幸正（2005）．自伝的記憶を紡ぎ出す匂いの働き Aroma research, *6*(2), 130-136.

Schachter, S., & Singer, J. E. (1962). Cognitive, social, and physiological determinants of emotional state. *Psychological Review*, *69*(5), 379-399.

寺澤悠理・梅田聡（2014）．内受容感覚と感情をつなぐ心理・神経メカニズム 心理学評論，*57*(1), 49-66.

Schandry, R. (1981). Heart beat perception and emotional experience. *Psychophysiology*, *18*(4), 483-488.

Ehlers, A., & Breuer, P. (1996). How good are patients with panic disorder at perceiving their heartbeats? *Biological Psychology, 42*(1-2), 165-182.

Richards, J. C., Cooper, A. J., & Winkelman, J. H. (2003). Interoceptive accuracy in nonclinical panic. *Cognitive Therapy and Research, 27*(4), 447-461.

Domschke, K., Stevens, S., Pfleiderer, B., & Gerlach, A. L. (2010). Interoceptive sensitivity in anxiety and anxiety disorders : An overview and integration of neurobiological findings. *Clinical Psychology Review, 30*(1), 1-11.

Pollatos, O., Traut-Mattausch, E., & Schandry, R. (2009). Differential effects of anxiety and depression on interoceptive accuracy. *Depression and Anxiety, 26*(2), 167-173.

Mussgay, D. L., Klinkenberg, N., & Ruddel, H. (1999). Heart beat perception in patients with depressive, somatoform, and personality disorders. *Journal of Psychophysiology, 13*, 27-36.

Wells, A., & Papageorgiou, C. (2001). Social phobic interoception: Effects of bodily information on anxiety, beliefs and self-processing. *Behaviour Research and Therapy, 39*(1), 1-11.

Palser, E. R., Palmer, C. E., Galvez-Pol, A., Hannah, R., Fotopoulou, A., & Kilner, J. M. (2018). Alexithymia mediates the relationship between interoceptive sensibility and anxiety. *PLOS ONE, 13*(9), e0203212.

Damasio, A. R. (1994). *Descartes' Error: Emotion, Reason, and the Human Brain.* Grosset/Putnam.

Davis, M. H. (1994). *Empathy: A Social Psychological Approach.* Brown & Benchmark.

Hatfield, E., Rapson, R. L., & Le, Y.-C. L. (2009). Emotional contagion and empathy. In J. Decety & W. Ickes (Eds.), *The Social Neuroscience of Empathy* (pp. 19-30). MIT Press.

Ainley, V., Brass, M., & Tsakiris, M. (2014). Heartfelt imitation: High interoceptive awareness is linked to greater automatic imitation. *Neuropsychologia, 60*, 21-28.

梅田聡 (2018). 共感の理論と脳内メカニズム　高次脳機能研究, *38*(2), 133-138.

Bar-Tal, D., Sharabany, R., & Raviv, A. (1982). Cognitive basis for the development of altruistic behavior. In V. J. Derlega & J. Grzelak (Eds.), *Cooperation and Helping Behavior: Theories and Research* (pp. 377-396). Academic Press.

Batson, C. D. (1991). *The Altruism Question: Toward a Social-Psychological Answer.* Erlbaum.

Hein, G., Silani, G., Preuschoff, K., Batson, C. D., & Singer, T. (2010). Neural responses to ingroup and outgroup members' suffering predict individual differences in costly helping. *Neuron, 68*(1), 149-160.

【第11章】

Fujii, S., Watanabe, H., Oohashi, H., Hirashima, M., Nozaki, D., & Taga, G. (2014).

Precursors of dancing and singing to music in three-to four-months-old infants. *PLOS ONE*, *9*(5), e97680.

Schachner, A., Brady, T. F., Pepperberg, I. M., & Hauser, M. D. (2009). Spontaneous motor entrainment to music in multiple vocal mimicking species. *Current Biology*, *19*(10), 831-836.

Jordania, J. (2011). *Why Do People Sing?: Music in Human Evolution*. Logos.

Anshel, A., & Kipper, D. A. (1988). The influence of group singing on trust and cooperation. *Journal of Music Therapy*, *25*(3), 145-155.

Rennung, M., & Göritz, A. S. (2016). Prosocial consequences of interpersonal synchrony. *Zeitschrift für Psychologie*, *224*(3), 168-169.

Patel, A. D. (2006). Musical rhythm, linguistic rhythm, and human evolution. *Music Perception*, *24*(1), 99-104.

Patel, A. D. (2021). Vocal learning as a preadaptation for the evolution of human beat perception and synchronization. *Philosophical Transactions of the Royal Society B: Biological Sciences*, *376*(1835), 20200326.

Patel, A. D., Iversen, J. R., Bregman, M. R., & Schulz, I. (2009). Studying synchronization to a musical beat in nonhuman animals. *Annals of the New York Academy of Sciences*, *1169*(1), 459-469.

Keehn, R. J. J., Iversen, J. R., Schulz, I., & Patel, A. D. (2019). Spontaneity and diversity of movement to music are not uniquely human. *Current Biology*, *29* (13), R621-R622.

Hasegawa, A., Okanoya, K., Hasegawa, T., & Seki, Y. (2011). Rhythmic synchronization tapping to an audio-visual metronome in budgerigars. *Scientific Reports*, *1*, 120.

Seki, Y., & Tomyta, K. (2019). Effects of metronomic sounds on a self-paced tapping task in budgerigars and humans. *Current Zoology*, *65*(1), 121-128.

Seki, Y. (2021). Cockatiels sing human music in synchrony with a playback of the melody. *PLOS ONE*, *16*(9), e0256613.

Hattori, Y., Tomonaga, M., & Matsuzawa, T. (2015). Distractor effect of auditory rhythms on self-paced tapping in chimpanzees and humans. *PLOS ONE*, *10*(7), e0130682.

Hattori, Y., & Tomonaga, M. (2020). Rhythmic swaying induced by sound in chimpanzees (Pan troglodytes). *Proceedings of the National Academy of Sciences*, *117*(2), 936-942.

Katsu, N., Yuki, S., & Okanoya, K. (2021). Production of regular rhythm induced by external stimuli in rats. *Animal Cognition*, *24*(5), 1133-1141.

Hattori, Y., Tomonaga, M., & Matsuzawa, T. (2013). Spontaneous synchronized tapping to an auditory rhythm in a chimpanzee. *Scientific Reports*, *3*, 1566.

Tomyta, K., Katahira, K., & Ohira, H. (2023). Effects of interoceptive accuracy on timing control in the synchronization tapping task. *Frontiers in Neuroscience, 16*, 907836.

Repp, B. H. (2006). Does an auditory distractor sequence affect self-paced tapping? *Acta Psychologica, 121*(1), 81-107.

Chan, J. C., Leung, H., Tang, J. K., & Komura, T. (2011). A virtual reality dance training system using motion capture technology. *IEEE Transactions on Learning Technologies, 4*(2), 187-195.

Aschersleben, G. (2002). Temporal control of movements in sensorimotor synchronization. *Brain and Cognition, 48*(1), 66-79.

Tomyta, K., Saito, N., & Ohira, H. (under revision). The physiological basis of leader-follower roles in the dyadic alternating tapping task.

Ito, Y., Shiramatsu, T. I., Ishida, N., Oshima, K., Magami, K., & Takahashi, H. (2022). Spontaneous beat synchronization in rats: Neural dynamics and motor entrainment. *Science Advances, 8*(45), eabo7019.

関義正 (2019). 音楽リズムに対する同調運動の起源に挑む比較認知研究　動物心理学研究, *69*(2), 101-111.

【第12章】

Saffran, J., Hauser, M., Seibel, R., Kapfhamer, J., Tsao, F., & Cushman, F. (2008). Grammatical pattern learning by human infants and cotton-top tamarin monkeys. *Cognition, 107*(2), 479-500.

Schmidt, M. F., Rakoczy, H., & Tomasello, M. (2011). Young children attribute normativity to novel actions without pedagogy or normative language. *Developmental Science, 14*(3), 530-539.

Biro, D., Inoue-Nakamura, N., Tonooka, R., Yamakoshi, G., Sousa, C., & Matsuzawa, T. (2003). Cultural innovation and transmission of tool use in wild chimpanzees: Evidence from field experiments. *Animal Cognition, 6*(4), 213-223.

Haun, D. B., Rekers, Y., & Tomasello, M. (2014). Children conform to the behavior of peers: Other great apes stick with what they know. *Psychological Science, 25*(12), 2160-2167.

Kirby, S., Cornish, H., & Smith, K. (2008). Cumulative cultural evolution in the laboratory: An experimental approach to the origins of structure in human language. *Proceedings of the National Academy of Sciences, 105*(31), 10681-10686.

Kirby, S., Griffiths, T., & Smith, K. (2014). Iterated learning and the evolution of language. *Current Opinion in Neurobiology, 28*, 108-114.

Kirby, S., & Hurford, J. R. (2002). The emergence of linguistic structure: An overview of the iterated learning model. In A. Cangelosi & D. Parisi (Eds.), *Simulating the Evolution of Language* (pp. 121-147). Springer.

Senghas, A. (1995). *Children's contribution to the birth of Nicaraguan Sign Language* (Unpublished doctoral dissertation). Massachusetts Institute of Technology.

Yoshikawa, M. (2022). Homo regularis: Language as a cultural invention of the rule-obsessed species. *The Evolution of Language: Proceedings of the Joint Conference on Language Evolution (JCoLE)*, 799-801. Retrieved September 29, 2023, from https://pure.mpg.de/rest/items/item_3398549_10/component/file_340 5708/content

【第13章】

Sebanz, N., Bekkering, H., & Knoblich, G. (2006). Joint action: Bodies and minds moving together. *Trends in Cognitive Sciences, 10*(2), 70-76.

Knoblich, G., Butterfill, S., & Sebanz, N. (2011). Psychological research on joint action: Theory and data. *Psychology of Learning and Motivation, 54*, 59-101.

Richardson, D. C., Street, C. N. H., Tan, J. Y. M., Kirkham, N. Z., Hoover, M. A., & Cavanaugh, A. G. (2012). Joint perception: Gaze and social context. *Frontiers in Human Neuroscience, 6*, 194.

Surtees, A., Apperly, I., & Samson, D. (2016). I've got your number: Spontaneous perspective-taking in an interactive task. *Cognition, 150*, 43-52.

Elekes, F., Varga, M., & Király, I. (2016). Evidence for spontaneous level-2 perspective taking in adults. *Consciousness and Cognition, 41*, 93-103.

Cole, G. G., & Millett, A. C. (2019). The closing of the theory of mind: A critique of perspective-taking. *Psychonomic Bulletin & Review, 26*(6), 1787-1802.

Cole, G. G., Millett, A. C., Samuel, S., & Eacott, M. J. (2020). Perspective-taking: In search of a theory. *Vision, 4*(2), 30.

Freundlieb, M., Kovács, Á. M., & Sebanz, N. (2018). Reading your mind while you are reading: Evidence for spontaneous visuospatial perspective taking during a semantic categorization task. *Psychological Science, 29*(4), 614-622.

Makovski, T., Jiang, Y. V., & Swallow, K. M. (2013). How do observer's responses affect visual long-term memory? *Journal of Experimental Psychology: Learning, Memory, and Cognition, 39*(4), 1097-1105.

Eskenazi, T., Doerrfeld, A., Logan, G. D., Knoblich, G., & Sebanz, N. (2013). Your words are my words: Effects of acting together on encoding. *Quarterly Journal of Experimental Psychology, 66*(5), 1026-1034.

Elekes, F., Bródy, G., Halász, E., & Király, I. (2016). Enhanced encoding of the co-actor's target stimuli during a shared non-motor task. *Quarterly Journal of*

Experimental Psychology, 69(12), 2376-2389.

Elekes, F., & Sebanz, N. (2020). Effects of a partner's task on memory for content and source. *Cognition, 198*, 104221.

Sakata, C., Ueda, Y., & Moriguchi, Y. (2021). Learning of spatial configurations of a co-actor's attended objects in joint visual search. *Acta Psychologica, 215*, 103274.

Wagner, U., Giesen, A., Knausenberger, J., & Echterhoff, G. (2017). The joint action effect on memory as a social phenomenon: The role of cued attention and psychological distance. *Frontiers in Psychology, 8*, 1697.

Milward, S. J., & Carpenter, M. (2018). Joint action and joint attention: Drawing parallels between the literatures. *Social and Personality Psychology Compass, 12* (4), e12377.

【第14章】

Mas, A., & Moretti, E. (2009). Peers at work. *American Economic Review, 99*(1), 112-145.

Levitt, S. D., & List, J. A. (2008). Homo Economicus Evolves. *Science, 319*(5865), 909-910.

Levitt, S. D., & Dubner, S. J. (2009). *SuperFreakonomics: Global cooling, patriotic prostitutes, and why suicide bombers should buy life insurance.* William Morrow.
（レヴィッド，スティーブン・D. ダウナー，スティーブン・J 望月衛（訳）(2010). 超ヤバい経済学　東洋経済新報社）

Camerer, C. F. (2003). *Behavioral game theory: Experiments in strategic interaction.* Princeton University Press.

Engel, C. (2011). Dictator games: A meta study. *Experimental Economics, 14*(4), 583-610.

小林佳世子（2021）．最後通牒ゲームの謎――進化心理学からみた行動ゲーム理論入門 ―― 日本評論社

Haley, K. J., & Fessler, D. M. T. (2005). Nobody's watching? Subtle cues affect generosity in an anonymous economic game. *Evolution and Human Behavior, 26* (3), 245-256.

Baillon, A., Selim, A., & van Dolder, D. (2013). On the social nature of eyes: The effect of social cues in interaction and individual choice tasks. *Evolution and Human Behavior, 34*(2), 146-154.

Fenzl, T., & Brudermann, T. (2021). Eye cues increase cooperation in the dictator game under physical attendance of a recipient, but not for all. *Journal of Behavioral and Experimental Economics, 94*(5), 101748.

Fathi, M., Bateson, M., & Nettle, D. (2014). Effects of watching eyes and norm cues on charitable giving in a surreptitious behavioral experiment. *Evolutionary Psychology, 12*(5), 878-887.

Keller, J., & Pfattheicher, S. (2011). Vigilant self-regulation, cues of being watched and cooperativeness. *European Journal of Personality, 25*(5), 363-372.

Mifune, N., Hashimoto, H., & Yamagishi, T. (2010). Altruism toward in-group members as a reputation mechanism. *Evolution and Human Behavior, 31*(2), 109-117.

Nettle, D., Harper, Z., Kidson, A., Stone, R., Penton-Voak, I. S., & Bateson, M. (2013). The watching eyes effect in the Dictator Game: It's not how much you give, it's being seen to give something. *Evolution and Human Behavior, 34*(1), 35-40.

Oda, R., Niwa, Y., Honma, A., & Hiraishi, K. (2011). An eye-like painting enhances the expectation of a good reputation. *Evolution and Human Behavior, 32*(3), 166-171.

Rigdon, M., Ishii, K., Watabe, M., & Kitayama, S. (2009). Minimal social cues in the dictator game. *Journal of Economic Psychology, 30*(3), 358-367.

Burnham, T., & Hare, B. (2007). Engineering human cooperation: Does involuntary neural activation increase public goods contributions. *Human Nature, 18*(2), 88-108.

Oda, R., Kato, Y., & Hiraishi, K. (2015). The watching-eye effect on prosocial lying. *Evolutionary Psychology, 13*(3), 1-5.

Bourrat, P., Baumard, N., & McKay, R. (2011). Surveillance cues enhance moral condemnation. *Evolutionary Psychology, 9*(2), 193-199.

Li, M., Shangguan, C., Shi, H., & Lu, J. (2021). "Watching eyes" triggers third-party punishment: The role of emotion within the eyes. *Fontiers in Psychology, 12*, 681664.

Xin, Z., Liu, Y., Yang, Z., & Zhang, H. (2016). Effects of minimal social cues on trust in the investment game. *Asian Journal of Social Psychology, 19*(3), 235-243.

Farroni, T., Johnson, M. H., Menon, E., Zulian, L., Faraguna, D., & Csibra, G. (2005). Newborns' preference for face-relevant stimuli: Effects of contrast polarity. *Proceedings of the National Academy of Sciences of the United States of America, 102*(47), 17245-17250.

Reid, V. M., Dunn, K., Young, R. J., Amu, J., Donovan, T., & Reissland, N. (2017) The human fetus preferentially engages with face-like visual stimuli. *Current Biology, 27*(12), 1825-1828.

Bateson, M., Nettle, D., & Roberts, G. (2006). Cues of being watched enhance cooperation in a real-world setting. *Biology Letters, 2*(3), 412-414.

Ernest-Jones, M., Nettle, D., & Bateson, M. (2011). Effects of eye images on everyday cooperative behavior: A field experiment. *Evolution and Human Behavior, 32*(3), 172-178.

Bateson, M., Robinson, R., Abayomi-Cole, T., Greenlees, J., O'Connor, A., & Nettle, D. (2015). Watching eyes on potential litter can reduce littering: Evidence from two field experiments. *PeerJ, 3*, e1443.

Francey, D., & Bergmüller, R. (2012). Images of eyes enhance investments in a real-life public good. *PLoS ONE, 7*(5), e37397.

Powell, K. L., Roberts, G., & Nettle, D. (2012). Eye images increase charitable donations: Evidence from an opportunistic field experiment in a supermarket. *Ethology, 118*(11), 1096-1101.

Kelsey, C., Vaish, A., & Grossmann, T. (2018). Eyes, more than other facial features, enhance real-world donation behavior. *Human Nature, 29*(4), 390-401.

Oda, R., & Ichihashi, R. (2016). The watching eyes effect on charitable donation is boosted by fewer people in the vicinity. *Letters on Evolutionary Behavioral Science, 7*(2), 9-12.

Krupka, E. L., & Croson, R. T. (2016). The differential impact of social norms cues on charitable contributions. *Journal of Economic Behavior & Organization, 128*, 149-158.

Panagopoulos, C. (2014). Watchful eyes: Implicit observability cues and voting. *Evolution and Human Behavior, 35*(4), 279-284.

Beyfus, T. A., Dawson, N. L., Danner, C. H., Rawal, B., Gruber, P. E., & Petrou, S. P. (2016). The use of passive visual stimuli to enhance compliance with handwashing in a perioperative setting. *American Journal of Infection Control, 44*(5), 496-499.

Pfattheicher, S., Strauch, C., Diefenbacher, S., & Schnuerch, R. (2018). A field study on watching eyes and hand hygiene compliance in a public restroom. *Journal of Applied Social Psychology, 48*(4), 188-194.

Nettle, D., Nott, K., & Bateson, M. (2012). 'Cycle thieves, we are watching you': Impact of a simple signage intervention against bicycle theft. *PLoS ONE, 7*(12), e51738.

Wang, R., Wang, Y., Chen, C., Huo, L., & Liu, C. (2023). How do eye cues affect behaviors? Two meta-analyses. *Current Psychology*.

von Grünau, M., & Anston, C. (1995). The detection of gaze direction: A stare-in-the-crowd effect. *Perception, 24*(11), 1297-1313.

Senju, A., Hasegawa, T., & Tojo, Y. (2005). Does perceived direct gaze boost detection in adults and children with and without autism? The stare-in-the-crowd effect revisited. *Visual Cognition, 12*(8), 1474-1496.

Senju, A., & Hasegawa, T. (2005). Direct gaze captures visuospatial attention. *Visual Cognition, 12*(1), 127-144.

Colombatto, C., & Scholl, B. J. (2022). Unconscious pupillometry: An effect of "attentional contagion" in the absence of visual awareness. *Journal of Experimental*

Psychology: General, 151(2), 302-308.

Pfattheicher, S. & Keller, J. (2015). The watching eyes phenomenon: The role of a sense of being seen and public self-awareness. *European Journal of Social Psychology, 45*(5) 560-566.

Panagopoulos, C., & van der Linden, S. (2017). The feeling of being watched: Do eye cues elicit negative affect? *North American Journal of Psychology, 19*(1), 113-121.

千住淳（2022）．社会的認知の発達と可塑性・多様性　鈴木宏昭（編）心と社会（認知科学講座 3）（pp. 1-32）　東京大学出版会

Farroni, T., Csibra, G., Simion, F., & Johnson, M. H. (2002). Eye contact detection in humans from birth. *Proceedings of the National Academy of Sciences, 99*(14), 9602-9605.

Grossmann, T., Johnson, M. H., Lloyd-Fox, S., Blasi, A., Deligianni, F., Elwell, C., & Csibra, G. (2008). Early cortical specialization for face-to-face communication in human infants. *Proceedings of the Royal Society B: Biological Sciences, 275*(1653), 2803-2811.

板倉昭二（2012）．対人認知と発達――発達初期の社会的シグナルに対する感受性――　日本発達心理学会（編）根ヶ山光一・仲真紀子（責任編集）発達の基盤――身体，認知，情動――（発達科学ハンドブック 4）（pp. 60-74）　新曜社

遠藤光男（2012）．顔認知の発達とその神経基盤　日本発達心理学会（編）根ヶ山光一・仲真紀子（責任編集）発達の基盤――身体，認知，情動――（発達科学ハンドブック 4 ）（pp. 131-147）　新曜社

千住淳（2012）．社会脳の発達　東京大学出版会

Senju, A., & Johnson, M. H. (2009). The eye contact effect: Mechanisms and development. *Trends in Cognitive Sciences, 13*(3), 127-134.

千住淳（2013）．社会脳とは何か　新潮新書

小林洋美（2019）．モアイの白目――目と心の気になる関係――　東京大学出版会

Kodandaramaiah, U., Vallin, A., & Wiklund, C. (2009). Fixed eyespot display in a butterfly thwarts attacking birds. *Animal Behaviour, 77*(6), 1415-1419.

Radford, C., McNutt, J. W., Rogers, T., Maslen, B., & Jordan, N. (2020). Artificial eyespots on cattle reduce predation by large carnivores. *Communications Biology, 3*(1), 1-8.

小林洋美（2022）．飛ばないトカゲ――ようこそ！　サイエンスの「森」へ　東京大学出版会

Fehr, E., & Schneider, F. (2010). Eyes are on us, but nobody cares: Are eye cues relevant for strong reciprocity? *Proceedings of the Royal Society B: Biological Sciences, 277*(1686), 1315-1323.

Matsugasaki, K., Tsukamoto, W., & Ohtsubo, Y. (2015). Two failed replications of the watching eyes effect. *Letters on Evolutionary Behavioral Science, 6*(2), 17-20.

Saunders, T. J., Taylor, A. H., & Atkinson, Q. D. (2016). No evidence that a range of artificial monitoring cues influence online donations to charity in an MTurk sample. *Royal Society Open Science, 3*(10), 150710.

Northover, S. B., Pedersen, W. C., Cohen, A. B., & Andrews, P. W. (2017a). Artificial surveillance cues do not increase generosity: Two meta-analyses. *Evolution and Human Behavior, 38*(1), 144-153.

Northover, S. B., Pedersen, W. C., Cohen, A. B., & Andrews, P. W. (2017b). Effect of artificial surveillance cues on reported moral judgment: Experimental failures to replicate and two meta-analyses. *Evolution and Human Behavior, 38*(5), 561-571.

Rotella, A., Sparks, A. M., Mishra, S., & Barclay, P. (2021). No effect of 'watching eyes': An attempted replication and extension investigating individual differences. *PLOS ONE, 16*(10), e0255531.

Otsubo, K., Masuda, Y., & Yamaguchi, H. (2023). "Watching eyes" do not strengthen the behavioral intention of donating Blood: A high-powered pre-registered replication study. *Letters on Evolutionary Behavioral Science, 14*(1), 26-31.

Kobayashi, K. M. (n.d.). When are artificial surveillance cues effective? Six factors that affects the watching-eye effect.

Ekström, M. (2012). Do watching eyes affect charitable giving? Evidence from a field experiment. *Experimental Economics, 15*(3), 530-546.

Oda, R. (2019). Is the watching-eye effect a fluke? *Letters on Evolutionary Behavioral Science, 10*(1), 4-6.

Manesi, Z., Van Lange, P. A., & Pollet, T. V. (2016). Eyes wide open: Only eyes that pay attention promote prosocial behavior. *Evolutionary Psychology, 14*(2), 1-15.

Tane, K., & Takezawa, M. (2011). Perception of human face does not induce cooperation in darkness. *Letters on Evolutionary Behavioral Science, 2*(2), 24-27.

Carbon, C. C., & Hesslinger, V. M. (2011). Bateson et al.'s (2006) Cues-of-being-watched paradigm revisited. *Swiss Journal of Psychology, 70*(4), 203-210.

Sparks, A., & Barclay, P. (2013). Eye images increase generosity, but not for long: The limited effect of a false cue. *Evolution and Human Behavior, 34*(5), 317-322.

Vaish, A., Kelsey, C. M., Tripathi, A., & Grossmann, T. (2017). Attentiveness to eyes predicts generosity in a reputation-relevant context. *Evolution and Human Behavior, 38*(6), 729-733.

セイラー，リチャード・サンスティーン，キャス（2009）．実践行動経済学——健康，富，幸福への聡明な選択——　遠藤真美（訳）　日経ＢＰ社

三浦麻子（2015）．心理学研究の「常識」が変わる？——心理学界における再現可能性問題への取り組み——　心理学ワールド，*68*, 9-12.

平石界（2023）．心理学の再現性危機と進化心理学　小田亮・大坪庸介（編）広がる！
進化心理学（pp. 148-151）　朝倉書店

【第15章】

Asch, S. E. (1951). Effects of group pressure upon the modification and distortion of judgments. In H. Guetzkow (Ed.), *Groups, Leadership and Men: Research in Human Relations* (pp. 177-190). Carnegie Press.

Asch, S. E. (1955). Opinions and social pressure. *Scientific American, 193*(5), 31-35.

スミス, J. R.・ハスラム, S. A. (2017). 社会心理学・再入門――ブレークスルーを生んだ12の研究――　樋口匡貴・藤島喜嗣（監訳）　新曜社

Cialdini, R. B., Demaine, L. J., Sagarin, B. J., Barrett, D. W., Rhoads, K., & Winter, P. L. (2006). Managing social norms for persuasive impact. *Social Influence, 1*(1), 3-15.

ゴールドスタイン, N. J., マーティン, S., チャルディーニ, R. B. (2019). 影響力の武器 実践編――「イエス！」を引き出す60の秘訣――　第2版　安藤清志（監訳）曽根寛樹（訳）　誠信書房

Ayres, I., Raseman, S., & Shih, A. (2013). Evidence from two large field experiments that peer comparison feedback can reduce residential energy usage. *The Journal of Law, Economics, and Organization, 29*(5), 992-1022.

Zaki, J., Schirmer, J., & Mitchell, J. P. (2011). Social influence modulates the neural computation of value. *Psychological Science, 22*(7), 894-900.

Henrich, J. (2015). *The Secret of Our Success: How Culture Is Driving Human Evolution, Domesticating Our Species, and Making Us Smarter.* Princeton University Press.
（ヘンリック, ジョゼフ　今西康子（訳）（2019）．文化がヒトを進化させた――人類の繁栄と＜文化―遺伝子革命＞――　白揚社）

Berns, G. S., Capra, C. M., Moore, S., & Noussair, C. (2010). Neural mechanisms of the influence of popularity on adolescent ratings of music. *Neuroimage, 49*(3), 2687-2696.

川合伸幸（2015）．ヒトの本性――なぜ殺し，なぜ助け合うのか――　講談社

Cohen, E. E., Ejsmond-Frey, R., Knight, N., & Dunbar, R. I. (2010). Rowers' high: Behavioural synchrony is correlated with elevated pain thresholds. *Biology Letters, 6*(1), 106-108.

チャルディーニ, R. B. (2014). 影響力の武器 第3版――なぜ，人は動かされるのか――　社会行動研究会（訳）　誠信書房

Lauring, J. O., Pelowski, M., Forster, M., Gondan, M., Ptito, M., & Kupers, R. (2016). Well, if they like it... effects of social groups' ratings and price information on the appreciation of art. *Psychology of Aesthetics, Creativity, and the Arts. 10*(3), 1-16.

Ariely, D., & Levav, J. (2000). Sequential choice in group settings: Taking the road less traveled and less enjoyed. *Journal of Consumer Research, 27*(3), 279-290.

アリエリー，ダン（2013）．予想どおりに不合理――行動経済学が明かす「あなたがそれを選ぶわけ」―― 熊谷淳子（訳） 早川書房

Leonardelli, G. J., & Brewer, M. B. (2001). Minority and majority discrimination: When and why. *Journal of Experimental Social Psychology, 37*(6), 468-485.

アイエンガー，シーナ（2014）．選択の科学――コロンビア大学ビジネススクール特別講義―― 櫻井祐子（訳） 文春文庫

Hallsworth, M., List, J. A., Metcalfe, R. D., & Vlaev, I. (2017). The behavioralist as tax collector: Using natural field experiments to enhance tax compliance. *Journal of Public Economics, 148*, 14-31.

経済協力開発機構（OECD）（編著）（2018）．世界の行動インサイト――公共ナッジが導く政策実践―― 齋藤長行（監訳）・濱田久美子（訳） 明石書店

Kirgios, E. L., Chang, E. H., & Milkman, K. L. (2020). Going it alone: Competition increases the attractiveness of minority status. *Organizational Behavior and Human Decision Processes, 161*, 20-33.

Ordabayeva, N., & Fernandes, D. (2018). Better or different? How political ideology shapes preferences for differentiation in the social hierarchy. *Journal of Consumer Research, 45*(2), 227-250.

McCormick, I. A., Walkey, F. H., & Green, D. E. (1986). Comparative perceptions of driver ability: A confirmation and expansion. *Accident Analysis and Prevention, 18*(3), 205-208.

Alicke, M. D., & Govorun, O. (2005). The better-than-average effect. In M. D. Alicke, D. A. Dunning, & J. I. Krueger (Eds.), *The Self in Social Judgment* (pp. 85-106). Psychology Press.

Atmaca, F., & Baloğlu, M. (2023). Are we as intelligent as we think? Adaptation study of ICAR-16 into Turkish. *Personality and Individual Differences, 213*, 112284.

Zell, E., Strickhouser, J. E., Sedikides, C., & Alicke, M. D. (2020). The better-than-average effect in comparative self-evaluation: A comprehensive review and meta-analysis. *Psychological Bulletin, 146*(2), 118-149.

Zell, E., & Alicke, M. D. (2011). Age and the better-than-average effect. *Journal of Applied Social Psychology, 41*(5), 1175-1188.

Sanchez, C., & Dunning, D. (2018). Overconfidence among beginners: Is a little learning a dangerous thing? *Journal of Personality and Social Psychology, 114*(1), 10-28.

Xiang, W., Liu, X., Peng, Q., Xue, Q., Hao, W., & Yu, J. (2021). Cognitive bias analysis of young novice drivers' observation abilities: A questionnaire-based study. *PLOS ONE, 16*(5), e0251195.

Kruger, J., & Dunning, D. (1999). Unskilled and unaware of it: How difficulties in recognizing one's own incompetence lead to inflated self-assessments. *Journal of Personality and Social Psychology*, *77*(6), 1121-1134.

Williams, L. A., & DeSteno, D. (2009). Pride: Adaptive social emotion or seventh sin? *Psychological Science*, *20*(3), 284-288.

Jiang, X., Sanford, R., & Pell, M. D. (2018). Neural architecture underlying person perception from in-group and out-group voices. *NeuroImage*, *181*, 582-597.

Feltham, C. (2016). *Depressive Realism: Interdisciplinary Perspectives*. Taylor & Francis.

Brown, D. E. (1991). *Human Universals*. McGraw-Hill Humanities Social.
（ブラウン，ドナルド・E　鈴木光太郎・中村潔（訳）(2002). ヒューマンユニヴァーサルズ——文化相対主義から普遍性の認識へ——　新曜社）

ドゥ・ヴァール，フランス（2010). 共感の時代へ——動物行動学が教えてくれること——　柴田裕之（訳）　紀伊國屋書店

小林佳世子（2021). 最後通牒ゲームの謎——進化心理学からみた行動ゲーム理論入門——　日本評論社

【第16章】

Lee, R. M., & Robbins, S. B. (1998). The relationship between social connectedness and anxiety, self-esteem, and social identity. *Journal of Counseling Psychology*, *45*(3), 338-345.

Lee, R. M., & Robbins, S. B. (2000). Understanding social connectedness in college women and men. *Journal of Counseling & Development*, *78*(4), 484-491.

Williams, K. L., & Galliher, R. V. (2006). Predicting depression and self-esteem from social connectedness, support, and competence. *Journal of Social and Clinical Psychology*, *25*(8), 855-874.

Holt-Lunstad, J., Robles, T. F., & Sbarra, D. A. (2017). Advancing social connection as a public health priority in the United States. *The American Psychologist*, *72*(6), 517-530.

Steptoe, A. (1991). The links between stress and illness. *Journal of Psychosomatic Research*, *35*(6), 633-644.

Adams, K. B., Sanders, S., & Auth, E. A. (2004). Loneliness and depression in independent living retirement communities: Risk and resilience factors. *Aging & Mental Health*, *8*(6), 475-485.

Alpass, F. M., & Neville, S. (2003). Loneliness, health and depression in older males. *Aging & Mental Health*, *7*(3), 212-216.

Kiecolt-Glaser, J. K., & Newton, T. L. (2001). Marriage and health: His and hers.

Psychological Bulletin, 127(4), 472-503.

Jaremka, L. M., Fagundes, C. P., Peng, J., Bennett, J. M., Glaser, R., Malarkey, W. B., & Kiecolt-Glaser, J. K. (2013). Loneliness promotes inflammation during acute stress. *Psychological Science, 24*(7), 1089-1097.

Kiecolt-Glaser, J. K., Gouin, J.P., & Hantsoo, L. (2010). Close relationships, inflammation, and health. *Neuroscience and Biobehavioral Reviews, 35*(1), 33-38.

Bernieri, F. J., Davis, J. M., Rosenthal, R., & Knee, C. R. (1994). Interactional synchrony and rapport: measuring synchrony in displays devoid of sound and facial affect. *Personality & Social Psychology Bulletin, 20*(3), 303-311.

Vicaria, I. M., & Dickens, L. (2016). Meta-analyses of the intra- and interpersonal outcomes of interpersonal coordination. *Journal of Nonverbal Behavior, 40*(4), 335-361.

Bernieri, F. J. (1988). Coordinated movement and rapport in teacher-student interactions. *Journal of Nonverbal Behavior, 12*(2), 120-138.

Chartrand, T. L., & Lakin, J. L. (2013). The antecedents and consequences of human behavioral mimicry. *Annual Review of Psychology, 64*, 285-308.

Hess, U., & Blairy, S. (2001). Facial mimicry and emotional contagion to dynamic emotional facial expressions and their influence on decoding accuracy. *International Journal of Psychophysiology: Official Journal of the International Organization of Psychophysiology, 40*(2), 129-141.

Cappella, J. N., & Planalp, S. (1981). Talk and silence sequences in informal conversations: III. Interspeaker influence. *Human Communication Research, 7*(2), 117-132.

Kulesza, W., Szypowska, Z., Jarman, M. S., & Dolinski, D. (2014). Attractive chameleons sell: The mimicry-attractiveness link. *Psychology & Marketing, 31*(7), 549-561.

Marsh, K. L., Richardson, M. J., & Schmidt, R. C. (2009). Social connection through joint action and interpersonal coordination. *Topics in Cognitive Science, 1*(2), 320-339.

Schmidt, R. C., Carello, C., & Turvey, M. T. (1990). Phase transitions and critical fluctuations in the visual coordination of rhythmic movements between people. *Journal of Experimental Psychology: Human Perception and Performance, 16*(2), 227-247.

Cohen, E. E. A., Ejsmond-Frey, R., Knight, N., & Dunbar, R. I. M. (2010). Rowers' high: Behavioural synchrony is correlated with elevated pain thresholds. *Biology Letters, 6*(1), 106-108.

Richardson, M. J., Marsh, K. L., Isenhower, R. W., Goodman, J. R. L., & Schmidt, R. C. (2007). Rocking together: Dynamics of intentional and unintentional interpersonal coordination. *Human Movement Science, 26*(6), 867-891.

児玉謙太郎・岡﨑俊太郎・藤原健・清水大地 (2021). シンクロする人々――個人間の身体的同期に関するレビュー―― 認知科学, *28*(4), 593-608.

BBCNEWS JAPAN (2021).【東京五輪】卓球混合ダブルス, 水谷・伊藤ペアが初代金 男子体操とアーチェリーもメダル 7月24日 Retrieved September 29, 2023 from https://www.bbc.com/japanese/57971514

磯部旭弘 (2021). 12歳差の「ご近所さん」気心の知れたペアで初代覇者を狙う水谷隼・伊藤美誠組〈卓球混合ダブルス〉 東京新聞 7月26日 Retrieved September 29, 2023 from https://www.tokyo-np.co.jp/article/119350

Bernieri, F. J., Reznick, J. S., & Rosenthal, R. (1988). Synchrony, pseudosynchrony, and dissynchrony: Measuring the entrainment process in mother-infant interactions. *Journal of Personality and Social Psychology*, *54*(2), 243-253.

Latif, N., Barbosa, A. V., Vatiokiotis-Bateson, E., Castelhano, M. S., & Munhall, K. G. (2014). Movement coordination during conversation. *PLOS ONE*, *9*(8), e105036.

Fujiwara, K., Kimura, M., & Daibo, I. (2020). Rhythmic features of movement synchrony for bonding individuals in dyadic interaction. *Journal of Nonverbal Behavior*, *44*(1), 173-193.

Miles, L. K., Nind, L. K., & Macrae, C. N. (2009). The rhythm of rapport: Interpersonal synchrony and social perception. *Journal of Experimental Social Psychology*, *45*(3), 585-589.

Miles, L. K., Griffiths, J. L., Richardson, M. J., & Macrae, C. N. (2010). Too late to coordinate: Contextual influences on behavioral synchrony. *European Journal of Social Psycology*, *40*, 52-60.

Schmidt, R. C., Christianson, N., Carello, C., & Baron, R. (1994). Effects of social and physical variables on between-person visual coordination. *Ecological Psychology*, *6*(3), 159-183.

Riggio, R. E. (1986). Assessment of basic social skills. *Journal of Personality and Social Psychology*, *51*(3), 649-660.

Mukai, K., Miura, A., Kudo, K., & Tsutsui, S. (2018). The effect of pairing individuals with different social skills on interpersonal motor coordination. *Frontiers in Psychology*, *9*, 1708.

LaFrance, M., & Broadbent, M. (1976). Group rapport: Posture sharing as a nonverbal indicator. *Group & Organization Studies*, *1*(3), 328-333.

Hove, M. J., & Risen, J. L. (2009). It's all in the timing: Interpersonal synchrony increases affiliation. *Social Cognition*, *27*(6), 949-961.

Lumsden, J., Miles, L. K., & Macrae, C. N. (2014). Sync or sink? Interpersonal synchrony impacts self-esteem. *Frontiers in Psychology*, *5*, 1064.

Rosenberg, M. (1965). *Society and the Adolescent Self-Image*. Princeton University

Press.

Aron, A., Aron, E. N., & Smollan, D. (1992). Inclusion of Other in the Self Scale and the structure of interpersonal closeness. *Journal of Personality and Social Psychology*, *63*(4), 596-612.

Wiltermuth, S. S., & Heath, C. (2009). Synchrony and cooperation. *Psychological Science*, *20*(1), 1-5.

Sullivan, P. J., Rickers, K., & Gammage, K. L. (2014). The effect of different phases of synchrony on pain threshold. *Group Dynamics: Theory, Research, and Practice*, *18*(2), 122-128.

【第17章】

大野久 (2021). アイデンティティのための恋愛——研究と方法論に関する理論的考察—— 青年心理学研究, *33*(1), 1-20.

Fromm, E. (1956). *The Art of Loving*. Harper & Brothers.
 （フロム, エーリッヒ 鈴木晶（訳）(2020). 愛するということ 紀伊國屋書店）

小野ほりでい (2020). 「愛される」感覚——交話的コミュニケーションについて—— Note Retrieved Febrary 18, 2023 from https://note.com/onoholiday/n/n85b3abf47e1f

萩原ケイク (2020). それでも愛を誓いますか？(1) 双葉社

萩原ケイク (2022). それでも愛を誓いますか？(8) 双葉社

大野久 (2023). 恋愛ってどうするのがふつうなの？——恋愛の心理学—— 日本青年心理学会（企画）若松養亮（責任編集）大野久・小塩真司・佐藤有耕・平石賢二・三好昭子・山田剛史（編）心のなかはどうなっているの？——高校生の「なぜ」に答える心理学—— (pp. 80-89) 福村出版

Gilbert, M. (1989). *On Social Facts*. Princeton University Press.

Gilbert, M. (2013). *Joint Commitment: How We Make the Social World*. Oxford University Press.

三木那由他 (2022). 言葉の展望台 講談社

三木那由他 (2019). 話し手の意味の心理性と公共性——コミュニケーションの哲学へ—— 勁草書房

Gilbert, M. (2020). Shared intentionality, joint commitment, and directed obligation. *Behavioral and Brain Sciences*, *43*, e71.

Tomasello, M. (2010). *Origins of Human Communication*. Bradford Books.
 （トマセロ, マイケル 松井智子・岩田彩志（訳）(2013). コミュニケーションの起源を探る 勁草書房）

Tomasello, M. (2014). *A Natural History of Human Thinking*. Harvard University Press.

（トマセロ，マイケル　橋彌和秀（訳）（2021）．思考の自然誌　勁草書房）

Tomasello, M. (2018). *A Natural History of Human Morality*. Harvard University Press.

（トマセロ，マイケル　中尾央（訳）（2020）．道徳の自然誌　勁草書房）

浜田寿美男（1999）．「私」とは何か――ことばと身体の出会い――　講談社

浜田寿美男（1996）．人間を理解するとはどういうことか　西宮公同教会出版事業部

大藪泰（2020）．共同注意の発達――情動・認知・関係――　新曜社

高橋たまき（1989）．想像と現実――子供のふり遊びの世界――　ブレーン出版

Sebanz, N., Bekkering, H., & Knoblich, G. (2006). Joint action: Bodies and minds moving together. *Trends in Cognitive Sciences*, *10*(2), 70-76.

Becchio, C., & Bertone, C. (2004). Wittgenstein running: Neural mechanisms of collective intentionality and we-mode. *Consciousness and Cognition*, *13*(1), 123-133.

古畑尚樹・板倉昭二（2016）．乳幼児における We-mode の可能性――協働行動からの検討――　心理学評論，*59*(3), 236-252.

Hamann, K., Warneken, F., & Tomasello, M. (2012). Children's developing commitments to joint goals. *Child Development*, *83*(1), 137-145.

Tomasello, M. (2020). The role of roles in uniquely human cognition and sociality. *Journal for the Theory of Social Behaviour*, *50*(1), 2-19.

Tomasello, M. (2022). The coordination of attention and action in great apes and humans. *Philosophical Transactions of the Royal Society B: Biological Sciences*, *377*(1859).

Warneken, F., Chen, F., & Tomasello, M. (2006). Cooperative activities in young children and chimpanzees. *Child Development*, *77*(3), 640-663.

岩田純一（2001）．〈わたし〉の発達――乳幼児が語る〈わたし〉の世界――　ミネルヴァ書房

田中浩司（2014）．集団遊びの発達心理学　北大路書房

Searle, J. R. (2010). *Making the Social World: The Structure of Human Civilization*. Oxford University Press.

（サール，ジョン・R　三谷武司（訳）（2018）．社会的世界の制作――人間文明の構造――　勁草書房）

林創（2016）．子どもの社会的な心の発達――コミュニケーションのめばえと深まり――　金子書房

Malinowski, B. (1923). The problem of meaning in primitive languages. In C. K. Ogden & I. A. Richards (Eds.), *The Meaning of Meaning* (pp. 296-336). Harcourt, Brace & World.

宇佐美まゆみ（1999）．交感的コミュニケーションとしてのあいさつ行動　國文學，*44*

(6), 83-89.

肖潔（2019）．あいさつとあいさつ表現の判断基準及び分類に関する考察──日本語の
視点をもとに──　北海道大学大学院文学院研究論集，*19*, 233-243.

菅原和孝（2010）．ことばと身体──「言語の手前」の人類学──　講談社

鈴木孝夫（1996）．教養としての言語学　岩波書店

丹木博一（2014）．相手に触れるということばの可能性について──言語の交話機能と
冗長性──　*Sophia University Junior College Division Faculty Journal*, *35*, 33-42.

Mead, G. H. (1934). *Mind, Self and Society from the Standpoint of a Social Behaviorist*.
University of Chicago Press.

（ミード，G・H　山本雄二（訳）（2021）．精神・自我・社会　みすず書房）

澤田美恵子（2015）．共在感覚の時空間　シンポジウム「空間感覚の変容」Retrieved
February 18, 2023 from https://repository.lib.kit.ac.jp/repo/repository/10212/2408/

《編著者紹介》

<ruby>阪<rt>さか</rt></ruby><ruby>口<rt>ぐち</rt></ruby><ruby>幸<rt>ゆき</rt></ruby><ruby>駿<rt>とし</rt></ruby>（はじめに，第6章，第17章，おわりに）

　　1993年生まれ。
　　同志社大学大学院脳科学研究科一貫制博士課程修了　博士（理学）
　　現在　文部科学省　事務官／元同志社大学研究開発推進機構　特別任用助教

<ruby>富<rt>とみ</rt></ruby><ruby>田<rt>た</rt></ruby><ruby>健<rt>けん</rt></ruby><ruby>太<rt>た</rt></ruby>（第1章，第11章，おわりに）

　　1996年生まれ。
　　名古屋大学大学院情報学研究科博士前期課程修了　修士（情報学）
　　現在　名古屋大学／日本学術振興会　特別研究員（DC1）／椙山女学園大学人間関係学部
　　　　　　非常勤講師／オンライン塾心理学大学サイヨビ　代表

《執筆者紹介》　＊執筆順

<ruby>栗<rt>くり</rt></ruby><ruby>原<rt>はら</rt></ruby><ruby>勇<rt>ゆう</rt></ruby><ruby>人<rt>と</rt></ruby>（第2章，第16章）

　　1995年生まれ。
　　早稲田大学大学院人間科学研究科修士課程修了　修士（人間科学）
　　現在　早稲田大学人間科学学術院　助手

<ruby>石<rt>いし</rt></ruby><ruby>塚<rt>づか</rt></ruby><ruby>祐<rt>ゆう</rt></ruby><ruby>香<rt>か</rt></ruby>（第3章，第5章）

　　1990年生まれ。
　　慶應義塾大学大学院社会学研究科博士後期課程単位取得退学　博士（心理学）
　　現在　作新学院大学人間文化学部　専任講師／臨床発達心理士・公認心理師・保育士

<ruby>緒<rt>お</rt></ruby><ruby>方<rt>がた</rt></ruby><ruby>万<rt>ま</rt></ruby><ruby>里<rt>り</rt></ruby><ruby>子<rt>こ</rt></ruby>（第4章，第10章）

　　1994年生まれ。
　　東京大学大学院教育学研究科博士前期課程修了　修士（教育学）
　　現在　東京大学大学院教育学研究科博士後期課程

<ruby>中<rt>なか</rt></ruby><ruby>田<rt>た</rt></ruby><ruby>星<rt>せい</rt></ruby><ruby>矢<rt>や</rt></ruby>（第7章）

　　1995年生まれ。
　　北海道大学大学院文学院博士後期課程修了　博士（人間科学）
　　現在　東京大学国際高等研究所ニューロインテリジェンス国際研究機構　特任研究員

齋藤菜月（第8章）
<ruby>齋藤菜月<rt>さいとう な つき</rt></ruby>（第8章）

1992年生まれ。
名古屋大学大学院環境学研究科博士課程単位取得満期退学　修士（心理学）
現在　名古屋大学大学院情報学研究科　研究員

<ruby>谷本　彩<rt>たにもと　さい</rt></ruby>（第9章）

1995年生まれ。
東京大学医学部医学科卒業　MD
現在　東京大学大学院新領域創成科学研究科博士後期課程／日本学術振興会　特別研究員（DC2）
／理化学研究所脳神経科学研究センター　研修生

<ruby>吉川正人<rt>よしかわまさ と</rt></ruby>（第12章）

1984年生まれ。
慶應義塾大学大学院文学研究科後期博士課程所定単位取得退学　博士（文学）
現在　群馬大学情報学部　准教授

<ruby>坂田千文<rt>さか た ち ふみ</rt></ruby>（第13章）

1994年生まれ。
京都大学文学研究科博士後期課程修了　博士（文学）
現在　日本学術振興会　海外特別研究員（中央ヨーロッパ大学，ウィーン大学）

<ruby>小林佳世子<rt>こばやしか よ こ</rt></ruby>（第14章，第15章）

1970年生まれ。
東京大学大学院経済学研究科博士課程単位取得満期退学　修士（経済学）
現在　南山大学経済学部　准教授

イラスト／ぱみ（pami）

「合う」のメカニズムを科学する
——影響し合う「あなた」と「わたし」の心理学——

2024 年 1 月 10 日　初　版第 1 刷発行　　　〈検印省略〉

定価はカバーに
表示しています

編 著 者　　阪　口　幸　駿
　　　　　　富　田　健　太

発 行 者　　杉　田　啓　三

印 刷 者　　坂　本　喜　杏

発 行 所　　株式会社　ミネルヴァ書房
607-8494 京都市山科区日ノ岡堤谷町 1
電話代表（075）581-5191
振替口座 01020-0-8076

ISBN978-4-623-09580-3

Printed in Japan

ことわざから出会う心理学

今田寛 編著

A5判 312頁
本体 2800円

美しさと魅力の心理

三浦佳世・河原純一郎 編著

A5判 216頁
本体 2000円

社会でいきる心理学

増地あゆみ 編著

A5判 274頁
本体 2500円

絶対役立つ教養の心理学
―― 人生を有意義にすごすために

藤田哲也 編著

A5判 226頁
本体 2500円

絶対役立つ教養の心理学　展開編
―― 人生をさらに有意義にすごすために

藤田哲也 編著

A5判 226頁
本体 2800円

絶対役立つ社会心理学
―― 日常の中の「あるある」と「なるほど」を探す

藤田哲也 監修／村井潤一郎 編著

A5判 256頁
本体 2500円

―――――― ミネルヴァ書房 ――――――

https://www.minervashobo.co.jp/